O PENSAR HOJE

Blucher

O PENSAR HOJE

Ataques ao pensamento na atualidade a partir das contribuições de Klein e Bion

Organizadoras

Ana Karina Fachini Araujo

Suzana Alves Viana

Talita Cristina Somensi Dias

O pensar hoje: ataques ao pensamento na atualidade a partir das contribuições de Klein e Bion

Editora Edgard Blücher Ltda.

Publisher Edgard Blücher
Editor Eduardo Blücher
Coordenação editorial Jonatas Eliakim
Produção editorial Thaís Costa
Preparação de texto Vânia Cavalcanti
Diagramação Guilherme Henrique
Revisão de texto MPMB
Capa Leandro Cunha
Imagem da capa Wikiart

Blucher

Rua Pedroso Alvarenga, 1245, 4º andar
04531-934 – São Paulo – SP – Brasil
Tel.: 55 11 3078-5366
contato@blucher.com.br
www.blucher.com.br

Segundo o Novo Acordo Ortográfico, conforme 5. ed. do *Vocabulário Ortográfico da Língua Portuguesa*, Academia Brasileira de Letras, março de 2009.

Dados Internacionais de Catalogação
na Publicação (CIP)
Angélica Ilacqua CRB-8/7057

O pensar hoje : ataques ao pensamento na atualidade a partir das contribuições de Klein e Bion / organizado por Ana Karina Fachini Araujo, Suzana Alves Viana, Talita Cristina Somensi Dias. – São Paulo: Blucher, 2022.

296 p.

Bibliografia

ISBN 978-65-5506-515-2 (impresso)

ISBN 978-65-5506-511-4 (digital)

1. Psicanálise 2. Klein, Melane – 1882-1960 3. Bion, Wilfred – 1897-1979 I. Araujo, Ana Karina Fachini II. Viana, Suzana Alves III. Somensi Dias, Talita Cristina

22-1812 CDD 150.195

Índice para catálogo sistemático:
1. Psicanálise

Apresentação

Escrever é viver

Tomamos emprestado o título do livro de José Luis Sampedro, autor espanhol que escreveu muito ao longo de sua vida. Por sua ampla experiência com a escrita, foi convidado a dar uma semana de conferências na Universidad Internacional Menéndez Pelaio, em 2003, o que fez sob o título *Escribir es vivir*.

Na ocasião, já com 86 anos, seu intuito foi mostrar ao vivo a ideia de que escrever é viver. O livro de Sampedro é um testemunho real dos principais acontecimentos de quase um século, assim como evidencia a influência e o reflexo destes em sua obra.

Para Olga Lucas, sua assistente de cátedra:

> *"... as emoções sentidas e compartilhadas naquela aula do palácio da Magdalena ao longo das dez palestras impunham deixar um rastro escrito, ainda que, como disse uma aluna, consciente do seu privilégio: ... aquilo que temos vivido, aquilo que levaremos daqui, nenhum livro o recolherá" (Sampedro, 2005, p. 12, tradução nossa).*

Dentro deste espírito de emoções vividas, sentidas e compartilhadas ao longo de quarenta anos, apresentamos este livro: O Pensar Hoje. Ele é resultado do trabalho de um grupo de psicanalistas que, em 1976, iniciou o curso de Psicanálise no Instituto Sedes Sapientiae.

O curso fora planejado em 1975, quando Madre Cristina estava constituindo o Instituto Sedes Sapientiae (ISS), e chamava-se "Curso de Psicoterapia de Orientação Psicanalítica". Foi em São Paulo o primeiro curso em que se pretendia oferecer a teoria e a técnica psicanalítica, fora de instituições filiadas à Associação Internacional de Psicanálise (IPA). O Sedes e a Madre Cristina foram protagonistas da transmissão de uma psicanálise "transgressora", pois foi a primeira a ser pensada e realizada fora dos moldes da IPA (Viana, 2007).

Muitos encontros e desencontros dentro do curso e do grupo que o compunha resultaram em ruptura e criação de dois cursos de Psicanálise dentro do ISS o Curso de Psicoterapia de Orientação Psicanalítica,[1] coordenado por Regina Schnaiderman; e o Curso de Psicopatologia e Psicoterapia de Orientação Psicanalítica, coordenado por Roberto Azevedo que, em 1991, passou a se chamar Curso Formação em Psicanálise, dando origem, em 1995, ao Departamento de Formação em Psicanálise (Persicano, 2007). Vale mencionar que o nome do curso foi pensado, justamente, para "... transmitir a ideia de que a formação do analista é permanente e interminável" (Viana, 2007, p. 132).

O "Formação em Psicanálise" foi criado com a premissa de ensinar Freud e de Melanie Klein como raízes na formação de um analista. Este núcleo kleiniano manteve ao longo dos anos o compromisso de pensar Melanie Klein sem cair num simplismo que muitas vezes lhe é creditado. Empreitamos uma busca para recriar seu pensamento por meio da nossa experiência, com o texto articulado à clínica, acreditando ser valioso trazer Melanie Klein como origem

1 Este curso deu origem ao Curso e ao Departamento de Psicanálise.

e meio – *lugares* –, desde onde se bebe ou se alimenta na busca das raízes do pensar.

Hoje, nosso grupo é constituído por Ana Karina Fachini Araujo, Cecilia Noemí Morelli Ferreira de Camargo, Eliane Michelini Marraccini, Gina Tamburrino, Maria Beatriz Romano de Godoy, Maria Luiza Scrosoppi Persicano, Suzana Alves Viana e Talita Cristina Somensi Dias. A história e a memória nos contam que Armando Colognese Junior e Emir Tomazelli trilharam um longo e importante percurso junto a esse grupo.

Os movimentos no transcurso destes anos foram intensos e, muitas vezes, beligerantes; movimentos de vida e movimentos de morte que contemplaram a chegada de colegas, bem como a partida de outros. Dor, perda e ruptura... escrever é viver, por vezes, reviver e continuar sonhando.

Parafraseando Olga Lucas, as "emoções sentidas e compartilhadas" durantes estes anos, desde as intrigas com o conhecer à resistência e ao luto pelas perdas sofridas, impuseram a realização do desejo de deixar o "rastro" dessas mesmas emoções impresso sob a forma da escrita de cada autor (Sampedro, 2005). Privilegiou-se a escolha do autor por supor que nela estão impregnadas, como "raiz" e como "sombra" – "*fantasmas*" –, as vicissitudes emocionais que ele recolheu sob a forma do artigo.

Um adendo se faz necessário: os demais colegas-autores que aqui nos brindam com seus artigos e que não fazem ou fizeram parte do grupo kleiniano citado participaram deste projeto porque, em algum momento, contribuíram com o referido núcleo mediante a participação em eventos na forma de palestra e seminários clínicos, ampliando a experiência da formação do pensamento teórico-clínico, especialmente por meio de Melanie Klein e Bion.

A seguir, apresentamos as linhas norteadoras para composição do livro *O pensar hoje: ataques ao pensamento na atualidade a partir das contribuições de Klein e Bion.*

Um dos primeiros nortes que tivemos foi o de resgatar, em Melanie Klein, sua reflexão e sua teoria sobre o pensamento, o que atravessa sua obra desde os primeiros escritos, quando se inclina a conjecturar sobre a inibição do brincar em crianças, particularmente em crianças muito pequenas.

Klein pensou a angústia como fruto das experiências emocionais vividas na travessia do complexo de Édipo arcaico, o que lhe permitiu analisar crianças muito pequenas. E, assim, correlacionando clínica e teoria, ela vai complexificando uma forma de entender a angústia em seus primórdios e de como esta afeta a qualidade do pensamento. Isso nos permite, hoje, conjecturar sobre as "formas" expressivas do pensamento que se podem observar no cotidiano, desde aquele que expressa sua conexão com a verdade até aquele que *parece* verdade, mas expressa uma torção desta.

Bion aporta sua contribuição ao incluir o conhecimento como uma experiência emocional, que está em conexão com o Ódio e o Amor. Isso representa pensar o processo do conhecer como aquele envolvido pela travessia da angústia que a polaridade Amor/Ódio suscita.

A partir dessas duas referências, o livro se fez sob a forma de uma coletânea, cujo eixo organizador é o *pensar hoje*, bem como suas inibições e ataques a ele, sendo o pensamento entendido como algo complexo e profundo, pois integra sentir e pensar – experiência emocional e conhecimento.

Para tanto, a coletânea foi dividida em três partes:

I. As raízes kleinianas no pensamento psicanalítico contemporâneo

Nesta parte são apresentados quatro capítulos sobre desenvolvimentos teórico-clínicos sustentados pelas raízes kleinianas, que são alicerces fundamentais e, ao mesmo tempo, ponto de origem para aprofundamentos e ampliações teóricas. Acompanhados por pensadores como Bion, Rosenfeld, Meltzer e outros, os autores desta seção expõem um pensamento próprio e autêntico, fruto de um encontro reflexivo e criativo com a teoria e a clínica psicanalítica contemporânea.

Neste campo da criatividade, expressão da sofisticação do pensar, *Suzana Alves Viana* nos apresenta a compreensão do objeto combinado, um objeto estético por excelência, como fonte de criatividade. Deste emana toda a função criadora presente na ciência e nas artes. Tem como modelo, para um pensamento estético, as duas crianças atendidas por Melanie Klein – Richard e Dick –, cada uma delas travando sua própria batalha interna, sangrenta e épica, na busca pela construção de uma mente capaz de constituir/gerar pensamentos.

Maria Luiza Scrosoppi Persicano apresenta o conceito de fantasia somatossensitiva. Trata-se de um fantasiar arcaico, que não alcança *status* de equação simbólica, tampouco atinge níveis de simbolização como aqueles presentes no sonho, na brincadeira e nas manifestações criativas. Tende a ser encenada na ação muscular, por meio de ações violentas explosivas, bem como nas somatizações.

Eliane Michelini Marraccini trabalha o conceito de superego invejoso como uma dimensão do superego sádico e cruel, cuja presença dominante e corrosiva é reconhecida na relação transferencial e contratransferencial. O ego é inoculado com uma carga mortífera impeditiva de seu desenvolvimento, trazendo estreiteza e empobrecimento ao pensar, no lugar de sua expansão e do uso pleno da subjetividade.

Luís Claudio Figueiredo supõe uma ambivalência de base, da qual não se escapa, o conflito nuclear entre pulsões de vida e pulsões de morte, da ordem do insuperável e daquilo que não pode ser integrado. Trata-se de fonte de sofrimento e instabilidade, ao mesmo tempo que é fonte de criatividade, pois impulsiona o trabalho reparador no cerne da batalha trágica travada pelas pulsões.

II. A clínica viva e múltiplas relações de objeto

A clínica tem provocado a reflexão em torno de verdadeiros "transtornos" do pensamento, presentificados nas relações, impedindo a criatividade na liberdade do pensar. Os seis artigos que contemplam esta seção propõem articulações a partir de "construções de casos"[2] oriundos da clínica psicanalítica, solo fértil por excelência para o desenvolvimento da técnica e da teoria.

Talita Cristina Somensi Dias explora os artigos iniciais de Melanie Klein sobre a análise de crianças e a técnica psicanalítica do brincar. Parte da compreensão da brincadeira a ser interpretada como um sonho em direção à criação de um espaço para brincar e sonhar a dois no interior do encontro analítico com crianças. Aponta a importância da construção de uma narrativa que permita a possibilidade de sobrevivência diante de experiências emocionais dolorosas.

Ana Karina Fachini Araujo discorre sobre o estado melancólico de um paciente que "patina" na travessia da posição depressiva. Com isso, a dupla analítica pode ser aprisionada em um funcionamento protetivo contra o enfrentamento de angústias primitivas. Tais patinações, dentro da sala de análise, podem se tornar impasses, pontos de parada, mas podem ser também o ponto do recomeço.

Armando Colognese Junior trabalha a noção de interpretação com função de *rêverie*, por meio da apresentação de casos de pacientes que enfrentam dificuldades, sobretudo, na passagem da posição esquizoparanoide para a posição depressiva. Esses pacientes vivenciam falhas importantes na constituição de um eu que possa pensar, repensar e elaborar. Em momentos de resistência e temor,

---

2 A partir dessa perspectiva, os escritos de casos clínicos não procedem de relatos de caso. São narrativas, portanto, construções, feitas a partir do caldo transferencial e contratransferencial, no qual está mergulhado o par analítico (Persicano, 2013).

o psicanalista oferece a interpretação como meio de continência, apaziguamento e espaço de elaboração.

Maria Beatriz Romano de Godoy apresenta um caso clínico exemplar de organização mental defensiva patológica para mostrar como ela se forma, se desenvolve e a sua função na manutenção do equilíbrio psíquico, a fim de evitar ou diminuir a dor mental e o risco do colapso psíquico. Além disso desenvolve uma reflexão teórico-clínica sobre a interface entre perturbações narcísicas, normopatia e perversão, como espectro que se descortina. Propõe vértices inovadores destacando a presença de núcleos perversos que ampliam a abrangência e força da organização patológica, subjugando outros núcleos e gerando corrupção no tecido psíquico. Com isso, realidade e fantasia se misturam, a castração em seus diversos níveis não pode ocorrer, há paralisia do desenvolvimento psíquico e o *self* fica refém da clausura construída.

Cecilia Noemí Morelli de Camargo propõe indagações acerca da relação do conceito do *enactment*, principalmente diante do aprisionamento em um *enactment crônico*, e os desdobramentos sobre o trabalho do analista para refletir sobre o paciente. A grade, proposta por Bion, neste sentido, pode ser útil para o trabalho interno do analista e para suas reflexões após a sessão. Apesar da dificuldade sobre a certeza da fidedignidade do material da sessão inserido na grade, em função da afetação pelo *enactment*, há um potencial libertador neste exercício, favorecedor do reestabelecimento da possibilidade do voltar a sonhar do analista.

Gina Tamburrino propõe que a dimensão intersubjetiva nasce no aqui agora, produto da dialética das subjetividades individuais, e abre caminho para o trabalho psíquico da dupla. A partir deste caminho, torna-se possível a formação do sujeito da situação analisante, o terceiro analítico, constituído na perlaboração do *continuum* não sonho a dois – sonho a dois, favorecido pelo estado de regrediência do analista, que permite acessar estados mentais inacessíveis.

III. As ameaças e os ataques ao pensar, hoje

Estamos em um mundo primitivo, violento e falho na produção do símbolo, o que leva à impossibilidade da percepção dos sentidos das coisas e de suas múltiplas dimensões. Vemos isso expresso sob a roupagem dos nossos tempos, sobretudo na relação com o outro. Esta parte do livro, composta por quatro artigos, estabelece um diálogo com os dias de hoje, marcados pelos ataques e ameaças ao pensar e ao desenvolvimento do pensamento.

Roosevelt Cassorla discute manifestações de aspectos fanáticos no campo analítico, que se apresentam de forma similar a comportamentos sociais considerados fanáticos. Essas manifestações serão associadas às relações continente/contido, experienciadas na infância como insuficientes ou fraudulentas e a organizações narcísicas defensivas. O fanatismo é facilitado em pessoas e grupos sociais quando se sentem fragilizados ou ameaçados. O desespero conduz à busca de salvadores em uma tentativa de trazer certezas capazes de substituir inseguranças. Há relação importante com ressentimento, acompanhado pela vingança como característica. A parte fanática visa convencer o analista daquilo que o paciente considera verdade, pois, na mente fanática, não há lugar para dúvida, tolerância, culpa, luto, depressão e reparação.

Arnaldo Chuster aborda algumas possibilidades de expressão do ódio, a partir de descrições de situações sociais, como situações de guerra e outras, tratadas na ordem das memórias-sonhos, imagens e mitos que auxiliam a pensar e a condensar teorias psicanalíticas e o trabalho clínico. Salienta um tipo de transformação do ódio em crueldade, causada pela parte psicótica da personalidade. A presença do ódio e da crueldade, indissociável da estreiteza mental produz estados confusionais e dor psíquica ao próprio indivíduo e ao outro. O autor pensa que, ao analista, sempre cabe propor que se resgate o pensamento, ao destacar que, no ódio, não há o pensar, e dali deriva a dor da confusão.

Julio Frochtengarten apresenta, mediante algumas notas, um exame do que pôde observar durante o período pandêmico, apontando elementos invariantes que podem ser identificados tanto em períodos anteriores como durante a pandemia. Parte de uma escrita aparentemente pessimista, entretanto, surpreende o leitor ao se nomear como "realista esperançoso" e a questioná-lo, desde dentro, sobre seu lugar enquanto ser humano ontem, hoje e amanhã.

Marina Ribeiro escreve uma crônica psicanalítica na qual pergunta se estaríamos diante de um mundo antes do coronavírus (AC) e um depois (DC). Reflete sobre o trabalho do psicanalista no campo analítico *online*, suas possibilidades e limites, dividindo com o leitor parte da experiência vivida. Lembra que escrever é uma forma de transformar fantasias aterradoras, despertadas pelos tempos pandêmicos, em algo passível de metabolização psíquica.

Referências

Lucas, O. (2005). Preámbulo. In: SAMPEDRO, J.L. (2005). *Escribir es vivir*. Aretê Barcelona.

Persicano, M. L. S. (2007). Dos cursos de psicoterapia psicanalítica e de psicopatologia e psicoterapia ao Departamento Formação em Psicanálise: uma reflexão crítica sobre o destino de um nome. Uma história transgeracional. *Boletim Formação em Psicanálise, 1*(1), 99-128

Persicano, M. L. S. (2013). Da clínica psicanalítica para uma metapsicologia do sonho do soma. *In* M. L. S. Persicano, *A imago somatossentitiva na fantasia somática* (pp. 153-200). São Paulo: Escuta.

Sampedro, J. L. (2005). *Escribir es vivir*. Barcelona: Areté. 195 p.

Viana, S. A. (2007). Difusão da psicanálise: um olhar sobre a transmissão. *Boletim Formação em Psicanálise, 1*(1), 129-138.

Conteúdo

Primeira parte
Raízes kleinianas no pensamento psicanalítico contemporâneo

1. Richard e Dick, paradigmas para uma estética do pensamento em Melanie Klein

Suzana Alves Viana

Melanie Klein me foi apresentada no início da minha formação como psicanalista; primeiro na construção de uma escuta que apreendia por intermédio da minha análise e das supervisões e, depois, em minha vida acadêmica, quando precisava pensá-la para transmiti-la.

Os escritos de Melanie Klein não são complacentes com o leitor. O contato inicial com eles é difícil, seus textos convocam o leitor à busca de compreensão e, se ele não os abandonar, é porque percebe que se recusam a ser subordinados a um raciocínio explicativo, adaptativo.

Lembro o que diz Bion a respeito dos pressupostos básicos: eles têm uma carapaça social que aprisiona o sentido mais profundo, seja da obra, seja do comportamento, o que resulta em que sejam lidos ou interpretados num acordo que busca o mínimo de turbulência.

Uma leitura feita por meio de signos esvazia o sentido de uma obra pujante que necessita de uma mente que respeite o enigmático, tomando-o no sentido de mistério.

Keats, poeta inglês do século XIX, em carta dirigida ao seu amigo Reynolds, descreve o nascimento do pensamento virginal, *a nova ideia*:

> *. . . – e a Câmara dos Pensamentos Virginais escurece gradualmente e, ao mesmo tempo, todos os lados de suas muitas portas começam a se abrir – mas todas igualmente escuras – todas conduzindo a passagens escuras – Não podemos ver o equilíbrio entre o bem e o mal. Estamos em uma Neblina – é neste estado que nos encontramos – E sentimos o "peso do mistério". (citado por Meltzer, 1995, p. 83)*[1]

Este é o estado de mente que o psicanalista precisa ter frente ao texto de Klein para ouvir nele a nova ideia. E também para ouvi-la dentro de si e suporta-la à espera de que tome sua forma.

Klein, com sua escrita bruta, escrita feita de fezes, urina e de outros pruridos corporais, banhados pelo leite materno, às vezes reconhecido e às vezes negado, nos chega provocando conflito entre um pensamento, herdeiro da vertente iluminista, e um pensamento que suporta a obscuridade, a *capacidade negativa* de Keats (1817) (citado por Williams, 2019).

Olhar a obra de Klein dentro de uma perspectiva estética é respeitar o enigmático do texto e deixá-lo trabalhar dentro de nós, um *remise en chantier*, deixar que ele *remexa canteiros*; e é isso o que procurei fazer aqui neste texto que lhes apresento.

Williams (2018) põe em relevo a observação de que Meltzer compreendia o futuro da psicanálise como dependente do método e do processo que ele engendra. Ao mesmo tempo, afirmou que a compreensão desse processo enquanto *objeto estético* conduz a uma nova concepção do método psicanalítico, uma concepção que pensa "o método como uma forma de arte na qual duas mentes

---

1 Meltzer, em sua obra, faz referência à carta escrita por Keats mencionando que fora escrita em maio de 1918, sem contudo identificar a fonte.

juntas compreendem esse objeto estético e ambas agregam autoconhecimento" (p. 227).

Ainda destaca que, para Bion e Meltzer, o campo de uma psicanálise é o *da tolerância das emoções contrárias de amor e ódio que estabelecem tensões*, na medida em que implicam perspectivas cognitivas diferentes e a consequente busca por uma congruência (p. 228).

A característica essencial de uma forma de arte diz respeito a uma estrutura simbólica que pode conter um significado e a uma capacidade de despertar empatia ou a identificação do leitor ou do espectador. Essas características correspondem às duas razões que, segundo Williams (2018), faziam Meltzer acreditar que a psicanálise sobreviveria: de um lado, por ajudar na formação do símbolo; e, de outro, pela interação transferência-contratransferência que veio a se constituir como um novo método para se alcançar isso.

Meltzer (1993) pensava a contratransferência como o sonho do analista. E o material onírico, do qual o sonho é um exemplo especial, reúne o ponto comum entre arte e psicanálise: a partir dele – do sonho – começa-se a pesquisar esta congruência.

Meltzer, em *Criatividade e Contratransferência* (1993), comenta: "A nova ideia ao final torna-se a ideia do objeto combinado e isso, para a Sra. Klein, significou o advento da posição depressiva" (p. 299).

Essa afirmação de Meltzer capta. Ela tem uma potência de muito dizer, a partir de dizeres que nos põem a trabalhar, quando apreciamos o trabalho que a mente tem para extrair, de si ou em si, o pensamento virginal. Isso é *remise en chantier*.

Proponho-me a pensar a *nova ideia* como a *Figura dos Pais Combinados*. Procuro rastrear aqui as diferentes facetas deste objeto – *Figura dos Pais Combinados* – por meio de alguns trechos de sessões de Richard, paciente da Sra. Klein, contidas na *Narrativa da Análise de uma Criança* (1976). Mas antes de adentrar as sessões, tocarei em outros processos que envolvem o trabalho de Bion e Meltzer, porque, com eles, os pressupostos de Klein foram aprofundados.

Klein alcançou a formulação do superego por uma exigência clínica ao se deparar com a angústia em crianças muito pequenas.

Num primeiro momento, o *seio-mamilo* é o primeiro objeto que o bebê encontra e ele se constitui no mundo para o bebê: o seio-mamilo pode levá-lo às alturas, como também aos abismos.

A ele – *seio/mamilo* – logo se juntam os outros objetos parciais de intenso significado emocional: fezes, bebês e pênis. Todos *habitantes imaginários* do corpo da mãe, marcados pelo selo do Édipo arcaico. Todos representantes parciais das figuras parentais, ainda nos primórdios de uma mente que começa seu desenvolvimento pelo contato sensorial/emocional com o seu entorno mais significativo.

A necessidade de buscar sentido para a experiência emocional da angústia leva Melanie Klein (1930/1996) a se deparar com a questão do símbolo, que também lhe chega pela clínica ao analisar Dick, criança de 4 anos. Observou que ele parecia não se diferenciar entre seres humanos e objetos inanimados.

Klein conclui que assim Dick buscava não sentir angústia, às custas de não pensar. A angústia empurra a procura pelo sentido, pensá-la passa a ser a questão na psicanálise kleiniana.

Bion (1983) compreende a mente como dividida entre espaços simbólicos e não simbólicos. O autor desenvolverá essa problemática e formulará uma teoria sobre o pensar. Ele supõe a existência de uma função, a que chama de *função-alfa*, cuja capacidade seria a de transformar a matéria bruta da experiência emocional numa "matéria onírica", como o sonho, por exemplo.

Essa "matéria onírica" tem uma potencialidade simbólica e, pelo trabalho da análise, vemos que ela pode se desenrolar ao infinito. É frequente voltarmos aos sonhos e constatarmos que eles ganham novos sentidos.

O símbolo significa, mas também permanece aberto a outros tantos sentidos, de modo que capturar radicalmente seu significado é impossível.

O material onírico, do qual o sonho é um tipo especial, reúne o ponto comum entre arte e psicanálise. A questão do *Objeto Combinado* é retomada por Meltzer em 1992.

Ali, traz um novo aporte à concepção do objeto combinado (*Figura dos Pais Combinados*) e o vê como fonte da criatividade ao afirmar que "há mistérios sobre o funcionamento mental que são essenciais, áreas misteriosas, onde a mente não consegue penetrar, seja nela própria, seja na de outra pessoa" (Meltzer, 1992, p. 404). Acrescenta o autor, ainda, que esta zona de mistério transforma a atmosfera da investigação analítica, na qual se espera que se respeite o <u>mistério</u> e que não se imprima um clima detetivesco, à busca de desvendar <u>segredos</u> (grifos da autora).

Bion (1996) propõe que a primeira realização da função-alfa na vida do bebê, ou seja, essa misteriosa transformação da emoção em símbolo, é feita pela mãe que alimenta esse bebê com seu leite e com seus devaneios. Eles chegam ao bebê por intermédio dos olhos dela, da sua voz, da maneira como o segura e tudo o mais.

Isto é, a mãe dá ao seu bebê, por meio do seu contato, *alguma coisa* que permite a ele ter seu próprio sonho – seu primeiro pensamento.

Esta experiência emocional é internalizada na figura de um seio-mamilo, mas um seio e um mamilo agora *pensantes*: "ora, se o bebê internaliza não apenas um seio e um mamilo que o alimentam, mas um seio e um mamilo pensantes, temos um superego pensante, que será o iniciador do pensar sempre que o *self* se defronta com uma nova experiência emocional para a qual não tenha equipamento para pensar..." (Meltzer, 1992, p. 406).

O seio-mamilo pensante é um acréscimo significante ao conceito de superego, enquanto objeto combinado. Ou seja, deixa de ser só uma figuração da concretude do mundo arcaico porque a mente infantil é agora capaz de imaginar: trabalho da função-alfa.

A passagem para um seio-mamilo pensante é importante na medida em que são possíveis diferentes variações em sua combinação: no nível infantil, é representado por *um seio-mamilo combinados*, e em níveis mais sofisticados *como papai e mamãe numa relação harmoniosa*. O espaço ocupado pela cena primária é agora imaginado e esse espaço pode ser penetrado imaginariamente e não intrusivamente, como acontece quando a dimensão do pensamento não pode se realizar. Nesse sentido:

> *... neste nível a mente infantil pode imaginar que os pais precisam ter uma área de privacidade onde se recolher sem a companhia das crianças, ... uma área de quietude e intimidade... algo relacionado a seu ritual amoroso, ... algo semelhante a uma câmara nupcial, onde os objetos internos podem se recolher para fazer seus bebês que são pensamentos, símbolos, pensamentos de cuja matéria se fazem pensamentos. (Meltzer, 1992, p. 406)*

Segundo essa teoria, diz Meltzer (1992), toda função criadora considerada artística ou científica tem suas raízes na criatividade desses objetos internos. Essa criatividade, por sua vez, depende de os objetos internos terem permissão de se retirar para sua câmara nupcial e renovarem sua combinação um com o outro.

Até aqui, supondo que o desenvolvimento do bebê siga o caminho da reciprocidade estética, alcança-se uma forração psíquica, tecida pela função-alfa, que permite *pensar*, com a ajuda do *objeto combinado*, em sua face de objeto interno seio-mamilo pensante.

Esses pensamentos levam-me à segunda parte da frase de Meltzer. A nova ideia representada no conceito de Objeto Combinado "significou para a Sra. Klein o advento da posição depressiva" (Meltzer, 2019, p. 299).

O *objeto combinado* é o objeto estético por excelência porque dispara profunda experiência emocional. Meltzer (1995) propõe pensarmos que, desde o início, nossa mente se depara com um *conflito estético*. O autor veio a formular a importância deste conceito depois de anos de trabalho clínico com crianças autistas.

Francesco, uma delas, acompanhada por Meltzer, entra na sala para sua primeira sessão e, atônito, frente à analista, murmurou: "Você é uma mulher – ou uma flor!".

Num instante como aquele, diz Meltzer (1995), podia-se captar um lampejo da reação do recém-nascido no seu primeiro encontro com sua mãe e com o seio. Assim descreve:

> *A devotada mãe comum apresenta ao seu lindo bebê comum um objeto complexo de extremo interesse, tanto sensorial, como infra sensorial. Sua beleza, concentrada como deve ser nos seios e na face, complicada em cada caso pelo mamilo e pelos olhos, bombardeia o bebê com uma experiência emocional de qualidade passional, resultando que o bebê seja capaz de ver estes objetos como lindos. Mas permanece desconhecido para o bebê o significado do comportamento de sua mãe, do aparecimento*

> *e do desaparecimento do seio e da luz de seus olhos, de uma face na qual as emoções passam como sombras de nuvens sobre a paisagem. Afinal de contas, o bebê veio para uma terra estranha onde ele desconhece a linguagem e também as indicações e comunicações não-verbais costumeiras. A mãe lhe é enigmática; ela exibe um sorriso de Gioconda . . . (Meltzer, 1995, p. 44)*

A delicadeza poética de Meltzer nos aproxima desse bebê que precisa esperar pelas definições do mundo interno de sua mãe. Segue o autor: "Isto é o conflito estético que pode ser enunciado . . . em termos do impacto estético do exterior da 'linda' mãe, disponível aos sentidos, e do enigmático interior que precisa ser construído pela imaginação criativa" (Meltzer, 1995, p. 44).

Richard, um menino de 10 anos, foi analisado por Melanie Klein (1976) em 1940. Ambos estavam numa cidadezinha na Escócia, refugiando-se dos bombardeios de Hitler sobre Londres. Richard fora levado à análise porque não conseguia mais ir à escola. Temia o contato com outros meninos e meninas, temia sair à rua.

Hitler, importante personagem de suas fantasias, era representado pelo **objeto parcial mau** – figurado como pênis mau. Era associado ao pai, ou ao próprio Richard, ou à mãe, constituindo, assim, a figura combinada de um pênis mau dentro da mãe. Como conta a autora:

> *Na 27ª sessão, Richard comenta que deseja contar algo que muito o vinha preocupando. Receava que a cozinheira ou Bessie o envenenassem porque às vezes comportava-se mal com elas. As espiava com frequência para descobrir se as duas conversavam em alemão, examinava os vidros e garrafas da cozinha porque podiam conter veneno*

> *que elas iriam misturar à comida. Richard tinha um aspecto torturado, demonstrando que se violentava para falar sobre isto. Aproximava-se da janela quando sua ansiedade aumentava e parecia exausto. Declarou que esses temores o deixavam muito infeliz e perguntou se M.K. poderia ajudá-lo a vencê-los. (Klein, 1976, p. 126)*

A ansiedade paranoide é constituída por uma suspensão na bondade do objeto: "Seu núcleo é uma confusão verdadeiramente grave entre o que o paranoide sente e aquilo que ele pensa. No âmbito dos seus sentimentos, ele é atraído pelo encanto pelo objeto; no âmbito dos seus pensamentos, ele se acha atemorizado pelo núcleo maléfico deste objeto" (Meltzer, 1990, p. 57).

Em nota escrita após a 25ª sessão, Melanie Klein (1976) faz uma formulação importante a respeito da natureza do objeto combinado no âmbito de objeto parcial, isto é, o pênis no seio. O seio e o mamilo combinados criam a confusão entre bom e mau. Meltzer (1990) acrescenta: "A discordância entre ser atraído para o seio e pensar que não se pode confiar no mamilo cria a atmosfera da angústia paranoide" (p. 57). Isso fratura a relação continente-contido e, nesta situação, o objeto interno – *objeto combinado* – não pode conter essa estranheza, essa ambiguidade.

Este é o cerne do *conflito estético*. A manifestação fundamental das paixões na sua relação com a beleza da mãe-mundo habita o *self* bebê em sua relação com a figura do *objeto combinado seio-mamilo*. Mas além do seio, o bebê tem o mundo interior do corpo da mãe a explorar. Essa exploração se faz mergulhada nas relações que entretém com o representante parcial dos pais: seio-mamilo-pênis.

A viagem épica de uma análise, na compreensão kleiniana, se dá na travessia *do corpo da mãe*, em que se batalha com o objeto combinado: *seio-mamilo-pênis*. Dessa batalha, o sujeito pode emergir inteiro se puder reconhecer seus mortos, suas perdas, seu luto, ou permanecer aprisionado no Claustro (Meltzer, 2015).

A turbulência desses processos coloca o bebê frente a duas formas de penetração. Na primeira, o bebê, movido pela urgência de penetrar o interior deste corpo, seja pela voracidade, seja pela inveja, usará da penetração invasiva na ânsia de se apropriar dos conteúdos maternos desejados. É uma **penetração intrusiva** acompanhada da experiência emocional de uma penetração violenta por apossamento e, consequentemente, roubo daquilo que figura no imaginário do bebê como o pênis do pai e outros equivalentes simbólicos, por exemplo, fezes e bebê.

Exemplo do mundo contemporâneo: Luciano Hang, o dono da Havan, sempre vestido de verde-amarelo, não hesita em internar sua mãe, adoecida pela Covid-19 e tratá-la com o *kit* hidroxicloroquina, para se beneficiar, como apoiador das teses do Presidente Jair Bolsonaro, das benesses da Presidência da República.

O componente verde-amarelo, nesse caso, significa um falseamento da relação entre os pares do *objeto combinado* – o *vínculo negativo* entre *Amor*, *Ódio* e *Conhecimento* –, simula uma falsa conexão. A aparência pode justificar a ação que, entretanto, é mentirosa porque conhecemos os interesses parasitas que a sustentam. E, também, a ingenuidade ou a fé, no sentido de um "humanismo frouxo", não são passíveis de aceitação pela mente que exige a verdade. Esta só existe na coerência explicitada pela relação simbólica que o *objeto combinado* precisa alcançar para uma relação de pertinência entre continente-contido.

Vejamos um pouco mais sobre isso.

Na XXI Jornada Anual, do Departamento Formação em Psicanálise (2020), apresentei o artigo "A face estética do objeto interno: aportes de Donald Meltzer ao conceito de posição depressiva de Melanie Klein". Nele teci considerações que nos ajudam a compreender a relação entre dor mental e pensamento. A dor mental foi objeto das reflexões de Klein que, a princípio, a viu, à semelhança de Freud, como produto da frustação dos impulsos de vida. Mas a *Inveja,* conceito desenvolvido por Klein em 1957, a fez deparar-se com uma motivação que não pode ser explicada pela frustração do impulso de vida.

Isso introduziu uma ambiguidade à questão: o que até então fora visto como amor ou ódio ao objeto, resultante da frustração dos desejos por ele, faz Melanie Klein deparar-se com o *desejo de não desejar*: o objeto real, visto como eternamente insuficiente, é menosprezado em relação a um objeto ideal. Segundo Meltzer (1995), Bion resolve essa ambiguidade ao deslocar o entendimento da dor mental, como resultado da frustração do impulso de vida, para um vínculo mais complexo com o objeto.

Para Bion (1983), a relação com o objeto envolve Amor (L), Ódio (H) e Conhecimento (K). Esses conceitos são construídos para tentar dar conta da complexidade desta relação que permeia o vínculo com o outro e, sobretudo, propõem que o destino desses processos dependa da evolução do conhecimento interno. Os *vínculos positivos* (causados pela frustração dos impulsos de vida) estão ligados entre si, e o conhecimento (K) pode ser a forma de ultrapassar a oposição entre essas emoções, evoluindo no sentido do conhecimento interno. Os *vínculos negativos* são característicos das relações em que prevalecem cinismo e hipocrisia, pelo falseamento da verdade.

O conflito entre as séries positivas e as negativas é acrescido com o efeito provocador da *mudança catastrófica*. A *mudança catastrófica* é um conceito de Bion trabalhado por Williams (2018) no capítulo II de seu livro O *desenvolvimento estético: o espírito poético da psicanálise. Ensaios sobre Bion, Meltzer e Keats*. Ali, articula-o ao conceito de *Conflito estético* de Meltzer (pp. 65-106). A *ideia nova*, aquela que traz o potencial para a mudança, cai sobre a mente como uma *catástrofe*, pois, para ser assimilada, detona o fluxo da estrutura cognitiva. A catástrofe tem o sentido provocador de turbulência emocional e quem a vive pode decidir-se a prosseguir, suportando a dor mental, ou a se evadir pela cisão ou pela distorção do pensamento.

A outra forma de penetração é a **penetração imaginária**: toda a cena anteriormente descrita se passa no imaginário do bebê e é também acompanhada de turbulência, mas este bebê pode *sofrê-la*, ele é capaz de sofrer a dor mental.

Britton (2003), em um artigo denominado "O outro espaço e o espaço poético", descreve o que é esse imaginário. Recorre a Gaston Bachelard, que lhe inspira a ideia do espaço imaginário, "um quarto que o autor traz dentro de si mesmo e que ele tornou vivo com uma vida que não existe na vida" (Bachelard, 1964, pp. 228-229, citado por Britton, p. 176).

Britton (2003) concebe esse outro quarto como aquele onde a *cena primária* acontece. Para que esse outro quarto possa existir, é necessário que o indivíduo tenha alcançado uma posição em que pode observar a relação entre outros dois. Um espaço triádico como uma zona neutra de ilusão. A partir dele, o sujeito pode imaginar outro *quarto* para onde os pais se retiram: a cena primária é, então, imaginada, mas o sujeito não a vê. Para o autor, Melanie Klein colocou-a no centro dos acontecimentos que se desenrolam em torno da *imaginação* da relação sexual entre os pais, um molde psíquico que tomará forma quando for preenchido pelos acontecimentos no Édipo arcaico.

O *Objeto Combinado* forma um casal, fonte de profunda provocação emocional para o bebê e fonte da poesia ou do filistinismo: ou seja, o sujeito que habita este bebê pode optar por seguir um curso evolutivo pessoal em direção à transformação da sua dor em poesia, um produto sofisticado, simbólico, que reúne o conhecimento na sua vertente emocional e intelectual. Ou pode evitar sua dor mental, optando pela hipocrisia, com um deslocamento da dor para um campo em que se ganha domínio por intermédio do falseamento da verdade.

Então, o sonho de Richard na 85ª sessão: "Richard contou que tivera um sonho, ao mesmo tempo assustador e emocionante. Algumas noites atrás sonhara também com duas pessoas que juntavam os respectivos genitais" (Klein, 1976, p. 429).

A seguir, Richard passa a contar com imenso prazer o sonho mais recente, deixando o primeiro para trás:

> *Nele via M.K. parada em um ponto de ônibus... O ônibus passou e não parou. Richard correu atrás dele, mas não o alcançou. Richard seguiu caminho em outro carro. Nele estava uma família feliz, os pais eram de meia-idade e tinham vários filhos que eram simpáticos. Havia também um gato enorme que mordera o cão de Richard, mas depois passaram a se entender. Um novo gato aparece e persegue o seu gato, mas também tudo acabou bem. O carro passou por uma ilha que ficava dentro de um rio. Na margem do rio, o céu era completamente negro e negras eram também as árvores; a areia tinha cor normal, embora as pessoas fossem pretas também. Havia ali toda espécie de criatura, aves, animais, escorpiões, todos negros. E todos, pessoas e animais, estavam completamente imóveis. Era aterrador. (Klein,1976. pp. 428-429)*

Richard explica que a ilha não era completamente negra, tinha algum verde e no céu havia também algumas nesgas azuis. **Mas a imobilidade era terrível**.

Então, Richard chama: "Ei, aí. E então tudo adquire vida novamente. Ele rompera o feitiço. E tudo ficou alegre" (p. 429).

M. K. pergunta a Richard sobre seu outro sonho. Ele conta animado: "Vira duas pessoas deitadas lado a lado. Estavam fora de 'X', em algum lugar ao ar livre. E ambos nus, como Adão e Eva. Disse que via seus genitais, eram enormes e tudo era muito desagradável (Klein, 1976, p. 431). O primeiro é um belo sonho, no qual o trabalho onírico opera e figura o mundo interno de Richard na luta contra seus aspectos "venenosos", que, na sessão anterior, estavam projetados em Bessie e na cozinheira. O sonho em dois tempos: o tempo da morte; e o tempo da vida. A luta entre "eu morto" e "eles mortos" é transcendida pelo *Ei*. *Ei* é aqui a *palavra símbolo* que contém o momento da *mudança catastrófica* (Bion, 1970, citado por Williams, 2018, p. 90).

Meltzer (1990) vê no segundo sonho um importante prelúdio para o sonho da "ilha negra" com sua esperança de que essa destruição fosse reversível na realidade psíquica, de que "os objetos mortos, os bebês mortos, pudessem ser trazidos de volta à vida por boa vontade para com a relação sexual boa e criativa dos pais internos" (p. 161). Aqui, o Objeto Combinado é um objeto interno, ainda "bebê", digamos: ele é bizarro, disforme, mas já mais desinvestido das identificações projetivas de Richard e ajuda-o a resgatar a vida para seus objetos internos e, consequentemente, para sua vida. "Os deuses da mente são representados pelas qualidades macho-fêmea do objeto combinado kleiniano, e o crescimento da mente ocorre em relação não só à restauração do 'deus-mãe', mas à evolução do 'deus-inefável'" (Bion, 1970, citado por Williams, 2018, p.156).

A evolução do "deus-mãe" para o "deus-inefável" só pode acontecer se a viagem épica do *bebê conhecedor* tiver sido sensorialmente trilhada pelo interior do corpo da mãe, como vimos com Richard. O deus-mãe-inefável é o norte simbólico de uma análise, nunca alcançável, sempre um norte que se trasveste na questão do momento para ser apreendido dentro da sua fugacidade. *A trilha percorrida por Richard* é colorida: o preto do pai, o azul da mãe, o roxo de Paul (irmão) e o vermelho de Richard.

Estas eram as cores do *Império* – **o corpo da mãe** –, objeto de conquistas em batalhas sangrentas, em que o próprio objeto interno – Mãe – participava de formas diferentes: ora vitimado pelos desejos vorazes de apossamento, ora, quando aliado ao objeto interno Pai, combatia e procurava destituir Richard da sua (oni) potência fálica. Ou, ainda, quando os representantes bebês, também vorazes, buscavam atacar a aliança entre os pais internos.

Essa trama complexa, vivida numa sala de análise, se fazia representar pelas figuras da Segunda Guerra Mundial: Hitler era o representante principal da destrutividade. Em contraposição, em outro cenário, temos Dick, o garoto de 4 anos que não distinguia um objeto inanimado de uma pessoa: na sala de análise não diferenciava Melanie Klein dos móveis da sala.

Melanie Klein (1930/1996) constrói sua teoria sobre a formação dos símbolos quando tem a experiência de análise com Dick. Essa experiência a levou à hipótese de que é necessário suportar a ansiedade dos próprios impulsos sádicos, dirigidos contra objetos amados, em especial a mãe, para constituir o símbolo.

O que em Richard era um movimento positivo em direção à exploração sádica do corpo da mãe, em Dick temos a inibição, a negatividade. Dick inibe-se enquanto sujeito de uma ação destrutiva. Assim: ". . . o que imobilizou a formação de símbolos era o medo do que lhe seria feito (principalmente, pelo pênis do pai) caso penetrasse o corpo da mãe. A defesa contra os impulsos sádicos dirigidos contra o corpo da mãe e seu conteúdo – impulsos ligados a fantasias do coito – resultou na suspensão das fantasias e na interrupção da formação de símbolos" (Klein, 1930/1996, p. 256).

Como Melanie Klein conseguiu fazer Dick chorar?

Em outras palavras, como Melanie Klein despertou angústia em Dick para fazê-lo perceber-se humano, e não um vegetal? Na primeira vez que veio ao consultório, Dick não chorou ao se separar da babá e não demonstrou interesse por nada. Klein, então, inicia um jogo para Dick (p. 257). Colocou um trem grande a que chamou de *trem-papai* e um trem menor a que chamou de *trem-Dick*. Dick pega o *trem-Dick* e dirige-o para uma janela e diz "estação". Melanie Klein diz: "A estação é a mamãe e Dick está entrando dentro da mamãe". Larga o trem e corre para um espaço entre as portas do consultório e diz: "Escuro". E saiu correndo na mesma hora. Melanie Klein diz a ele: "É escuro dentro da mamãe. Dick está dentro da mamãe escura".

Aqui não há o mundo colorido, ainda que sangrento, onde Richard habita. Aqui, o mundo onde Dick habita é um interior escuro, onde nada se distingue porque é um vazio na "ausência" de vida emocional. É necessário acordar Dick para a travessia épica, aquela em que precisa lidar com o *objeto combinado*: mãe e pai, enquanto objetos parciais, mediante a exploração agressiva, das perdas e dos lutos consequentes, para resgatar vida para seus objetos e para ele.

Com Dick e Richard, encontramos a constituição do pensamento em dois tempos: do ventre escuro da *mamãe de Dick* aos primeiros objetos internos que se recriam no interior da câmera secreta, que trazem à luz o pensamento como primeiro rebento, fruto do sexo misterioso entre o casal primário ou casal primeiro. O pensamento é consequente à interiorização pelo *self* bebê que consente que este primeiro casal tenha uma câmera privada para a qual se retira. O *self* bebê suporta a separação para consentir a criação: aqui encontramos Richard no *ventre claro-escuro* da Sra. Klein na travessia de sua análise.

O casal primário – *o objeto combinado* – pensado por Klein é tanto o objeto continente, que acolhe e germina a *nova ideia* (o *pensamento virginal*), como o objeto que a recusa ou a distorce.

Para se chegar a Richard, é preciso sair do *ventre escuro* da mamãe de Dick e enfrentar o apaixonamento e a desconfiança – o *Conflito Estético* – para imaginar esse interior. Poder imaginar e penetrar sem invadir, reverenciando esse interior que se mantém sagrado em seu mistério. A leitura de Meltzer coloca Melanie Klein como a primeira pós-kleiniana, pensando em uma "poética" para uma leitura estética do encontro entre Richard e Klein, no qual "duas mentes juntas compreendem esse objeto estético e ambas agregam autoconhecimento" (Meltzer, citado por Williams, 2018, p. 227).

A experiência emocional vulcânica, provocada pelo *objeto combinado*, está lá desde os inícios da vida psíquica e só pode ser apreendida se nos descolarmos de uma compreensão explicativa para uma posição que vê desenrolarem em si mesma as ressonâncias que o encontro com esse objeto provoca. Uma imagem de círculos concêntricos nos ajuda a compreender: no centro do círculo, encontra-se essa figura que provoca ondas que se expandem ao infinito, e essas ondas podem vitalizar o espaço da arte, isto é, a poesia, a música, a literatura e o espaço da análise, quando surgem em nossos sonhos e em nossas inquietações.

Referências

Bion, W. (1983). Une théorie de l'activité de pensée. In W. Bion, *Réflexion faite* (pp. 125-135). Paris: Press Universitaires de France.

Bion, W. (1966). O aprender com a experiência. In *Os elementos de psicanálise*. Rio de janeiro: Zahar.

Britton, R. (2003). O outro quarto e o espaço poético. In R. Britton, *Crença e imaginação: explorações em psicanálise* (L. P. Chaves, trad.). Coleção Nova Biblioteca de Psicanálise. Rio de Janeiro: Imago.

Klein, M. (1976). *Narrativa da análise de uma criança*. Rio de Janeiro: Imago.

Klein, M. (1957). Inveja e Gratidão. In M. Klein, *Inveja e gratidão e outros trabalhos* (1946-1953). Rio de Janeiro: Imago, 1991.

Klein, M. (1930). A importância da formação de símbolos no desenvolvimento do ego. In M. Klein, *Amor, culpa e reparação e outros trabalhos* (1921-1945). Rio de Janeiro: Imago, 1996.

Meltzer, D. (1990). *O desenvolvimento kleiniano II*. São Paulo: Escuta.

Meltzer, D. (1992). Além da consciência. *Revista Brasileira de Psicanálise*, 26(3), 397-408.

Meltzer, D. (1995). Conflito estético: seu lugar no processo de desenvolvimento. In D. Meltzer, *A apreensão do belo: o papel do conflito estético no desenvolvimento, na violência e na arte*. Rio de Janeiro: Imago.

Meltzer, D. (1992/2015). *O claustro: uma investigação dos fenômenos claustrofóbicos*. Reino Unido: Karnac Book.

Meltzer, D. (1993). Criatividade e a contratransferência. In M. H. Williams, *O vale da feitura da alma* (p. 293). São Paulo: Blucher, 2019.

Viana, S. A. A face estética do objeto interno: aportes de Donald Meltzer ao conceito de posição depressiva de Melanie Klein. Trabalho apresentado em *XXI Jornada de Membros do Departamento Formação em Psicanálise*. Evento online, 12 nov. 2020. São Paulo, SP. (Texto não publicado).

Williams, M. H. (2018). *O desenvolvimento estético: o espírito poético da psicanálise – ensaios sobre Bion, Meltzer e Keats*. São Paulo: Blucher; Karnak.

Williams, M. H. (2019). *O vale da feitura da alma*. São Paulo: Blucher.

2. A fantasia somática como manifestação de violência

Maria Luiza Scrosoppi Persicano

I. Introdução

> *Vinde, espíritos, que os pensamentos espreitais de morte, tirai-me o sexo, cheia me deixando, da cabeça aos pés, da mais terrível crueldade! Espessai-me todo o sangue; obstruí os acessos da consciência, porque batida alguma compungida da natureza sacudir não venha minha hórrida vontade, promovendo acordo entre ela e o ato. Ao feminino peito baixai-me, e fel bebei por leite, auxiliares do crime, de onde as vossas substâncias incorpóreas sempre se acham à espreita de desgraças deste mundo. Vem, noite espessa, e embuça-te no manto dos vapores do inferno mais sombrios, porque as feridas meu punhal agudo não veja que fizer, nem o céu possa espreitar através do escuro manto e gritar: "Para, para!".*
>
> Shakespeare (c.1603-1606)

Nesse trecho da obra *Macbeth*[1] de Shakespeare, Lady Macbeth clama por libertar seu ímpeto assassino na ação muscular estriada vigorosa, violenta e cruel, sem ter a intervenção de nenhum tipo de consideração, sem pensar crítico nem reflexivo, quer consigo própria, quer menos ainda com o outro. Trata-se, a meu ver, da descrição estética perfeita do que seria uma fantasia somatossensitiva.

Parto aqui de alguns norteadores prévios: de um lado, a questão do poder da pulsão de destruição em Melanie Klein fundamentada em Freud, vista como ação da libido narcísica fusionada à pulsão de morte, seguindo as finalidades de desligamento da pulsão de morte e, de outro, o desenvolvimento desde o "pensar"[2] de Freud - que é a fantasia inconsciente recalcada freudiana - até o "pensar" em Melanie Klein como fantasia inconsciente primária,[3,4] ambas questões já trabalhadas em *A imago somatossensitiva na fantasia somática.*[5,6] Desenvolvi ali o conceito de um tipo de fantasiar primário que é o mais arcaico entre as fantasias primárias: o conceito de fantasia somatossensitiva. Naquela ocasião, pondo a trabalhar a teoria da fantasia de Melanie Klein, estava interessada em fundamentar a somatização

---

1 Shakespeare, W. (c.1603-1606). Macbeth (ato I, cena V). In D. Meltzer, *O Claustro: uma investigação dos fenômenos claustrofóbicos.* (M. S. Martins, trad.). Londres: Karnac.

2 Freud, S. (1911). Formulações dos dois princípios do acontecer psíquico. In *Obras Psicológicas de Sigmund Freud, V. 1. Escritos sobre a psicologia do inconsciente.* (L. A. Hanns, trad.). Rio de Janeiro: Imago, 2004.

3 Isaacs, S. (1952). A natureza e a função da fantasia. In M. Klein et al., *Os Progressos da Psicanálise.* Rio de Janeiro: Zahar, 1978.

4 Isaacs, S. (1943). Comunicação de Susan Isaacs sobre "Natureza e função da fantasia". In P. King & R. Steiner, *As Controvérsias Freud - Klein* (1941-1945) (pp. 275-300). Rio de Janeiro: Imago, 1998.

5 Persicano, M. L. S. (2011). A imago somatossensitiva na fantasia somática. (Tese de doutorado, Pontifícia Universidade Católica de São Paulo).

6 Persicano, M. L. S. (2013). *A imago somatossensitiva na fantasia somática.* São Paulo: Escuta.

como sendo, ela própria, esse fantasiar somatossensitivo. Nesta conversa, incluirei a fantasia somática e a *imago* somatossensitiva, conceitos desenvolvidos anteriormente. Pergunto-me, agora, como esse "pensar" somatossensitivo poderia sustentar a ação de violência, uma fantasia somatossensitiva em manifestação na ação muscular estriada. Um "pensar" vestibular e sinestésico, um "pensar" com os músculos estriados.

Com essa proposta, considerarei, então, como a teoria psicanalítica da fantasia inconsciente de Melanie Klein conversa com a manifestação de violência. A fantasia em Klein, portanto, não seria apenas um "pensar"[7] como fantasia inconsciente, aquela que se expressa por símbolos nos sonhos, no brincar e na arte, por equações simbólicas nas psicoses, mas ainda incluiria fantasias que são um outro tipo de "pensar", o que denomino de "fantasias somáticas auditivas, olfativas, gustatórias e somatossensitivas" (sinestésicas ou musculares, viscerais, vestibulares, de temperatura e de dor).

Alguns já se perguntaram[8] como podemos explicar as habilidades mentais e motoras que caracterizam a maioria dos delinquentes, a ponto de estes escaparem impunes de inúmeros roubos, assassínios, embustes etc. Edgardo Rolla[9] considera que esses "indivíduos fizeram um tipo de especialização da coordenação motora estriada e consequentemente da coordenação do pensamento, que lhes permite cometer com o máximo de impunidade as ações fundamentais características do psicopata". Penso que, na verdade, a coordenação

7 Freud, S. (1911). Formulações dos dois princípios do acontecer psíquico. In *Obras Psicológicas de Sigmund Freud, V. 1. Escritos sobre a psicologia do inconsciente.* (L. A. Hanns, trad.). Rio de Janeiro: Imago, 2004.

8 Martins, C. (1991). Bases psicodinâmicas da delinquência. *Revista Brasileira de Psicanálise*, 25(1), 179.

9 Rolla, E. H. (1973). Consideraciones sobre la organización psicopática de la personalidade. Revista de Psicoanálisis, 30(1), citado por C. Martins, Bases psicodinâmicas da delinquência. *Revista Brasileira de Psicanálise*, 25(1), 179, 1991.

motora estriada, ela própria, pode estar constituindo o "pensar" desses indivíduos. Sua ação seria um "pensamento-ação", um "pensar" em musculatura estriada. Aqui, entretanto, não falarei de psicopatas, mas de uma violência expressa em ação repentina, explosiva e bruta, na fala e/ou nos gestos e movimentos, sem uma ação planejada nem registrada integralmente pela consciência e pela memória da pessoa que age em violência. E que penso ser uma manifestação de fantasias primárias somáticas do tipo somatossensitivas.

Tentarei mostrar que, na exploração do mundo interno das fantasias, onde habitam relações de objeto interno, há a possibilidade de se pensar um "Hitler interno somatossensitivo" dentro de todos nós. O foco será, em especial, as fantasias arcaicas primárias somatossensitivas cuja natureza é carregarem em si a pulsão de destruição, tomada como a fusão da pulsão de morte pela libido narcísica a serviço dos objetivos de desligamento da pulsão de morte. Tentarei, a partir dos conceitos de angústia[10] e de fantasia somática,[11] desenvolvidos anteriormente por mim, demonstrar agora que as angústias e as fantasias arcaicas que habitam esse "Hitler interno" não só tendem a ser encenadas na somatização, mas agora incluirei que são elas também que se encenam na ação muscular da violência explosiva. Aqui se introduz e propõe-se pensar em algo tão arcaico, que seria a possibilidade da encenação de fantasias musculares em manifestações de violência pelos músculos estriados do corpo de um único indivíduo, mas também indica a possibilidade de se manifestarem via inconsciente social. Ao se focar na presença desse Hitler interno, descobre-se o sentido dos impulsos de reparação que se manifestam no sonhar, no brincar, na criatividade e no pensamento.

---

10 Persicano, M. L. S. (2011). *A imago somatossensitiva na fantasia somática*. (Tese de doutorado, Pontifícia Universidade Católica de São Paulo).

11 Persicano, M. L. S. (2013). *A imago somatossensitiva na fantasia somática*. São Paulo: Escuta.

II. *A fantasia primária somática e a fantasia primária somatossensitiva*

Desenvolvi, em 2011/2013,[12] o conceito de fantasia em torno da *vorstellen*, a partir de Freud, até chegar a Melanie Klein, estendendo *vorstellen* da imagem visual da fantasia inconsciente recalcada freudiana para as imagens de impressões sensoriais pré-verbais e pré-visuais, anteriores ao recalque, presentes nas fantasias mais primitivas kleinianas, chegando à proposição de fantasia somática ou "sonho do soma". Trabalhei a fantasia como realidade psíquica, especificamente as fantasias da vivência de satisfação e da vivência de dor.

No referencial freudiano da primeira tópica (inconsciente recalcado), as fantasias são representações ao mesmo tempo verbais e visuais recalcadas, que põem em cena um desejo arcaico inconsciente, de modo mais ou menos disfarçado, e a cena se compõe como matriz para desejos atuais conscientes, pré-conscientes e inconscientes. Freud, já em "Formulações sobre os dois princípios do funcionamento mental" (1911a),[13] descrevia uma possibilidade metapsicológica para a continuidade do pensar no inconsciente, quando tratará do "pensar" como uma das formas de conceber mentalmente, como o imaginar o é, deixando, a partir daí, aberta a compreensão para a continuidade entre o fantasiar e o pensar, que, depois, estará muito evidente na teoria kleiniana. "Trata-se do pensar calcado no ato de imaginar",[14] que caracteriza um "pensar" sob o processo primário.

---

12 Persicano, M. L. S. (2013). *A imago somatossensitiva na fantasia somática*. São Paulo: Escuta.

13 Freud, S. (1911). Formulações sobre os dois princípios do funcionamento mental. In Edição Standard Brasileira das *Obras Psicológicas Completas de Sigmund Freud*, V. XII (J. Salomão, trad.). Rio de Janeiro: Imago, 1969.

14 Freud, S. (1911). Formulações dos dois princípios do acontecer psíquico. In *Obras Psicológicas de Sigmund Freud, V. 1. Escritos sobre a psicologia do inconsciente*. (L. A. Hanns, trad.). Rio de Janeiro: Imago, 2004.

Freud entende, assim, o "pensar" como um tipo experimental de *atuação*, não via ação muscular, mas via ação por meio da concepção, entendida como sinônimo de visualização mental, que é a característica de figurabilidade típica do processo primário. E deixa claro que considerava provável que o "pensar" fosse originalmente inconsciente (pensamento de processo primário), e só era "pensar" na medida em que ultrapassava simples apresentações (visualizações ou concepções mentais)[15] imaginárias de impressões de objetos e dirigia-se para a concepção imaginária de relações entre impressões de objetos. Considera "pensar" quando essa concepção mental se refere a relações entre impressões de objetos, e isso é a fantasia para ele, que sempre e necessariamente se apresenta em figurabilidade visual, que pode ou não estar acrescida de impressões de outras modalidades sensoriais não só visuais. Acrescida, às vezes, de impressões auditivas, olfativas, gustatórias e mesmo somatossensitivas (táteis, musculares ou sinestésicas, viscerais, vestibulares, de temperatura e de dor).[16]

O fantasiar seria esse "pensar" antes da ligação com os resíduos verbais, portanto seria um "pensar" inconsciente, no inconsciente recalcado. Esse "pensar", já no momento do texto "Formulações sobre os dois princípios...",[17] pode ser lido como correspondente ao fantasiar em Freud. Aqui insisto que, para Freud, é preciso visualizar mentalmente, ou seja, ter uma imagem formada a partir da sensorialidade visual para se "pensar", fantasiar. Para Klein,

---

15 Concluo que, para estas, caberia o uso da expressão "apresentação de coisa". Entendo que uma apresentação de coisa é uma visualização ou concepção mental avulsa, não relacionada a outras. Uma representação já é a relação entre essas imagens. O "pensar" como fantasiar é relacionar várias apresentações de coisa, sobremaneira imagens visuais, formando representações.

16 Imagens não visuais: 1) imagens somáticas nas modalidades sensoriais auditiva, olfativa e gustatória; 2) imagens na modalidade sensorial somatossensitiva: táteis, musculares ou sinestésicas, viscerais, vestibulares, de temperatura e de dor.

17 Freud, S. (1911). Formulações dos dois princípios do acontecer psíquico. In *Obras Psicológicas de Sigmund Freud, V. 1. Escritos sobre a psicologia do inconsciente.* (L. A. Hanns, trad.). Rio de Janeiro: Imago, 2004.

isso não é necessário para existir o fantasiar primário. E a fantasia inconsciente, para Freud, só se dá posteriormente ao recalque que funda o sistema inconsciente. Enquanto, em Melanie Klein, já existe um fantasiar inconsciente anterior ao recalque: a fantasia primária.

Para Klein, a fantasia primária antecede e dispensa o componente da figurabilidade visual, e considero que, para ela, há lugar para a imagem e para a fantasia mesmo quando se trata de uma simples impressão de objeto pela sensorialidade pré-visual. As fantasias primárias compostas de impressões sensoriais de modalidades pré-visuais, conceituei em 2011, a todas desse tipo, com o termo genérico de "fantasias primárias somáticas" (auditivas, olfativas, gustatórias, somatossensitivas). Para as fantasias primárias especificamente com componentes de figurabilidade somatossensitiva, escolhi a denominação "fantasias somatossensitivas" e desenvolvi o conceito de fantasia somatossensitiva e *imago* somatossensitiva.

Levo em consideração que Melanie Klein tem uma proposta – que sigo – de que o analista escute o soma por meio da escuta da angústia e da fantasia e vejo o soma como campo de batalha para o processo do fantasiar, o *locus* em que as fantasias inconscientes se encenam originariamente. Assim, há uma angústia somática[18,19] que, ao percorrer o soma, o transforma em campo das fantasias inconscientes, ao se fixar às imagens sensoriais pré-visuais e pré-auditivas: olfativas, gustatórias e somatossensitivas. Um Isso encenado imageticamente.

---

18 Persicano, M. L. S. (2004). *A angústia na trilha da pulsão: entre psique e soma: a metapsicologia da angústia e de suas manifestações somáticas.* (Dissertação de mestrado, PUC São Paulo).

19 Aqui o conceito de angústia somática desenvolvido em 2004, na dissertação de mestrado permanece, mas é agora incorporado pelo novo conceito de fantasia somática. Toda *angústia somática* prescinde de palavras e de imagens visuais e sonoras, mas não prescinde de fantasias, e ela se apresenta sempre em um tipo de fantasia que denominei "somática". A *angústia somática* é vivida como alucinação em imagens somatossensitivas, e este é o fantasiar somático. A angústia somática está indissoluvelmente mixada como um dos elementos específicos da fantasia somática. O outro elemento desta é a *imago* somatossensitiva, um objeto interno.

A fantasia somática está no lugar das fantasias primárias mais arcaicas na sequência evolutiva do fantasiar; é uma angústia somática, vivida no soma, que estaria fixada a imagens sensoriais pré-visuais e pré-auditivas com função de objeto interno para o ego incipiente inicial. É uma angústia vivida no soma compondo a fantasia de modo ligado a um objeto, este uma *imago* somatossensitiva e, com ela, dá-se a realização alucinatória dos impulsos destrutivos.

As relações narcísicas de objeto e de objetos internos fantasiados são vividas em fantasia a partir das vivências do bebê com o funcionamento dos órgãos do soma, na interação com o estar vivo, com as excitações provenientes da relação com a mãe e com o mundo externo. Daí compreendi que a fantasia primária somática é uma realização alucinatória dos impulsos pulsionais destrutivos por meio de *imagos* somatossensitivas.

Em estado puro, a fantasia somática só é reconhecida por manifestações somáticas, nunca por equações simbólicas, muito menos por representações simbólicas e palavras. A partir dela, o fantasiar evolui em níveis de complexidade de fantasias que permitirão o sonho, o brincar simbólico e a expressão artística, o sintoma neurótico.

As *imagos* somatossensitivas se referem a impressões sensoriais interoceptivas (estimulações sensoriais resultantes do sistema digestivo, respiratório e circulatório) ou proprioceptivas (estimulações sensoriais provenientes dos músculos, tendões, juntas etc., envolvidas na discriminação da posição e do movimento do corpo), que podem se apresentar isoladas, não relacionadas entre si, mas sempre descarregando-se, por elas, o afeto basal que é a angústia somática. Podem se apresentar também relacionadas entre si. A descarga da angústia se dá intensificando-se o investimento da imagem somática interoceptiva ou proprioceptiva ou de relações entre essas imagens. A angústia é que possibilita que a sensação seja a alucinação dos primórdios e seja inscrita nos órgãos e partes do organismo, isoladas ou relacionadas, tornando-se imagem na "memória" desse que é um eu somatopsíquico parcial. Essa angústia pode ser revivificada pela angústia, provocando a ativação da fantasia e o sonho do soma pelo eu, quando a fantasia somática é ativada intensamente, dominando a manifestação por alterações temporárias, crônicas ou degenerativas do soma. Nesse eu em que ainda não há diferenciação entre psique e soma e que sonha o sonho do soma.

A sensorialidade somatossensitiva capta uma parte do organismo vivo em funcionamento, bem como as sensações provocadas pelo objeto primário. Forma imagens deformadas de sensações do soma, especificamente, entre elas, as *imagos* somatossensitivas, e nelas se descarrega a angústia somática. O afeto é agido no soma, em uma espécie de alucinação somatossensitiva, quando ocorre a revivescência da fantasia somática ante situações de vida que ativam as posições arcaicas. Nessas condições imagéticas, as defesas contra a angústia de aniquilação são também constituídas em *imagos* somatossensitivas; são defesas desse tipo: vômitos, diarreia, cólicas, ranger de dentes, contrair a musculatura, chutar, gritar, morder, arranhar, esmurrar, entre outras.

A questão do inato pode ser entendida melhor ainda como finalidades pulsionais intrincadas a objetos parciais enraizados no organismo, nas vivências do *soma*. Nesta visão, as pulsões parciais já têm objeto parcial e objetivo direcionados pela sensorialidade, desde o nascimento (desde a vida intrauterina possivelmente). Há uma espécie de "ligação" predeterminada pelo organismo, enquanto possibilidade de vivência sensorial. Mas é o fantasiar que dá a isso a condição de *imago*, objeto interno de qualidade somatossensitiva.

A *imago* da fantasia somática é uma imagem fixada de um objeto interno, construído como *imago* de órgãos do soma sentidos como objetos vivos nas sensações, externos ao eu incipiente com que nascemos.

Como vejo, este objeto está dentro do mundo interno, mas "um pouco mais longe – um pouco mais perto" do eu inicial, mas também "um pouco mais fora no mundo externo – um pouco mais dentro no mundo interno". Tomando a expressão de Botella e Botella,[20] esse objeto está em uma dupla inscrição contraditória, "somente dentro – mas também fora".

É um soma que "pensa". Não é ainda o aparelho psíquico, é o raiar do psíquico. É o sonho do soma.

O sonho do soma em que a sensorialidade tátil (sensações táteis), sinestésica (sensações de movimento muscular estriado) e interoceptiva (sensações de musculatura lisa dos órgãos), promoveria imagens arcaicas de objetos, isoladas, apenas táteis, ou musculares estriadas, ou musculares lisas. Sonho do soma em que a imagem seria uma relação entre diversas impressões da sensorialidade somática e a apresentação imagética de objeto, resultante da sensorialidade somatossensitiva (tátil, muscular ou sinestésica, visceral, vestibular, de temperatura e de dor) e da exteroceptiva (gustativa, olfativa), o que já seria o psíquico nas origens por ser relações entre imagens.

III. Narcisismo destrutivo e violência

> *Imagino que Freud reformulasse hoje as geniais ideias contidas no seu trabalho "O delinquente por sentimento de culpa". Poderia talvez referir-se a "O delinquente por falta de significado", entendendo a culpa primária como sentimento de cobertura da percepção inconsciente de um*

---

20 Botella, C., & Botella, S. (2002). *O irrepresentável: mais além da representação* (M. E. J. N. Schneider, P. Chittoni, & V. Dresch, trads.). Porto Alegre: Sociedade de Psicologia do Rio Grande do Sul/Criação Humana.

> *continente frágil e precário, à beira de uma ruptura, que o ato de delinquência seria, justamente, chamado a substituir.*[21]

A violência pode ser a manifestação de fantasias somatossensitivas destrutivas – via violência muscular –, uma incontinência abrupta e explosiva em manifestação de angústia somática mais *imago* somatossensitiva muscular e vestibular. Efeitos de ruptura de um continente fictício e artificial nas psicoses e nas violências físicas descontroladas contra o outro humano, nem sempre ligadas abertamente à maldade, à delinquência, menos ainda à psicopatia. Todos esses efeitos, entretanto, são narcísicos, sob a forma de narcisismo destrutivo,[22-23] em que a libido narcísica trabalha a serviço da pulsão de morte.

Desde os trabalhos de Melanie Klein e seus seguidores, já vinha a constatação clínica a respeito da atitude do paciente narcisista destrutivo em fazer outros viverem os sentimentos que ele próprio não tolera sentir. São pacientes com uma impossibilidade para pensar emoções e, por essa razão, se constituem como narcisistas. Antonino Ferro, desenvolvendo as ideias de Bion, considera que "uma forma típica de administrar protoemoções[24] não alfabetizadas

---

21 Ferro, A. (1997). *Na sala de análise: emoções, relatos, transformações* (M. Justum, trad.). Rio de Janeiro: Imago, 1998, p. 18.

22 Rosenfeld, H. (1964). Psicopatologia do narcisismo: uma abordagem clínica. In H. Rosenfeld, *Estados Psicóticos*. Rio de Janeiro: Zahar, 1968, Cap. 10.

23 ROSENFELD, H (1987). Narcisismo destrutivo e pulsão de morte . In: ROSENFELD, Herbert (1987). *Impasse e Interpretação*: fatores terapêuticos e antiterapeuticos no tratamento psicanalítico de pacientes neuróticos, psicóticos e fronteiriços. Tradução de Paula Maria Rosas. Rio de Janeiro: Imago, 1988. Cap. 6.

24 Protoemoções se referem aqui ao protopensamento de Bion, que "designa impressões sensoriais e experiências emocionais as quais, como elementos beta, não se prestam ainda para serem utilizadas como pensamentos propriamente ditos (conceitos e abstrações), mas sim para serem evacuadas fora (nos *actings* e nos supostos básicos dos grupos) ou dentro do organismo (estados

(e à espera de alfabetização, se tiverem a ventura de encontrar uma função de *rêverie*) é, portanto, a das *patologias narcisistas*".[25] Penso aqui as protoemoções como fantasias somáticas, sobretudo as somatossensitivas. Verifiquei em meu trabalho clínico e pesquisa metapsicológica que no "pensar" da fantasia inconsciente primária kleiniana estava o protopensamento de Bion; na ideia do fantasiar inconsciente de Klein, como "pensar" entre aspas, denominei "fantasiar somatossensitivo". Estou aqui mostrando que o próprio texto de Melanie Klein a respeito do fantasiar inconsciente já comportava essa compreensão e elaboração de Bion.

Ferro faz uma metáfora, a meu ver perfeita, do edifício de vários andares construído sobre palafitas em um charco. Esse charco é cheio de crocodilos-protoemoções (fantasias somáticas e somatossensitivas para mim); e o ego se põe narcisicamente a salvo nos andares superiores, separado daqueles (o contato com os crocodilos é barrado) e os crocodilos-protoemoções podem nadar livremente no charco. Isso vai compondo o desprezo, o sentimento de superioridade, o uso analgésico da inteligência como defesa do ego ante o contato com as angústias que seriam devoradoras e dilacerantes, já que nunca foram metabolizadas e integradas nesse ego, que, entendo, em "sobre adaptação".[26] Descreve ainda uma outra face da superioridade narcísica, o sentimento de pobreza e miséria, pelo ego estar separado das próprias emoções e em situação de exílio de si mesmo:

---

psicossomáticos)" Zimmerman, D. E. (2008). *Bion da teoria à prática: uma leitura didática*. Porto Alegre: Artmed. Construí e utilizo, baseada na teoria da fantasia inconsciente freudiana e kleiniana, o conceito e a ideia de ser isto uma fantasia primária somática, em especial do tipo somatossensitiva, um "pensar inconsciente" com um objeto, uma *imago* somatossensitiva.

25 Ferro, A. (2006). *Técnica e criatividade: o trabalho analítico*. (M. Petricciani, trad.). Rio de Janeiro: Imago, 2008, p. 163.

26 Freud, S. (1908). O caráter e o erotismo anal. In Edição Standard Brasileira das *Obras Psicológicas Completas de Sigmund Freud, V. IX* (J. Salomão, trad.). Rio de Janeiro: Imago, 1976.

"uma espécie de *síndrome de mendigo*, que deve ser sempre negada, cancelada pela pompa dos palácios e fazendo o possível para que os crocodilos sejam administrados pelo Outro, quem quer que seja".[27] Acrescento aqui: os crocodilos-fantasias somatossensitivas vão se manifestando, assim, à parte da própria percepção-consciência e da memória do ego e do pensar consciente.

Um tipo de narcisismo destrutivo, em que, ao evitar o contato com a dor mental, usa-se o recurso às sensorialidades sinestésica e vestibular e a manifestação da ação muscular estriada que caracteriza certa espécie de violência sobre o outro, ou sobre si mesmo, aquela que sai num repente abrupto e explosivo de ação, em que a força e a energia típicas da musculatura estriada se manifestam em ações musculares destrutivas para com o outro ou para consigo mesmo. Essas manifestações são fantasias somáticas destrutivas vividas em ação muscular estriada. Entendo que não precisa haver aqui ainda maldade de um sujeito constituído, mas sim fantasias narcísicas destrutivas que criam, no mundo interno, um ego frágil, com defesas incipientes e objetos superegoicos arcaicos e invejosos. A ação violenta que os expressa diretamente se dá como uma fantasia somática. Essa fantasia somática muscular estriada é anterior à maldade, que será a posição ética de um sujeito. As fantasias musculares estriadas em ação violenta antecedem a maldade, e para ela são precondições: elas são ações violentas mergulhadas em narcisismo destrutivo, o qual é marcado pela inveja, mas só mais tarde, com certa organização narcísica das defesas, poderão ser qualificadas eticamente como maldade. Vejo, portanto, uma diferença radical entre a ação do delinquente psicopata, em que o pensamento planejado já determina ação e a ação do delinquente violento impulsivo, que apenas encena uma fantasia muscular estriada violenta, num repente, numa ação que é

27 Ferro, A. (2006). *Técnica e criatividade: o trabalho analítico*. (M. Petricciani, trad.). Rio de Janeiro: Imago, 2008, p. 163.

dita "*sem pensar*", mas que é um pensar sinestésico, sem nenhum planejamento e, mesmo, sem intenção consciente da ação muscular.

Bion,[28] aplicando o que descobriu a respeito dos grupos no início de seus trabalhos, diz que, no grupo básico, a linguagem não aparece como forma de pensamento, mas é uma forma de ação pulsional, instantânea, inevitável e involuntária. Ele retomará a questão bem mais à frente em sua obra, em que passa a ter a concepção de uma vida grupal dentro da mente individual, como um modo distinto de funcionamento mental aliado à organização narcísica, mas não idêntica a ela. Essa ideia – Meltzer já está no conceito de supostos básicos grupais –, [29] na qual Bion diz que, em certo momento, apenas um dos supostos básicos pode estar ativo, enquanto os outros dois ficam confinados no nível "protomental", que está "intimamente ligado ao processo somático".[30] Não está dito explicitamente por Bion nessa época, mas Meltzer considera que já está implícito na vida grupal interna de suposto básico. Essa vida grupal interna evoca uma vida primitiva, talvez tribal, que se encontra nas profundidades da mente, e que pode emergir como comportamento grupal ou, por outro lado, como processos somáticos, podendo ter um impacto assustador, aterrorizante. Para Meltzer, "Bion parece sugerir que temos de pensar em diversos estágios do desenvolvimento corporal [somático], inclusive os estágios embrionários, e certamente os tempos pré-natais, como tendo representações distintas na estrutura do self".[31] É o edifício de vários níveis de Ferro, com o nível "protomental" no charco em suas fundações.

---

28 Bion, W. (1961). *Experiências com grupos: os fundamentos da psicoterapia de grupo* (J. Salomão, trad.). Rio de Janeiro: Imago/Edusp, 1975.

29 Meltzer, D. (n. d.). *Studies in extended metapsychology: clinical aplications of Bion's ideas.* (The Harris Meltzer Trust Series) Harris Meltzer Trust. Edição do Kindle.

30 Meltzer, D. (n. d.). *Studies in extended metapsychology: clinical aplications of Bion's ideas.* (The Harris Meltzer Trust Series) Harris Meltzer Trust. Edição do Kindle. cap 4.

31 Meltzer, D. (n. d.). *Studies in extended metapsychology: clinical aplications of Bion's ideas.* (The Harris Meltzer Trust Series) Harris Meltzer Trust. Edição do Kindle.

O funcionamento dessas partes primitivas do *self* em mentalidade de suposto básico grupal que varre por completo as características mais importantes da mente individual, a capacidade de observação, o pensamento e o julgamento também varre toda a possibilidade de se brincar com a realidade, de se expressar esteticamente e de se fazer reflexões éticas.

"Estas primitivas partes da personalidade pensam com o corpo [soma] e obedecem a leis que estão mais próximas da neurofisiologia do que da psicologia",[32] diz Meltzer. Digo, partindo de Klein, que são o fantasiar primário, são fantasias somatossensitivas.

Cassorla[33] nos traz que uma pessoa pode conseguir representar, numa pintura, suas fantasias e ódio assassino, pintando uma cena de assassinato. Essa pessoa estaria em processo simbólico, não psicótico. Mas se não consegue vender sua tela porque teme que o comprador possa matá-la, está ativado um processo psicótico. E se, ao contrário, essa pessoa desenvolve uma inibição do pintar, temos presente a fantasia somática oposta pela contração muscular com que segura o pincel e retesa o corpo. Também pode acontecer com o escritor ou o escultor.

Aqui proponho que se a pessoa realiza, numa impulsiva e não planejada ação muscular estriada, um assassinato violento a dentadas, arranhões, bofetadas, murros, pontapés, pauladas ou facadas, muitas vezes múltiplos, essa ação seria a manifestação direta da fantasia somática, fantasia sem nem sequer ter conseguido alcançar o *status* da equação simbólica das psicoses e nem de longe alçar o nível de simbolização de fantasias presentes no sonhar, no brincar, na criatividade, no pensamento propriamente dito.

---

32 Meltzer, D. (n. d.). *Studies in extended metapsychology: clinical aplications of Bion's ideas*. (The Harris Meltzer Trust Series) Harris Meltzer Trust. Edição do Kindle.

33 Cassorla, R. (2014). Prefácio. In A. Chuster, G. Soares, & R. W. R. Trachtenberg, *Bion: A obra complexa*. Porto Alegre: Sulina, 2014, p. 17.

Esta simbolização só se faz pelo processo de reparação simbólica pensado por Melanie Klein. A reparação[34, 35] é o elemento mais forte dos impulsos libidinais construtivos e criativos que constituem a fantasia reparadora, ou seja, a fantasia de consertar, corrigir, enfim, reparar os efeitos dos componentes pulsionais sádicos e destrutivos, particularmente após episódios de manifestações de violência. Para o pensamento kleiniano, a fantasia reparadora é o alcance do simbólico por excelência.

Focarei, num caso atendido por mim nos primórdios e meados da década de 1970, a manifestação de um Hitler interno (um objeto interno ou *imago* somatossensitiva) em fantasias somatossensitivas nas sessões lúdicas de Lia[36] e na sua vida.

IV. Fantasias somatossensitivas – Hitler em Lia

A análise de Lia transcorreu dos 11 anos aos quase 16 anos e pouco, duas vezes por semana, tendo evoluído de um diagnóstico de limítrofe intelectual e de atraso perceptivo motor para uma vida normal. Passou da classe especial que frequentava para uma classe comum, na mesma escola. Graduou-se aos 21 anos como técnica laboratorial e faleceu com quase 22 anos. Desde bem pequena (primeiro ano de vida), teve graves convulsões, sendo, então, tratada de disritmia paroxística bilateral, com equivalentes epilépticos de ausência, por conceituado neurologista que a acompanhou em tratamento até ela receber alta com aproximadamente 19 anos. Aos 22 anos, Lia morre

---

34 Spillius, E. B. et al. (2011). *The new dictionary of kleinian thought*. Londres/Nova York: Routledge.

35 Klein, M. (1933). O desenvolvimento inicial da consciência na criança. In M. Klein, *Amor, culpa e reparação e outros trabalhos* (1921-1945). *Obras Completas de Melanie Klein*, Vol. I, cap. 15. (A. Cardoso, trad.). Rio de Janeiro: Imago, 1996.

36 Nome fictício, construído para fins deste trabalho.

em consequência de acidente vascular cerebral (AVC) hemorrágico grave, enquanto tomava banho no chuveiro, sozinha em casa. Hoje entendo que suas convulsões e suas crises de ausência encenavam a presença de objetos internos superegoicos terríficos, *imagos* somatossensitivas destrutivas. Eram fantasias somatossensitivas sinestésicas.

Quando chegou à análise, era uma criança e uma púbere altamente atuadora, que, hoje entendo, manifestava fantasias somatossensitivas sinestésicas ou musculares estriadas em comportamentos um tanto violentos, ora abruptos, ora de força física. Sua angústia se manifestava em fantasias somatossensitivas em quebrar, com ações manuais de pressão e força, lenta e renitentemente, os objetos de sua caixa lúdica ou da sala, jogando longe, impulsiva e repentinamente, qualquer objeto que tivesse à mão, inclusive os meus óculos, que à época eram, casualmente, e teriam de ser, com lentes de acrílico. Não se quebraram os óculos nem a relação analítica, compondo-se esta como continência e demarcação de limites, muitas vezes corporais. Trabalhei muito, no princípio, utilizando quase nenhuma interpretação, nomeando a Lia o agir atuado dela ali comigo, sob a forma de inícios de construção. Fui trabalhando, o tempo todo com o que hoje entendo como construções em análise na transferência.[37] Mas, à época, eu nada sabia das fantasias somatossensitivas, eu as entendia como descargas de angústia na conduta.

Nos primeiros quatro meses de análise, Lia manifestava-se em um envolvimento afetivo superficial, com a analista e com o processo analítico, tendendo a transformar as sessões em reuniões sociais apaziguadoras e eu, em companheira imposta por ela. Minhas falas provocavam-lhe reações do tipo "brincalhão" ou espirituoso, às vezes de sutil provocação.

37 Persicano, M. L. S. (2001, junho). *Construções em análise na transferência. Revista Latinoamericana de Psicopatologia Fundamental*, 4(2), 53-66.

Após esse período, passou por uma fase agressiva, que durou aproximadamente um ano. Lia assumia postura retesada e hostil, feições endurecidas, olhar baixo e ricto labial (fantasias somatossensitivas sinestésicas e vestibulares), conduzindo suas atividades lúdicas, paulatina, obstinada e obsessivamente para a destruição manual de materiais, procurando no início das sessões aparentar uma destruição acidental e, no final, agir mais abertamente – isso, quando a analista se abstinha de interpretar. Nesses momentos, só a acompanhava, pontuava e intervia, sobretudo por ações de continência e contenção simultânea.

As construções e algumas interpretações minhas, nessa época, desencadeavam um processo de agressão verbal aberta, sob a forma de ironia, menoscabo e xingamentos, chegando a gritar. Logo depois, nem sequer se lembrava deles. Entendo agora que essa agressão verbal era menos palavras com significado do que fantasias musculares sinestésicas, em que a movimentação da língua e do diafragma eram as *imagos* somatossensitivas terríveis que assim Lia ejetava em mim. Seguia-se agressão física aberta contra os materiais, móveis e sala, além de tentativas contra mim: vir com a tesoura infantil em riste, jogar peças de jogos de construção em madeira, lançar ou chutar bancos de madeira da sala, ameaçar com objetos de madeira e plástico pontudos – como lápis, cascos de canetas esferográficas, palitos de encaixe em madeira e palitos de picolé. Considero agora que eram manifestações em fantasias somatossensitivas sinestésicas.

Algumas vezes, tive de usar firme contenção em palavras, enquanto me desviava de seus objetos, chegando a suspender as sessões. Nessa fase, a agressão tendia a durar duas a três semanas seguidas, intercaladas por uma sessão de apaziguamento de temidas reações de contra agressão de minha parte, o que era então interpretado. Lia adotava, assim, nessas sessões, comportamento bonzinho do tipo bem adaptado, forçado e até bajulador, de submissão artificial para angariar atenção e afeto. Nesse período, às vezes ela fingia dormir, em sutil hostilidade. Outras vezes, de fato, tinha crise de ausência em plena sessão, o que penso, hoje, como as fantasias somáticas mais graves, somatizações cerebrais propriamente ditas. À época, eu entendia apenas que a angústia disparava a patologia médica.

Seguiu-se um ano em que Lia iniciou um processo de reconhecimento e de aceitação da minha presença ali com ela e do processo analítico. Desaparecem as reações agressivas abertas e violentas, verbais e físicas. Seu contato comigo passa, nesse período, para o carinho físico excessivo, exigente e voraz, numa tentativa de certificar-se da capacidade e do querer da analista em permanecer lá com ela e da constância de meu amor por ela. Durante esse período, as crises de ausência deixaram definitivamente de ocorrer em sessão e a não serem mais relatadas pelos pais (acompanhados ao início e final de cada semestre). São descritas pelo neurologista melhoras neurológicas paralelas.

Somente após dois anos e pouco do início da análise, Lia passou a ter um contato afetivo amoroso, normal e espontâneo comigo, sem excessos de manifestação de afeto, começando a sentir e a demonstrar confiança no meu afeto por ela. Já aceitava todas as intervenções verbais, as quais a conduziam a paradas para pensar e à posterior elaboração, podendo continuar no assunto ou na atividade iniciada. Raras vezes ocorria não as ouvir ou desconversar. Evidentemente, em momentos mais raros, retomava atitudes de "bronca" ou de viscosidade afetiva, que logo eram substituídos por felicidade em poder confiar.

Nos anos seguintes, fomos trabalhando a difícil aceitação de si própria. A não aceitação de seu físico: Lia era gordinha, considerava-se e era considerada a desengonçada e a sem graça, a mocinha pouco bonita e pouco atraente para os meninos. A difícil aceitação de seus distúrbios orgânicos, bem como de sua superação paulatina: nessa época, não tinha mais crises de ausência, mas não se esquecia delas e as temia.

Ainda permanecia a luta contra a insegurança para poder superar amplas dificuldades psicopedagógicas (leitura-escrita, cálculos, atenção-concentração, coordenação percepto-motora, esquema corporal) e fonoaudiológicas (hipotonia labial, distúrbios articulatórios), que a acompanhavam durante toda sua vida, desde a mais tenra infância. Essas dificuldades psicopedagógicas também podem ser vistas aqui, agora, sob o vértice de haver participação nelas de fantasias somatossensitivas. Após tratamentos que duraram todo o tempo de sua infância e puberdade, os quais, antes da análise, não tinham evoluído a contento por "problemas emocionais" (*sic* neurologista, psicopedagoga-psicomotricista e fonoaudióloga), dada sua recusa obstinada em aceitá-los, no que foi melhorando com a análise, sobretudo após o período de agressividade aberta. Nessa época, às vezes trazia os cadernos e as provas para me mostrar e, às vezes, para fazer ali mesmo na sessão, sobretudo quando já passara para a classe comum (lá pelos 12 para 13 anos). Fazia o mesmo com os exercícios da psicopedagogia. Ou, então, inventava exercícios para a sessão, que se prolongavam por semanas nas sessões, dando a ideia de um esforço comum (uma verdadeira construção na transferência) e conjunto dela e da analista, em uma direção a conquistar: por exemplo, bordar um pequeno panô, fazer um cesto de pães de palitos de sorvete, modelar e pintar uma caneca de massa acrílica, ou fazer um porta-canetas de fundo de garrafa de plástico coberto por cascos de canetas esferográficas colados, sempre me solicitando alguma coisa, como arrumar os cascos de caneta ou os palitos com cola em cima. Aos poucos, foi superando suas dificuldades psicopedagógicas e fonoaudiológicas. Deixa de utilizá-las como meio de obter afeto: acreditava-se antes tão desinteressante e pouco inteligente que a atenção das pessoas para com suas dificuldades era sua única garantia de existência para o outro. Deixa também de utilizá-las para autopunição ou para agressão aos outros, como antes ocorria. Já deslanchava nos estudos e foi tendo alta nos outros tratamentos, a partir de pedidos dela própria, primeiro na psicopedagogia-psicomotricidade e, depois, na fonoaudiologia.

Também foi desenvolvendo maior confiança e habilidade nos contatos sociais e maior capacidade em adaptar-se a grupos e a se fazer aceita pelo que de fato podia ser encantador nela: afetuosa, inteligente, esperta, engraçada, espirituosa. Nesse período, o consultório era na mesma casa onde eu morava: foi marcado por Lia brincar afetuosamente com o cachorro da casa que se via pela grade da garagem, na entrada, e por pedir para pegar bombons que, às vezes, ficavam na sala de espera (comum com a residência) para comer e levá-los para casa.

Ao mesmo tempo, começou a se sentir mais realizada em seus atrativos sexuais, planejando casar e ter filhos. Lia adorava crianças. Estava ainda em análise quando nasceu a minha primeira filha, um ano e pouco antes do término da análise de Lia. Ficou marcado em Lia e na relação conosco o efeito bom da minha gestação e do nascimento do bebê. Na época, o sexo da criança só era sabido ao nascer, o que rendeu a possibilidade de trabalhar a fantasia de ser diferente o desejo materno por um menino ou por uma menina. Ela acompanhou tudo, fazendo perguntas a respeito de homem e mulher, sexo e nascimento. Eu lhe pedia que contasse o que já sabia e íamos construindo o tema para ela e com ela. Nessa época, depois da licença-maternidade, o consultório passara a ser em local separado e distante da minha residência. Então, continuou a falar de crianças, de como já não era criança e de como queria, um dia, poder ter crianças, um marido e filhos.

Bordou sozinha, em casa, sem contar nada para mim (apenas, às vezes, dizia que estava preparando um presente surpresa para mim e para o bebê), desde os tempos da licença-maternidade, durante um ano, um panô quadrado de 30 cm, com a figura de um cachorrinho representada, referência direta ao cachorro da casa, que representava o afeto e a vida que sentira que recebera e que queria retribuir a mim e ao bebê. Enquanto bordava, tecia sua independência e a nossa separação. Trouxe o panô de presente, enquanto sua alta começava a ser trabalhada, segundo ela de *"presente de um ano para sua filha"*, que ela soube ser uma menina por sua antiga psicopedagoga e pela confirmação de minha parte. Ao trazê-lo, orgulhosa de estar muito bem bordado, orientou: "é para você mandar montar um quadro para pôr no quarto de seu bebê". Sua alta foi a pedido dela e, com a minha anuência, trabalhada por mais um ano. Disse, na despedida: "Quando precisar de você, eu volto". O panô, após ficar anos como enfeite do quarto de crianças, ficou na sala de ludoterapia também por anos.

Ainda durante minha gravidez, Lia falava a respeito da impressão que lhe causara ver sua tia-avó viver até os 97 anos, dizendo: "*A impressão mais forte que tive na vida foi de como pode ser longa a vida humana*". Ela revela, nessa afirmação, preocupação e surpresa perante o nascer, o morrer, mas, sobretudo, com o tempo de duração da vida humana. E, também, ali se preparavam para nascer para o mundo lá fora, duas novas criaturas, dentro e fora da análise. E começava o início do término de uma análise. Quanto tempo duraria a Lia nova e o efeito da análise? Essa parece ter sido a pergunta, acrescida de outra, esta última não percebida na época: quanto tempo duraria uma Lia viva, nascida para a vida ali na análise? Só se pode entender isso como um "conhecimento inconsciente" por Lia, uma fantasia primária somatossensitiva, de sua vulnerabilidade somática, que estavam manifestadas em fantasias somatossensitivas desde o início de sua vida, que permanecia, e que, nesse momento, foi impossível ser ouvida na transferência. Só dá para pensar isso por retrospectiva e ressignificação. O mais se refere aos limites das possibilidades da psicanálise. Por quanto tempo essa jovem poderia se representar viva? Algo demoníaco escapava. E era uma fantasia somatossensitiva destrutiva. O Hitler em Lia, objeto superegoico somatossensitivo, permaneceu. Um superego invejoso da vida em Lia.

3. Superego invejoso: uma dimensão do superego sádico e cruel[1]

Eliane Michelini Marraccini

Neste trabalho, pretendo refletir sobre a distinção entre o superego sádico e cruel, característico do desenvolvimento mental primitivo e descrito desde os primeiros estudos teórico-clínicos de Melanie Klein, e a noção de superego invejoso referida em seu texto de 1957, *Inveja e Gratidão,* importante síntese do pensamento kleiniano ao final de sua obra. Apesar de sua relevância metapsicológica, a noção de inveja primária gerou controvérsias quanto à ênfase atribuída à destrutividade e sua origem constitucional, como suscitou questões que ainda hoje são discutidas e problematizadas.

Intrinsecamente derivado da inveja primária, a noção de superego invejoso refere-se à ação da pulsão de morte e destrutividade na dialética entre instâncias psíquicas, particularmente entre ego e superego. Apesar de sua relevância para a clínica e sua articulação com aspectos da vida psíquica que produzem efeitos consideráveis na subjetividade, a noção de superego invejoso não tem merecido destaque na literatura psicanalítica. Mais recentemente, no entanto,

---

1 Trabalho integrante de Estágio Pós-Doutoral na Pontifícia Universidade Católica de São Paulo, sob a supervisão do Prof. Dr. Luís Cláudio Figueiredo.

alguns estudos sobre a metapsicologia da inveja primária referiram-se à complexa ação destrutiva do superego invejoso e suas implicações. Ao longo deste trabalho terei oportunidade de me referir às ideias mais relevantes.

Foi ao conferir na clínica importantes efeitos de oposição destrutiva que impedem o desenvolvimento e o fortalecimento egoicos, que meu interesse se voltou para o estudo da noção de superego invejoso. Procurei conduzir investigação sobre a constituição, ação e funções do superego invejoso, examinando os efeitos deletérios na subjetividade, seus reflexos na relação analítica e as resistências à mudança psíquica que podem resultar, muitas vezes conduzindo a impasses no tratamento.

Algumas premissas iniciais

A constituição do mundo interno e a estruturação psíquica do sujeito se dão a partir de conflito próprio à condição humana entre pulsão de vida e pulsão de morte, relembrou Figueiredo (2021) ao sublinhar a importância atribuída por Freud às diferenças individuais, inclusive no tocante ao aspecto constitucional, enquanto pensava as bases do psiquismo.

Na mesma direção, Klein se pronunciou: "Ao falar de um conflito inato entre amor e ódio, deixo implícito que a capacidade tanto para amor quanto para impulsos destrutivos é, até certo ponto, constitucional, embora varie individualmente em intensidade e interaja desde o início com as condições externas" (Klein, 1957/1991, p. 211).

A pulsão de vida impulsiona o bebê a estabelecer troca projetiva-introjetiva com o objeto real, e por esse intermédio, tem origem a constituição do seu mundo interno e o início da vida psíquica. No seio materno, objeto primário por excelência, são projetadas fantasias inconscientes permeadas de impulsos libidinais e destrutivos que o impregnam com elementos pulsionais que se originam no sujeito. A subsequente introjeção do objeto primário, permeado pelos elementos de fantasia que foram inicialmente projetados, constituirá não apenas os objetos internos, mas também promoverá a estruturação das instâncias psíquicas, como determinará a natureza da dinâmica entre elas. A experiência emocional que terá lugar estará sempre permeada e balizada pelos elementos que atravessaram a troca na relação objetal primária com o objeto.

Quando há o predomínio da pulsão de vida, com ascendência da capacidade de amar, o ego torna-se relativamente mais forte e capaz de suportar a ansiedade suscitada pela pulsão de morte, podendo contrabalançá-la e possibilitar o desenvolvimento mental normal. No entanto, quando tem lugar o desequilíbrio de forças em que predomina a pulsão de morte, emergem condições para o desenvolvimento mental patológico, indicou Klein (1958/1991).

Neste ponto, cabe ser destacada a importância que Klein atribuiu aos fatores ambientais, questão que muitas vezes permanece desvalorizada e frequentemente negada por críticos parciais e ideológicos, como ressaltou Rocha Barros (2004). O sistema teórico que desenvolveu em nenhum momento desconsiderou a importância da intersubjetividade, desde o início inerente à relação objetal que se estabelece com o objeto primário, representante do mundo externo. Pelo contrário, esse fator constitui elemento central na estrutura teórica que Klein desenvolveu e fundamentou a partir de sua prática clínica.

Ela não acreditava em um componente genético como origem para a vida mental, mas considerava haver bebês recém-nascidos mais aptos para usar o "objeto bom", como relembraram Cintra e Figueiredo (2004). Alguns sendo mais resolvidos com a satisfação e menos perturbados pela frustração, portanto mais aparelhados para aproveitar o que o ambiente pode oferecer. Esses bebês poderiam atingir gratificação e desenvolveriam a capacidade de amar, para finalmente experimentarem gratidão em relação ao objeto. Concordo integralmente com a ressalva desses autores, quando afirmam que se tivesse sido assim colocada a questão da origem constitucional, provavelmente Klein não sofreria tantas críticas em relação à postulação sobre a destrutividade inata, quando se debruçava sobre a metapsicologia da inveja primária.

Destrutividade e inveja primária

O trabalho amplo e consistente de análise e desmembramento do complexo sentimento de inveja conduzido por Klein se contrapõe ao *status* "quase-orgânico" que costuma ser equivocadamente atribuído por seus críticos à concepção desta noção, como ressaltaram Chuster & Trachtenberg (2009). O resgate dessa construção metapsicológica coloca em relevo a complexidade e a fecundidade compreendidas na noção de inveja primária, como destacam seus efeitos no estabelecimento de relações objetais internas e externas bastante particulares.

A título de retomada, a inveja primária foi considerada por Klein (1957/1991) como a mais radical manifestação da pulsão de morte, com fantasias de ataques sádico-orais e sádico-anais que se dirigem ao seio materno. Ataques que visam espoliar e depositar maldade no objeto primário, além de se apossarem do seu elemento criativo. Encontra-se aí um grande paradoxo, o fato de a destruição dirigir-se justamente ao objeto que traz vida e representa Eros e, sobretudo, por ser dele que o sujeito depende para constituição do bom objeto interno, essencial para a edificação egoica e a estruturação do *self*.

O grande impacto que a noção de inveja primária produziu no meio psicanalítico não se referiu apenas à consideração do elemento constitucional da destrutividade, mas também por ter como alvo o objeto primário seio, naturalmente bom e criativo, amalgamando-o com aquele que naturalmente frustra e pode ser vivido como mau. Esta confusão de afetos acabou por embasar a noção inovadora que Figueiredo (2021) denominou de "ambivalência de base", anterior à cisão do objeto primário em bom e mau.

Ao discordar de Abraham em relação a um estágio pré-ambivalente nas relações objetais, Klein implicitamente considerou que a ambivalência estaria presente desde o início. Porém, uma ambivalência em que não há uma verdadeira atribuição de afetos opostos em relação a um mesmo objeto, pois isso seria conquista avançada da posição depressiva, como indicou Figueiredo (2021). Assim, teve lugar a noção de "ambivalência de base" proposta por esse autor, com o sentido de descrever a confusão primitiva como uma verdadeira ambiguidade e que corresponde a uma atribuição de afetos contrastantes a um objeto tão primitivo que ainda nem sequer sofreu a cisão entre bom e mau, como mais adiante torna-se característico na posição esquizoparanoide.

Cabe lembrar que a cisão não é apenas mecanismo defensivo do ego, mas também cumpre função organizadora na constituição do psiquismo e é pré-condição para o estabelecimento do objeto bom. De todo modo, ela representaria um avanço em relação à "ambivalência de base", a qual estaria presente desde o nascimento e potencialmente operante ao longo da vida, segundo seu autor. Essa noção inovadora torna-se interessante para se pensar a questão paradoxal da inveja primária, dados a destrutividade dirigida ao seio e os ataques desferidos à sua capacidade criativa.

A partir do nascimento, com a descontinuidade entre a vida intra e extrauterina, emerge no bebê nostalgia pelo estado idealizado de plena satisfação anterior que se mistura com o ódio ressentido pela perda da ilusão de perfeição infantil. Tal condição é elemento decisivo para o emergir da inveja primária em relação ao seio, com toda a fantasmática que envolve esta experiência emocional, como pontuaram Cintra e Figueiredo (2004).

No meu entender, a fantasia inconsciente do seio inexaurível e sempre presente pode ter sua origem na experiência de união pré-natal com a mãe; porém, a seguir, dá origem à idealização do objeto primário como continuidade narcísica do próprio sujeito e, em última instância, é fantasia representativa do amor incondicional materno. Em contrapartida, a experiência real de frustração junto ao seio constitui contato primário com a realidade, ressalta a dependência do bebê quanto ao objeto e confronta-o com sua inescapável alteridade. Essa experiência emocional representa sério abalo na condição idealizada e onipotente que permeia o sujeito em constituição, o impacto sendo vivido como dolorida ferida narcísica, além de promover significativo abalo na fantasia idealizada do objeto primário. Emerge, assim, o ódio que visa a destruição vingativa do objeto, que se sobrepõe ao almejar a fruição de satisfação e a obtenção do bom para si.

> *O objetivo da inveja, ao contrário da voracidade, deve ficar claro: remover intencionalmente a fonte do sentimento, que é sempre a bondade em si mesma do objeto. É essa a condição destrutiva para o desenvolvimento psíquico, pois não é possível sob a égide da inveja alcançar-se a bondade que é necessária para viver. O ato da inveja é doloso. (Chuster & Trachtenberg, 2009, p. 54)*

Quando Klein (1957/1991) apontou a experiência de frustração imposta pelo seio vivida emocionalmente pelo lactante como ataque retentivo por não lhe entregar o leite, destacou o aspecto reativo e defensivo da inveja primária. Porém, é imprescindível se considerar esse aspecto em articulação com o elemento destrutivo constitucional da inveja, pois ambos dizem respeito à integridade dessa experiência emocional. Na concepção original de Klein, nenhum desses aspectos é excluído da noção de inveja primária, como alguns autores por vezes procuram contrapor.

Subsequente ao movimento expulsivo que tem lugar nos ataques invejosos em direção ao seio pela via de identificações projetivas, ocorre a reintrojeção da própria destrutividade, que agora traz consigo os restos desse objeto primário espoliado pela inveja. Ao circular novamente no aparelho mental do sujeito, o objeto atingido pela pulsão destrutiva e pelas fantasias associadas conduzirá à constituição do superego invejoso, com poder destrutivo e ação espoliadora em relação ao ego. Desse modo, transfere-se para a dinâmica intrapsíquica o conflito primário entre amor e ódio ao objeto, determinando não apenas caráter danoso e vingativo ao superego, mas também promovendo estragos danosos ao ego, pois atinge sua força e capacidade de se desenvolver e produzir criativamente.

Neste sentido, a inveja constitui paradoxalmente uma verdadeira cilada para o sujeito invejoso, uma vez que, pela inerente e permanente troca que se estabelece na relação objetal do sujeito com o objeto, a destrutividade que visava permanecer projetada e identificada como pertencente ao objeto acaba sendo reintegrada em seu funcionamento mental. Distribuindo restos espoliados do objeto na constituição de seus objetos internos e externos, na estruturação das instâncias psíquicas e na dinâmica conflitiva que se estabelecerá entre elas.

A inveja primária exacerbada, que se caracteriza fundamentalmente como patológica, institui sérios obstáculos ao desenvolvimento, inviabilizando a nítida diferenciação entre sujeito e objeto, dificultando sobremaneira admitir e tolerar a dependência ao bom que diz respeito ao objeto. Apenas se a inveja primária não for essencialmente patológica é que poderão ter lugar a integração entre amor e ódio ao objeto e a continuidade do desenvolvimento egoico e suas funções. O que, por sua vez, inclui o processamento da perda narcísica em relação ao primitivo ideal de si, além de implicar a tolerância à triangularidade primitiva entre o bom objeto e sua ligação criativa com um outro.

A inveja excessiva interfere substancialmente no desenvolvimento do complexo de Édipo primitivo, como ressaltou Klein (1957/1991), transferindo-se para o pênis do pai e para a figura dos pais combinados às dificuldades originalmente experimentadas em relação ao seio. Deste modo, em vez do ciúme edipiano ser um meio de elaborar a inveja, pode acabar reforçando a figura dos pais combinados, fantasiados em invejável experiência emocional de gratificação, o que incita e retroalimenta a inveja do bebê.

Neste ponto, cabe destaque à importante participação da figura materna como elemento favorecedor e determinante para a tolerância e processamento dos aspectos destrutivos das identificações projetivas promovidas pelo bebê acometido pela inveja. Embora Klein tenha considerado tal importância desde a origem do conceito de inveja primária, a ênfase neste aspecto foi especialmente sublinhada no arcabouço teórico de Bion (1988), como contou com a contribuição de vários seguidores, conforme veremos adiante.

Quando a mãe apresenta falhas na recepção da angústia do bebê, não conseguindo tolerar e conter em seu psiquismo o conteúdo destrutivo que foi projetado, não favorece com sua *rêverie* o processamento da experiência emocional perturbadora do bebê e, assim, prepara-se o terreno para a inveja patológica, enfatizou Bion (1959/1988). Consequentemente, para a constituição do superego invejoso, que, no meu entender, é uma dimensão do superego sádico e cruel do início da vida mental.

Uma visão de superego[2] cruel

O superego é instância psíquica que sofre diretas interferências intersubjetivas em sua constituição, nele podendo permanecer introjetadas características do objeto primário que não são nem absorvidas, nem integradas. Tais características funcionam como um objeto aterrorizante, que sacrifica e desfere ataques ao eu, destacou Minerbo (2017), ao indicar que, para Freud, a constituição do superego cruel tem por base a força da pulsão de morte, em especial quando em pauta o superego severo e cruel de características psicóticas. Em contrapartida, considero que essa autora estaria indiretamente também se referindo ao que Klein (1958/1991) identificou como "figuras aterrorizantes" ao indicar o caráter aterrorizante de alguns objetos internalizados em crianças muito novas, e que são relegadas às camadas mais profundas do inconsciente.

Ao reconhecer o pioneirismo de Klein no estudo da constituição da primitiva instância do superego cruel, Minerbo (2017) ressaltou que ela não se deteve ao inconsciente do objeto, sendo justamente este o ponto central da hipótese metapsicológica que propôs ao considerar os ataques que o superego desfere ao eu como originários na incorporação não subjetivada dos ataques inconscientes do objeto primário. Em sua visão, isso se dá porque o objeto primário vivencia seu narcisismo ser ofendido pelas demandas pulsionais do bebê, pois este sente que o invadem como um objeto mau. Como defesa, o objeto ataca o narcisismo do bebê, projetando ou evacuando seus próprios objetos internos maus para dentro do psiquismo em constituição, sendo estes os aspectos assassinos do objeto que advêm da não simbolização do ódio que emerge em si. Nessa medida, em

2 Embora Minerbo (2017) tenha optado por utilizar o termo "supereu" em seu artigo *Contribuições para uma teoria sobre a constituição do supereu cruel*, nas referências que se seguem, optei por manter a utilização do termo "superego", seu equivalente, com o objetivo de uniformidade ao longo deste trabalho.

sua visão, quanto mais extenso o núcleo paranoico do adulto, mais cruel será o superego que se constitui no psiquismo em formação, uma vez confundindo-se com ele e onerando o *infans* com o trabalho psíquico que o próprio adulto não conseguiu realizar.

Embora seja fundamental a natureza da interação que possa se dar entre a mãe e o lactante, em especial quando permeada de falhas e características mais perturbadoras com origem na figura materna, considero fundamental ressaltar que Klein, em seu trabalho seminal *Inveja e Gratidão*, em torno do qual desenvolvo minha hipótese sobre o superego invejoso, se ateve muito mais à pulsionalidade do sujeito do que ao inconsciente do objeto. Isso marca diferença de perspectiva e direção distinta da hipótese central de Minerbo, uma vez a ênfase atribuída por Klein aos aspectos internos e à pulsão de morte do bebê. Embora não tenha desconsiderado a contribuição dos fatores externos, em especial a participação da figura materna no processo constitutivo da vida psíquica que emerge.

Nesta direção, torna-se interessante retomar a concepção bioniana, em que a falha da capacidade de introjetar no bebê faz com que o objeto externo seja sentido como hostil a este movimento *self*-formativo da identificação projetiva, o que faz com que o seio basicamente compreensivo seja transformado "...pela inveja e ódio do bebê, num objeto cuja voracidade devoradora tem como meta a introjeção das identificações projetivas do bebê, com a finalidade de destruí-las... O resultado é um objeto que, uma vez instalado no paciente, exerce a função de um superego severo e destruidor do ego" (Bion, 1959/1988, p. 99).

Desta forma, destacou no bebê a origem do processo que pauta a formação do superego cruel; e que, uma vez tendo em seu bojo a inveja primária, conduz à formação de um superego invejoso, que se constitui desde o princípio em uma especial dimensão do superego cruel, como atua em relação ao ego com toda a força de sua pulsão destrutiva. Ele ainda complementou que "... a origem da perturbação é dupla. De um lado está a disposição inata do paciente à excessiva destrutividade, ódio e inveja. De outro lado, o ambiente que, na pior hipótese, nega ao paciente o uso dos mecanismos de cisão e identificação projetiva" (Bion, 1959/1988, p. 97).

Indicou ainda que os ataques destrutivos ao elo de ligação entre o paciente e o ambiente, ou entre diferentes aspectos da personalidade do paciente, originam-se no paciente; mas, por vezes, originam-se na mãe, embora no caso de psicóticos, jamais exclusivamente na mãe, reforçou Bion.

De modo mais específico, Brenman-Pick (2020) e Guignard (2020) destacaram a inveja da mãe em relação ao bebê atuando negativamente no psiquismo em constituição, elemento que agrava e dificulta a superação das angústias vividas pelo bebê na relação primária e que será modelo para todas as relações objetais vindouras. Com certeza, considero esse elemento um agravante para a circulação de elementos destrutivos nesta relação primordial, porém seria tendencioso entender-se como elemento disparador essencial para o emergir da inveja primária no bebê.

A particular reação de ódio da jovem mãe ao bebê, ao vivenciar em sua fantasia inconsciente como se ele a privasse da própria vida, foi tema de interessante estudo de Lemma (2020). Por sentir-se narcisicamente atingida pelas necessidades demandantes do bebê, a jovem mãe dirige ataques invejosos à vida emergente de seu bebê, uma vez profundamente identificada com seu superego cruel, que inveja e projeta no infante o ódio à vida que circula no interior do próprio *self*. Isso se dando porque seu superego cruel teria originariamente por base a internalização de uma dolorida experiência emocional com sua figura materna narcisista, que não lhe forneceu melhores condições para o desenvolvimento emocional. Claro que nesta perspectiva transgeracional, a consideração do universo fantasmático materno, que circula na relação inconsciente com o bebê, guarda importância e tem de ser considerado, especialmente em alguns casos particulares, porém, seria impróprio atribuir-se a esse elemento um caráter universal como aquele que diz respeito ao inerente conflito entre pulsão de vida e pulsão de morte que ocupou Klein em sua descrição metapsicológica da noção de inveja primária.

Antes de me encaminhar para o exame mais detalhado da noção de superego invejoso, considero importante ressaltar a visão não unitária do superego que O'Schaughnessy (1999) apresenta ao considerar a disjunção e o antagonismo entre suas formas normal e patológica. Destacou o "super" ego destruidor de vínculos como de natureza e ação distintas do superego normal, coexistindo com este no mundo interno do sujeito. O superego normal se constituir a partir das precoces relações, enquanto o superego anormal teria origem nas primitivas dissociações e, por isso, seu objetivo seria essencialmente dissociar o sujeito e atacar o vínculo com o objeto, como indicara Bion. Essa autora ressaltou ainda a predominância do superego anormal nos sujeitos mais regredidos e de funcionamento primitivo, enquanto o superego normal predomina no funcionamento de pacientes neuróticos.

Nesta direção, considero que o superego anormal, com acentuadas características de sadismo e crueldade como descritas por Minerbo (2017), possa comportar uma dimensão eminentemente destrutiva e invejosa, persistente ao longo da vida como superego invejoso, distinta e impermeável à integração com o superego normal. Sua ação dentro do psiquismo entendida como o regente da orquestra destruidora do ego, com função eminentemente antivida. O ego e sua vitalidade encarados como ameaçadores em relação ao *status quo* instituído, o que representaria perda de domínio e supremacia para o superego invejoso.

A importância do superego invejoso

Ao considerar os ataques invejosos do bebê ao seio, Fonagy (2020) os destacou como qualitativamente diferentes de outras interações agressivas por consistirem em amor e ódio essencialmente reunidos. Essa diferenciação destaca o paradoxo essencial que se encontra no cerne da noção de inveja primária. Ressaltou ainda que o desejo inconsciente de aniquilação do objeto que compõe os ataques invejosos pode nascer da própria admiração a ele. A aniquilação é expressão da pulsão de morte, mas também constitui uma defesa contra a experiência invejosa, uma vez que o objeto invejado é sentido fora do controle do self e/ou do self que poderia desejar o objeto.

Essas ideias colocam acento na pulsionalidade do sujeito, o que as destaca da hipótese de Minerbo (2017) sobre o superego cruel referir-se essencialmente aos ataques agressivos do objeto dirigidos ao psiquismo do lactente em constituição, "microvotos de morte" como denominou, quando enfatiza a intolerância do objeto às demandas pulsionais do infante e sua impossibilidade em processá-las simbolicamente.

Os ataques invejosos à vida e às fontes de vida abrigam a possibilidade de recaírem sobre o próprio ser, caso a posse e o controle sobre o objeto não se cumpram, destacou Fonagy (2020) ao se referir à ideia kleiniana de que, como seres humanos, podemos preferir a morte à existência, diante do sofrimento frente a um objeto que é odiado e invejado, sobre o qual não há controle que possa se dar. A autoaniquilação e a aniquilação do objeto como recursos defensivos frente a esse sofrimento.

Em direção semelhante, em sua análise da noção de inveja primária, Steiner (2020) considerou o papel da pulsão de morte como um instinto antivida, dada a intolerância à dependência receptiva aos bons objetos e às ligações criativas. O que, por sua vez, representaria mais radicalmente ódio e intolerância a todos os aspectos que apontam para a vida. Como foi visto, Bion (1959/1988) anteriormente já havia ressaltado a inveja como mortífera por ser fenômeno mais geral de destruição de vínculos e ligações criativas. Além disso, indicou que, ao promover a disseminação da lógica dos objetos maus, a inveja promoveria um crescimento análogo ao cancerígeno na psique, uma colocação especialmente impactante quando considerada a ação destrutiva do superego invejoso junto ao ego.

Quando considera a inveja como ódio mais geral à realidade, Caper (2020) destaca o quão ela é impeditiva para que ocorram experiências emocionais que habilitariam o sujeito a sair do narcisismo. No seu entender, as defesas contra a inveja agiriam na psique como uma doença autoimune, o que remete à consideração da ação mortífera do superego invejoso atacando concretamente a vida que comporta o sujeito, fazendo-o vítima de seu próprio funcionamento.

Neste ponto, relembro Britton (2020): ". . . os analistas devem ter em mente: a pessoa afligida por uma natureza invejosa não é apenas um agressor potencial; ela também é vítima de suas predisposições" (p. 197).

Quando discorreu sobre a constituição do superego cruel, Minerbo (2017) iluminou disposições afetivas que, no meu entender, teriam lugar mais especificamente como efeitos da ação enclausurante e opressora do superego invejoso e que podem ser identificadas nos pacientes que padecem sob seu domínio:

> *Quando o sujeito se submete às exigências e tenta aniquilar sua subjetividade na esperança de ser amado pelo supereu, ele se melancoliza. Quando se identifica às acusações do supereu, culpa-se por seus desejos e necessidades e sente que merece ser castigado: torna-se masoquista. E quando resiste às acusações e se*

> *revolta contra a tirania do supereu, paga o preço de se estruturar em torno do ódio à alteridade, tornando-se paranóico. (p. 153)*

Especialmente em sujeitos mais depressivos, Klein (1957/1991) indicou a desvalorização do eu como uma das defesas mais destacadas contra a inveja, exatamente por dizer respeito ao sujeito não ter sido capaz de preservar o objeto bom. Isso encerra os sujeitos mais depressivos em círculo vicioso negativo de inveja, culpa e autopunição, o que aumenta ainda mais a desvalorização do eu e impossibilita-os de desenvolver seus dons e usá-los com sucesso. Essa noção de círculo vicioso foi considerada por Smith (2020) uma das contribuições mais valiosas de Klein, exatamente por integrar aspectos essenciais que se encontram implicados no processo e desenvolvimento da inveja primária.

> *O "superego invejoso" é sentido como perturbando e aniquilando todas as tentativas de reparar e de criar. É também sentido como fazendo exigências constantes e exorbitantes à gratidão do indivíduo. Pois à perseguição acrescentam-se os sentimentos de culpa de que os objetos internos persecutórios são resultantes dos próprios impulsos invejosos e destrutivos que estragaram primariamente o objeto bom. A necessidade de punição, que encontra satisfação no aumento da desvalorização do self, leva a um círculo vicioso. (Klein, 1957/1991, p. 263)*

No meu entender, o superego invejoso com seus ataques insidiosos, porém amplamente dominantes e opressivos em relação ao ego, tem a função de impedir seu desenvolvimento, mantendo-o submisso a seu domínio desvitalizante. Com isso, impedir sua expansão e ligação criativa com os objetos, seja no âmbito da realidade psíquica, seja naquele da realidade externa. Fundamentalmente, consiste em uma dimensão de características patológicas do superego cruel, que permanece atuante e inalterada desde os primórdios de sua constituição, comprometendo sobremaneira a subjetividade e sua forma de se inserir e ser no mundo.

Tendo em vista a dinâmica que se estabelece a partir da ação do superego invejoso, a ameaça está dentro do *self*, o conflito está internalizado entre as instâncias psíquicas, o ego sendo experimentado como o inimigo interno a ser combatido, em função de suas tentativas de expansão criativa em busca de desenvolvimento, o que poderia fortalecê-lo e libertá-lo do aprisionamento a que se encontra submetido.

A destrutividade do superego invejoso é corrosiva, mas pela via da condenação à inércia, à inação, inoculando o ego com a carga mortífera de não poder se desenvolver, os ataques espoliadores e destrutivos sendo dramaticamente vividos na interioridade do sujeito. O tributo que o sujeito paga para manter o superego menos turbulento é a passivação do ego e a renúncia à plenitude da subjetividade, um alto preço que pode se estender pela vida afora.

Neste sentido, o superego invejoso se expõe mais flagrante e ostensivamente apenas quando experimenta seu domínio e o *status quo* que estabeleceu na dinâmica intrapsíquica ser ameaçado, pois se pretende soberano e dominador imbatível como um "chefe da máfia". Ameaça que se apresenta, por exemplo, quando a relação analítica, ao buscar a ampliação da consciência do sujeito sobre seu funcionamento psíquico, acena com a perspectiva de mudança psíquica e necessária alteração do *status quo*.

Pelo encolhimento ao qual condena o ego, o superego invejoso atua perversamente para mantê-lo alheio da realidade e dos embates vitais da existência. Uma falsa proteção do "chefe da máfia" que é oferecida para garantir a subserviência egoica incondicional e amedrontada perante o superego tirânico. Condição que se sustenta por conta de se encontrar em inalterada penitência pelo "crime" originário dos ataques invejosos não superados, e muito menos reparados, em relação ao objeto primário.

A lamentável submissão a este sistema inaugurado pela inveja primária e autoengendrado pela constituição do superego invejoso, que em sua ação patológica hipoteca o sujeito na conflitiva sem solução com o objeto primário, impede a sólida introjeção do bom objeto dentro do ego. O que seria fundamental para uma sólida edificação narcísica que garantisse sustentação ao *self*, além de ser essencial para o desenvolvimento de relações predominantemente libidinais com seus objetos.

A satisfação e a gratificação decorrentes de relações objetais libidinais promovem o desenvolvimento da capacidade de amar, o que conduz finalmente ao sentimento de gratidão em relação ao objeto. O'Schaughnessy (2020) ressaltou que o processo de recuperação do laço amoroso com o objeto e a revivificação da troca com ele são condições imprescindíveis para a consolidação da confiança em si e na própria criatividade, o que, por sua vez, é essencial para a continuidade do desenvolvimento subjetivo.

Implicações na relação analítica

A ativação da inveja arcaica por uma experiência atual pode ser comum a todos, porém o grau e a intensidade dos sentimentos envolvidos, em especial o sentimento de destruição onipotente, variam individualmente. Porém, somente se for possível serem acessadas as fontes mais profundas da inveja é que a análise tem probabilidade de se tornar plenamente operante, reforçou Klein (1957/1991).

Quando o trabalho analítico se acerca das circunstâncias emocionais que envolvem o narcisismo e a inveja do paciente, remetendo-o para as vivências arcaicas e primitivas da inveja do seio, é frequente a instalação de reações terapêuticas negativas, em especial quando a inveja está situada no superego, destacou Rosenfeld (1988).

Reações terapêuticas negativas surgem em resposta ao conferir sua dependência dos recursos e criatividade do analista, assim como o avanço do processo analítico se dando a partir do exercício efetivo da função analítica. Nada diferente da repetição colocada em ato, na relação transferência-contratransferência, daquele primitivo ódio invejoso perante o dolorido golpe com a diferenciação inicial entre sujeito e objeto, pelo incontornável confronto com a realidade e a concreta experiência com a alteridade do objeto, sendo este a fonte de vida e criatividade que suscita seus sentimentos invejosos.

Apenas por intermédio da impactante e bastante peculiar experiência emocional vivida na transferência-contratransferência, torna-se possível ao analista reconhecer a presença dominante e corrosiva de um superego primitivo que, muito além de cruel e retaliativo, é um superego invejoso. De modo relevante, a identificação da ação nefasta e destrutiva do superego invejoso ilumina situações clínicas que podem ter permanecido por muito tempo intrigantes para o analista, indagando-se sobre o que subjaz aos danos, comprometimentos e às desvitalizações que observa em alguns pacientes.

O paciente submetido à negatividade do domínio do superego invejoso procura expulsar o ódio e a destrutividade que emergem no interior de sua mente e ele o faz atingindo diretamente a figura do analista e o trabalho deste, embora isso também tenha a função de comunicar o penoso sofrimento ao qual se encontra submetido. Revela, assim, a magnitude e a virulência às quais o ego se encontra submetido, refém do domínio onipotente e destrutivo que adquiriu o superego invejoso, o qual promove efeitos de expressiva significância em seu funcionamento mental.

Em minha experiência clínica, a revelação mais inequívoca da ação perniciosa e destrutiva do superego invejoso consegue ter lugar apenas após transcorrido um razoável avanço no tratamento psicanalítico. Demanda do analista um profundo processamento e elaboração desta particular experiência emocional, vivida no âmago da transferência-contratransferência, para que possa se destacar do enredamento promovido pelo emergir da inveja na relação analítica e, em especial, da ação devastadora do superego invejoso sendo atuada diretamente na figura do analista.

Cabe alertar para a possibilidade de o analista incauto vir a contribuir com atuações do paciente, em espécie de contratransferência complementar em que afetos e representações de partes dissociadas e não reconhecidas do paciente induzem o analista a contraencenações e levam-no a ocupar o(s) lugar(es) de seu(s) objeto(s), tendo como resultado a perda de sua capacidade de pensar e simbolizar, como ressaltou Figueiredo (2009).

Mediante a possibilidade gradativa de conscientização da própria realidade psíquica, da progressiva integração egoica e do reconhecimento efetivo do bom objeto-analista, ocorre a possibilidade de emergir finalmente a gratidão do paciente pelo que recebe em análise. Apresentando-se a culpa pelos ataques cometidos em fantasia, torna-se viável o desenvolvimento da capacidade de amor ao objeto, característico movimento progressivo em direção à elaboração da posição depressiva.

> *Quando ele (paciente) supera, até certo ponto, sua incapacidade inicial de estabelecer um bom objeto, a inveja diminui e sua capacidade de fruição e gratidão aumenta passo a passo. Essas mudanças estendem-se a muitos aspectos da personalidade do paciente e vão desde a vida emocional mais arcaica até as experiências*

> *e relações adultas. Eu acredito que é na análise dos efeitos das perturbações arcaicas no desenvolvimento em seu todo que reside nossa maior esperança de ajudar nossos pacientes. (Klein, 1957/1991, p.267)*

E agora concluindo, gostaria de ressaltar que as intercorrências da inveja primária exacerbada, que conduzem à constituição do superego invejoso e à sua patológica ação destrutiva junto ao ego, ao trazer para o centro da relação analítica o radical conflito entre pulsão de vida e pulsão de morte, instalam entre paciente e analista difícil impasse, que consideramos ser um dos mais árduos desafios que se colocam na prática psicanalítica.

Referências

Bion, W. R. (1959). Ataques ao elo de ligação. In *Estudos Psicanalíticos Revisados* (Second Thoughts) (pp. 87-100). Rio de Janeiro: Imago, 1988.

Brenman-Pick, I. (2020). Reflexões sobre "Inveja e gratidão". In P. Roth & A. Lemma (Orgs.), *Revisitando Inveja e gratidão* (pp. 281-302). São Paulo: Blucher.

Britton, R. (2020). Ele se sente lesado: a personalidade patologicamente invejosa. In P. Roth & A. Lemma (Orgs.), *Revisitando Inveja e gratidão* (pp. 193-213). São Paulo: Blucher.

Caper, R. (2020). Inveja, narcisismo e pulsão destrutiva. In P. Roth & A. Lemma (orgs.), *Revisitando Inveja e gratidão* (pp. 65-86). São Paulo: Blucher.

Chuster, A., & Trachtenberg, R. (2009). *As sete invejas capitais.* Porto Alegre: Artmed.

Cintra, E. M. U., & Figueiredo, L. C. (2004). *Melanie Klein - estilo e pensamento.* São Paulo: Escuta.

Figueiredo, L. C. (2009). *As diversas faces do cuidar: novos ensaios de psicanálise contemporânea.* São Paulo: Escuta.

Figueiredo, L. C. (2021). A ambivalência de base e seus destinos em Freud e Melanie Klein. *Revista Psicanálise da SBP de PA,* (no prelo).

Fonagy, P. (2020). Invejando "Inveja e Gratidão". In P. Roth & A. Lemma (Orgs.), *Revisitando Inveja e Gratidão* (pp. 303-316). São Paulo: Blucher.

Guignard, F. (2020). A inveja na sociedade ocidental: hoje e amanhã. In P. Roth & A. Lemma (Orgs.), *Revisitando Inveja e Gratidão* (pp. 173-192). São Paulo: Blucher.

Klein, M. (1957) Inveja e gratidão. In M. Klein, *Inveja e Gratidão e Outros Trabalhos* (1946-1963) (pp. 205-267). Rio de Janeiro: Imago, 1991.

Klein, M. (1958). Sobre o desenvolvimento do funcionamento mental. In M. Klein *Inveja e Gratidão e Outros Trabalhos* (1946-1963) (pp. 268-279). Rio de Janeiro: Imago, 1991.

Lemma, A. (2020). Mantendo a inveja em mente: as vicissitudes da inveja na maternidade adolescente. In P. Roth & A. Lemma (Orgs.), *Revisitando Inveja e Gratidão* (pp. 149-171). São Paulo: Blucher.

Minerbo, M. (2017). Contribuições para uma teoria sobre a constituição do supereu cruel. In E. Rache & B. Tanis (Orgs.), *Roussillon na América Latina.* São Paulo: Blucher.

O'Schaugnnessy, E. (1999). Relating to the superego. *International Journal of Psychoanalysis, 80*(5), 861-870.

O'Schaugnnessy, E. (2020). Sobre a gratidão. In P. Roth & A. Lemma (Orgs.), *Revisitando Inveja e Gratidão* (pp. 129-148). São Paulo: Blucher.

Rocha Barros, E. M. (2004). À guisa de introdução. In E. M. U. Cintra & L. C. Figueiredo, *Melanie Klein: estilo e pensamento* (pp. 7-21). São Paulo: Escuta.

Rosenfeld, H. (1988). Pacientes narcisistas com reações terapêuticas negativas. In H. Rosenfeld, *Impasse e Interpretação* (pp. 119-138). Rio de Janeiro: Imago.

Smith, H. F. (2020). Círculos viciosos de inveja e punição. In P. Roth & A. Lemma (Orgs.), *Revisitando Inveja e Gratidão* (pp. 317-341). São Paulo: Blucher.

Steiner, J. (2020). Compulsão à repetição, inveja e pulsão de morte. In P. Roth & A. Lemma (Orgs.), *Revisitando Inveja e Gratidão* (pp. 215-234). São Paulo: Blucher.

4. A ambivalência de base e seus destinos: considerações a partir do segundo dualismo pulsional

Luís Claudio Figueiredo

A questão da ambivalência no pensamento freudiano e pós-freudiano: um rápido retrospecto

A retrospectiva realizada por José Bleger, na década de 1960, sob o título de *Ambivalência e Ambiguidade: antecedentes bibliográficos*[1] permanece, sessenta anos depois, como um marco na literatura psicanalítica sobre o tema. Bleger não apenas reconstitui a trajetória psicanalítica do conceito e seus usos, desde a introdução do termo "ambivalência" por Eugen Bleuler em 1910,[2] como também traz algumas inovações fundamentais. Principalmente, propõe e justifica a discriminação entre "ambiguidade" (ou polivalência), "divalência" e "ambivalência" nos pensamentos de Freud e de Melanie Klein (e, de passagem, Fairbairn) ao longo

1 Capítulo VII de seu livro *Simbiosis y Ambigüedad* (1962).

2 Vai mesmo a uma época anterior, quando o fenômeno já era detectado por Freud; Bleger mostra inclusive que, em notas e alterações feitas mais tarde, o termo "ambivalência" foi acrescentado por Freud em obras anteriores à criação do conceito.

das décadas. Em resumo, na ambiguidade predomina o que ele chama de "polivalência" em um estado de caos e uma radical confusão (na verdade, em uma *fusão* ainda mais primitiva do que seria uma mera confusão, embora desta se aproxime), com pouca ou nenhuma discriminação entre os valores; a divalência é a manutenção dessas atitudes e afetos, mas separados e distribuídos para dois ou mais objetos parciais (mesmo que para o observador externo se trate de um só objeto); a ambivalência em sentido estrito envolveria atitudes e afetos contraditórios simultâneo e reunidos em relação a um mesmo objeto.

Um novo conceito: a ambivalência de base

Apoiando-nos na proposta de Bleger, que esboçaremos adiante, sugerimos a pertinência de um novo conceito: a "ambivalência de base". A ambivalência de base será apresentada como uma hipótese metapsicológica necessária, situada aquém da ambiguidade, da divalência e da ambivalência, no sentido restrito, a rigor, um conceito que se situa em um outro plano, não o da experiência. Nessa perspectiva, ambiguidade, divalência e ambivalência seriam respostas à ambivalência de base e derivativos dela. Mas, como tentaremos justificar mais tarde, a elas se soma outra condição a que poderíamos chamar de "pós-ambivalente" em que, no entanto, ainda é a mesma ambivalência de base que se manifesta. Trata-se da posição subjetiva em que a condição trágica a que a ambivalência de base condena a existência humana pode se transformar em criação, sublimação e reparação. Em nosso entender (LCF), a ambivalência de base é uma das mais fortes razões para "acreditarmos na pulsão de morte" (Garcia, Souza, & Figueiredo, 2021) e, com base nessa crença, não haveria, na verdade, como sustentarmos a ideia de uma condição estritamente pós-ambivalente.

A ambivalência nas relações objetais (sentido estrito) como um problema sério desde Freud

Em Freud, desde mesmo antes da criação do conceito por Bleuler em 1910, fenômenos que envolvem, por exemplo, a transformação de prazer em desprazer e de amor em ódio, revelam a sexualidade – a libido –, gerando ambivalência. Em situações em que o prazer concorre com o desprazer e a angústia diante do mesmo objeto, encontramos a ambivalência como experiência derivada e, em geral, evitada porque uma das tendências é submetida à repressão. O que está em jogo aí é o conflito pulsional que opõe a libido – pulsão sexual – às pulsões do eu e às exigências da realidade e da moralidade vigente. O drama edipiano, com seus amores e ódios condenáveis, é o cenário para as ambivalências serem geradas e reprimidas.

Bleger mostra detalhadamente como Freud confunde o que seria efetivamente uma ambivalência no sentido estrito, a experimentada pelo ego diante de um mesmo objeto, com o que merece ser chamado de "divalência" – uma sugestão de Pichon-Rivière: impulsos positivos e negativos se alternam ou se distribuem entre o objeto e seus avessos, formando-se, assim, dois objetos parciais.

Bleger, contudo, aponta um exemplo em que, sem chamar por esse nome, observa-se uma aproximação à ideia de uma ambivalência de base: é quando Freud efetivamente faz uma ligação direta entre a ambivalência inevitável nas relações de objeto e sua hipótese do segundo dualismo pulsional – pulsões de morte e pulsões de vida. Em *O Mal-Estar na Civilização* (1930), Freud nos diz, a propósito do sentimento de culpa, que ele é "a expressão do conflito de ambivalência, *da luta eterna entre Eros e o instinto de destruição, ou de morte*" (SE, XXI, p. 122, itálicos nossos). A grande diferença é que agora o conflito pulsional perde seu caráter contingente e histórico (como a que se daria entre a libido e as pulsões de autoconservação) para assumir uma condição necessária e universal.

A oposição entre a sexualidade e as conveniências do eu pode mudar e de fato muda conforme mudam as condições socioculturais em que vive o sujeito, conforme as interdições e prescrições da moralidade vigente. Já o conflito entre pulsões de vida e pulsões de morte seria próprio da condição humana, ainda que haja fortes diferenças individuais quanto à força relativa desses impulsos, como Freud reconhece em *Análise Terminável e Interminável* (1937). Ou seja, estamos aqui no terreno de certa *antropologia*. Não se trata, como já foi aventado, de um "extravio biologizante de Freud", mas, ao contrário, de uma especulação filosófica acerca das bases do psiquismo, um mito antropológico.[3]

Da ambivalência nas relações de objeto à "ambivalência de base" na segunda teoria pulsional e seu aproveitamento por Melanie Klein

Acreditamos que é essa orientação antropológica o segundo dualismo pulsional, completamente assumido por Melanie Klein a partir da década de 1930 – ainda que sua ênfase nas ambivalências viesse de antes –, o que justificará sua discordância explicita com Karl Abraham (1924) e, implicitamente, com Freud (1933): ambos acreditavam em um período inicial da vida do ego "pré-ambivalente", quando "não há ambivalência na relação com o objeto – o seio da mãe" (Freud, 1933, SE XXII, p. 99). Evidentemente, para os dois autores, a ambivalência aparece e vem a dominar essas relações. Freud, no *Compêndio de Psicanálise* (1939-1940) afirma claramente: "Como

3 O caráter mítico, aliás, está presente em todas as teorias metapsicológicas da psicanálise.

a transferência reproduz a atitude que o paciente tinha em relação aos pais, toma-lhe de empréstimo igualmente sua ambivalência" (SE, XXIII, p. 176).

Já para Melanie Klein, a ambivalência nos acompanha desde o início da vida, embora nem sempre seja vivida como tal, até nossa morte. Em *As Origens da Transferência*, nos diz: "Porque os instintos de vida e morte, e assim amor e ódio, estão *no fundo* em estreita interação, as transferências positivas e negativas estão basicamente interligadas" (p. 54, itálico nosso). Fica claríssima sua adesão ao segundo dualismo pulsional, sua transformação da problemática dos "instintos" em uma oposição na ordem dos afetos – amor e ódio – e sua incidência imediata nas relações de objeto transferenciais. Tudo isso *at the bottom*, no fundo mais fundo do psiquismo em um plano, como dissemos anteriormente, mítico-antropológico, vale dizer, no plano de uma metapsicologia. Consequentemente, prossegue ela, "fica implícito em meu argumento que não concordo com o conceito de Abraham de um estágio pré-ambivalente" (Klein, 1952, p. 68, nota de rodapé 2), nem com o que Freud escrevera em 1933.

Cabe uma pergunta: seria o dito "pré-ambivalente" de Abraham (1924) e de Freud (1933), com o que Klein não concorda, algo da ordem do que Bleger chamou de "divalente", característico da cisão entre bom e mau, operada pela posição esquizoparanoide; ou mesmo da ordem do "ambíguo", anterior à discriminação e à cisão e muito antes da possível reunificação do ego e do objeto na posição depressiva?

A confusão conceitual do divalente com o pré-ambivalente se explica: em relação a cada objeto parcial, a coloração monocromática tem a aparência de ser uma relação não ambivalente. Na verdade, o que está ocorrendo é que os investimentos hostis foram deslocados para outro objeto parcial, também monocromático.

Quanto ao ambíguo, vale lembrar que, no texto de 1946, sobre os mecanismos esquizoides, Melanie Klein, acompanhando Winnicott, menciona de passagem, antes da posição esquizoparanoide se instalar (como uma defesa contra, exatamente, o que estamos denominando de ambivalência de base) uma condição de não integração egoica, de caos e uma radical confusão; seria então o pré-ambivalente o que estamos, acompanhando Bleger, chamando de "ambíguo"? Nessa condição de não integração egoica, lembra Klein mencionando Winnicott, "uma paciente não podia discriminar si mesma de sua gêmea" (1946, p. 4, nota 2), ou seja, vivia uma condição de absoluta ambiguidade e indiscriminação. A esse aspecto voltaremos adiante ao tratar da inveja primária. Mas já cabe aqui recordar que também Herbert Rosenfeld, em seu clássico estudo dos estados confusionais (Rosenfeld, 1950), nos remete às ideias de Winnicott sobre a não integração do ego nos primórdios da vida.

Que Melanie Klein aposta em uma ambivalência de base fica muito claro no seu texto já mencionado, sobre as origens da transferência, de 1952. Nele se viu como, para ela, as transferências positivas e as negativas são ambas inevitáveis e simultâneas justamente porque operam a partir do segundo dualismo pulsional *at the bottom*: o mundo e seus objetos, incluindo os chamados "objetos internos", têm sempre essa dupla valência.

Na posição esquizoparanoide, por causa da cisão, cria-se a divalência: o bom objeto é amado e desejado, o mau objeto é odiado e temido. As implicações clínicas da ambivalência de base na análise das transferências são imensas, pois nos alertam para a presença dessas duas atitudes e grupos de valores afetivos mesmo que um dos grupos esteja deslocado e projetado para outros objetos (na posição esquizoparanoide) e mesmo que esteja reprimido e inacessível à consciência a partir da posição depressiva. Nesta, a ambivalência em sentido estrito se realiza plenamente, mas, ao mesmo tempo, ela se torna ainda mais furtiva em decorrência de que, em geral, uma das tendências é reprimida e mantida na condição inconsciente.

Teríamos, assim, de ver a questão das "posições" diante da questão da ambivalência de base da seguinte forma: na condição "pré-esquizoparanoide", a que Melanie Klein alude de passagem no início do texto de 1946, e Rosenfeld retoma em 1950, sem dar a esta condição um nome próprio, imperam o caos, a confusão primitiva e a ambiguidade.[4]

Cabe aqui uma observação: no seu grande texto de 1957, *Inveja e Gratidão*, podemos ver que Melanie Klein, apesar de totalmente comprometida com o segundo dualismo pulsional, colocando a inveja como a expressão direta do instinto de morte e destruição, não menciona em nenhum momento a ambivalência; o que temos aí é a confusão e, consequentemente, a ambiguidade, o que não chegou a ser assinalado por Bleger.[5] Há realmente inúmeras menções a estados confusionais nessa obra, por exemplo:

> *Como sugerido anteriormente,* quando a cisão normal fundamental entre o amor e o ódio *e entre o objeto bom e o mau não é bem-sucedida, pode surgir a* confusão *entre o bom e o mau objetos. Acredito ser essa a base de toda a* confusão *quer em estados confusionais graves, quer em formas mais brandas como a indecisão – a saber, uma dificuldade de chegar a conclusões e uma perturbação*

4 Vale lembrar que José Bleger (1962) também acredita em uma posição anterior à esquizoparanoide, a que deu o nome de "gliscro-cárica", um nome que não "pegou", embora a ideia pareça muito boa. Bleger cita elogiosamente Rosenfeld, mas faz a distinção entre os "estados confusionais" desse autor e o que seria uma fusão ainda mais primitiva.

5 Não há, em todo o longo texto, uma única menção à ambivalência, e há nove menções a confusão e a estados confusionais.

> *na capacidade de pensar claramente. (Klein, 1957, p. 248, nossos grifos)*

Essa é a maneira de Melanie Klein referir-se ao que Bleger chamou de "ambiguidade" (ainda que ele haja dado à "ambiguidade" um estatuto ainda mais primitivo que o da "confusão"), um transtorno do pensamento, uma dificuldade para o exercício do pensamento claro. Não por acaso, Rosenfeld tratou dessa condição em seus estudos sobre os estados psicóticos, publicados em 1965, mas referentes a trabalhos das décadas anteriores. Realmente, transtornos de pensamento fazem parte da problemática das psicoses e núcleos psicóticos em adoecimentos *borderline*.

O problema advém do fato de que a inveja primária torna o "seio bom" algo "mau": é bom, mas simultaneamente, é odiado e temido, o que obstrui a passagem para a cisão esquizoparanoide "normal e fundamental", e, assim, atrapalha todo o processo de amadurecimento emocional do infante. Ela já nos dissera: "Parece paradoxal, mas desde que a integração é baseada em um objeto bom fortemente enraizado no âmago do ego, um certo grau de cisão é essencial para a integração" (Klein, 1957, p. 192).

Ora, não há como internalizar um "bom objeto" que seja ambíguo e confusional, pouco confiável, tóxico. Embora Klein esteja se referindo ao seio bom materno, quando a inveja primária se instala e domina o psiquismo, será difícil para o ego se alimentar de todos os bons objetos que lhe são oferecidos, pois todos estarão sob suspeita e imersos na confusão e na ambiguidade. Diga-se de passagem, que, nesse texto, Melanie Klein está se referindo a dificuldades na própria instalação da posição esquizoparanoide. O que nos recorda que, no texto de 1946, ela aludira rapidamente ao caos primordial e, em 1950, Rosenfeld falara em estados confusionais na primeira infância. Parece que o excesso de inveja primária, "uma expressão direta de impulsos destrutivos", contribui para manter essa condição, vale dizer, para manter o sujeito na confusão e na ambiguidade.

O importante é ver que essa confusão e ambiguidade experimentada diante dos bons objetos – ou do que poderia ser tomado como um bom objeto, não fosse a inveja – é a mais pura expressão da ambivalência de base: quando amor e ódio operam e trabalham juntos e intensamente, muito antes de o ego ser capaz de discriminar, cindir, reunir e tolerar as tensões e conflitos, o bom e o mau se sobrepõem e confundem-se.

Na posição esquizoparanoide, impera a divalência como defesa contra a ambivalência de base, propiciando uma saída dos estados confusionais: uma cisão entre o "bom" e o "mau" não apenas distribui amores e ódios, apetites e temores entre partes distintas e objetos diferentes – ainda que se trate do "mesmo objeto" para um observador externo – como de fato "cria objetos parciais". O objeto é parcial não só porque seja uma parcela do objeto total (o que nem sempre acontece, aliás), mas porque é investido afetivamente de amor ou de ódio, de desejo ou de temor. Ou seja, é essa coloração única que o torna um objeto parcial, monocromático.

Essa condição terá reflexos na problemática edipiana. Inicia-se com ela uma *triangulação incipiente*: o seio bom e o seio mau são já o "segundo" e o "terceiro" em relação ao sujeito. Essa triangulação incipiente se aprofunda com o que poderíamos chamar de *triangulação imperfeita*: trata-se de uma transição da divalência para a ambivalência em que os outros da mãe ganham forma e nome e os afetos se distribuem entre objetos mais ou menos unificados e totais.

Na *triangulação imperfeita*, a mãe (o seio bom) e os outros da mãe (o seio mau) estão presentes em relações pseudoduais e no édipo precoce.[6] Ora, por exemplo, teríamos a mãe boa e o pai

---

6 Winnicott (1958) afirma que relações duais de fato existem. Aparentemente não entendeu ou não concorda com o que Melanie Klein chamou de "Édipo

mau, ora se invertem os sinais. São, como disse Green (2021), duas relações simultâneas que não formam efetivamente um triângulo porque cada polo recebe um colorido uniforme e em forte oposição ao outro. Não existe uma aliança possível entre eles, não se forma um casal parental. Em certa medida, prevalece a divalência, mas os objetos parciais vão ganhando certa integralidade. Isso é, perde-se a correlação perfeita entre a divalência e a noção de objetos parciais, como está bem claro em Fairbairn, mas ainda não se experimenta a ambivalência no sentido estrito quando afetos contraditórios investem os mesmos objetos. Isso é o que encontraremos na posição depressiva cujo atravessamento é simultâneo ao atravessamento do Édipo.

Mas antes de lá chegarmos, cabe observar que a idealização e o horror pertencem inevitavelmente ao funcionamento divalente. O bom e o ideal se confundem, bem como o mau se identifica ao terrível; o tudo e o nada predominam nessas modalidades extremas de funções objetalizantes e desobjetalizantes (Green, 2021) de objetos parciais, manifestações clínicas do segundo dualismo pulsional.

Na posição depressiva, instala-se finalmente a experiência da ambivalência no sentido estrito nas relações de objeto na triangulação edipiana implicando objetos totais.[7] É a ocasião de afetos contraditórios serem vividos em relação aos mesmos objetos, gerando as angústias depressivas e, especialmente, as culpas.

---

precoce". Nesse momento, porém, estamos sugerindo que ainda antes do Édipo precoce alguma triangulação incipiente já está operando.

7 Não há como deixar passar em branco um erro sério de interpretação perpetrado por Donald Winnicott, em 1958, ao dizer que a posição depressiva de Melanie Klein é um exemplo de relação dual. Sabe-se sem margem a dúvidas que, no pensamento kleiniano, a travessia da posição depressiva é simultânea à travessia do complexo de Édipo.

Uma digressão: a ambivalência de base na formação e no funcionamento do ego

Cabe aqui enfatizar que embora Melanie Klein suponha um embrião de ego operando desde o começo da vida e desde sempre capaz de angustiar-se, a ambivalência de base já atua no psiquismo do sujeito muito antes do ego formar-se e fortalecer-se. Ou seja, o dualismo pulsional precede e domina o processo de formação do ego. Isso quer dizer que a formação do ego está desde o início às voltas com a ambivalência de base no próprio psiquismo e também no meio ambiente em que se desenvolve e nos objetos primários com que interage.

Esse aspecto merece algum realce: não apenas a ambivalência de base atua no psiquismo do ego em formação, como também está presente nos adultos que o cercam. Ainda que adotemos o mito da preocupação materna primária, por exemplo, seria pouco plausível acreditar que a maternagem, em qualquer momento, possa estar livre da ambiguidade e da confusão, da divalência e da ambivalência, mesmo que esta esteja em grande parte reprimida. Afinal, a mãe é uma mulher, em geral, uma mulher adulta. Mesmo Winnicott reconhece que essa "doença" – a suposta "preocupação materna primária" – é, e precisa ser, breve. Na linha de raciocínio que estamos adotando, também durante esse breve período a mãe continua portadora de um inconsciente, de mecanismos de defesa e de pulsões e conflitos pulsionais, isto é, sempre às voltas com a ambivalência de base. Mesmo a mais devotada das mães não é um anjo...

Essa era também a ideia de Sándor Ferenczi, tal como a expressa no texto *A Criança Mal Acolhida e Sua Pulsão de Morte* (Ferenczi, 1929). Na falta de um bom acolhimento, as pulsões de morte ganham a batalha e, se não matam, ao menos deixam fortes sequelas na constituição do ego. Isso porque a formação egoica precisa enfrentar desde o começo a força das pulsões de morte com seus aspectos regressivos e destrutivos. O que se pode acrescentar ao texto ferencziano é a ideia de não ser conveniente idealizar o bom acolhimento, pois sempre haverá também a confusão, a divalência e a ambivalência no ambiente adulto da família. Da ambivalência de base não se escapa. A dimensão trágica da existência parece decorrer dessa condição e das tensões permanentes e finitudes a que os conflitos insanáveis nos destinam. Ninguém sai completamente ileso dessas batalhas precoces.

É evidente que nem todos sofrem da mesma maneira, por exemplo, com as perturbações causadas pela inveja primária e seus efeitos confusionais, mas não parece razoável subestimar essa forte manifestação da ambivalência de base mesmo em formações egoicas aparentemente bastante sofisticadas.[8]

O que parece uma hipótese plausível é que a ambivalência de base opera de forma mais visível nas relações narcisistas e seus derivados. O que teríamos aí é menos a ambivalência no sentido estrito e mais as confusões e ambiguidades. Já as divalências, recordemos, apesar de sua "imaturidade", representariam um avanço sobre a confusão e a polivalência das ambiguidades características dos estados psicóticos. Dividir o mundo entre bons e maus, apetitosos e repulsivos, benevolentes e temíveis, amigos e inimigos já é um pouco melhor do que não saber discriminar o joio do trigo como ocorre sob o efeito da inveja.

É claro que, após a discriminação feita, é bom que se criem as condições para reconhecer as misturas e tolerar as tensões e conflitos, ou seja, é bom que a experiência da ambivalência no sentido estrito venha a ser vivida e reconhecida e, principalmente, atravessada.

---

8 Seria, aliás, interessante investigar se a necessidade de se opor taxativamente à noção kleiniana de "inveja primária" não se origina exatamente da defesa de alguns analistas contra suas próprias invejas e ressentimentos inconscientes.

A ambivalência e o fim de análise em 1950 e 1958

E a história não precisa realmente acabar assim.

Falando sobre o fim de análise, Melanie Klein foi levada a sugerir que, além da estabilidade e de um aparente contato com a realidade, característicos de uma boa "força egoica", é necessário incluir nos critérios de alta o que ela denomina de "profundidade do ego". Ao seguir Melanie Klein (1950) na tentativa de entender o que ela denomina de profundidade neste contexto, encontramos o seguinte: "Sustento que uma expansão na profundidade do ego também é essencial. Um elemento intrínseco de uma personalidade profunda e plena é a riqueza da vida de phantasia e a capacidade de experimentar emoções livremente" (p. 46.).

A profundidade do ego corresponde à riqueza do mundo de phantasia, ou seja, do mundo pulsional – posto que, em Melanie Klein, a phantasia (com "ph") é a expressão direta dos "instintos". "Profundidade de ego" diz respeito também à "capacidade de experimentar emoções livremente". Trata-se da capacidade de suportar (acolher) o impacto de toda a gama dos afetos – amor e ódio, ansiedade, pesar e culpa – diante dos objetos primários e de tolerar o *insight*, entendido como o contato com o mundo próprio mental e instintivo, com a realidade psíquica e suas ambivalências. Parece claro que as ambivalências que aqui são mencionadas não se referem à ambivalência no sentido estrito, mas justamente à ambivalência de base, diretamente ligada ao grande conflito pulsional: pulsões de vida *versus* pulsões de morte. A mente precisa se expandir e ganhar profundidade para fazer contato e abrir espaço a esta ambivalência.

Fica, então, claríssimo como os dois critérios que propusera no texto de 1950 – de um lado, a "força" (estabilidade) e, de outro, a "profundidade do ego" – não se somam, mas até competem um com o outro, sendo ambos, contudo, indispensáveis. A estabilidade (associada à força) sem a riqueza egoica (que traz consigo instabilidade) pode ser tão patológica quanto à instabilidade sem uma certa "força do ego". As duas condições são em parte antagônicas e, ao mesmo tempo, cada uma é a condição da outra poder ser alcançada e conservada em um processo de saúde. Há, portanto, entre os dois critérios, oposição e complementaridade, o que nos leva à noção de saúde como algo dinâmico e nunca à esperança de um estado definitivo de cura.

Alguns anos depois, Melanie Klein, no texto *On the Development of Mental Functioning*, apresentado em 1957 e publicado em 1958, Melanie Klein postula a existência de objetos maus não integráveis e, correlativamente, de objetos idealizados irredutíveis. Seriam, os primeiros, objetos ainda mais assustadores e terríveis do que aqueles que até então ela supunha existirem no superego precoce e cruel. Os objetos superegoicos, idealizados positiva ou negativamente, poderiam, com esforço, vir a se integrar e a fortalecer o ego, embora introduzindo sempre a ambivalência e a inquietude. Era isso que ela postulava no texto de 1950 sobre o final de análise. Já em 1958, o que ela admite é que há extremos muito mais radicais e que o psiquismo egoico, a vida consciente do ego, jamais será capaz de, mesmo ao fim mais cabal de uma análise bem-sucedida, integrar essas polaridades excessivas.

Na verdade, nesse texto surpreendente do final de sua vida, Melanie Klein dirá, com todas as letras, que a integração daqueles aspectos contraditórios e ambivalentes no ego, ao enriquecer o ego, cria instabilidade.

Mas também nos diz ela: "Embora os aspectos rejeitados do self e dos objetos internalizados *contribuam para a instabilidade, eles também estão na fonte da inspiração nas produções artísticas e em várias atividades intelectuais*" (itálicos nossos, 1958/1984, p. 46).[9]

---

9 Elias Mallet de Rocha Barros recorda-se que, no período de sua análise com Herbert Rosenfeld, tomou conhecimento de ideias do autor, nunca colocadas

Há, portanto, um ganho nesta instabilidade posto que seja um ganho de difícil aproveitamento para certos pacientes. Talvez alguns jamais consigam suportar a ambivalência e a instabilidade associadas à internalização de um bom objeto sintético e não possam, portanto, dispor desta riqueza subjetiva sem experimentar um forte risco de loucura (o que não os impede de criar...).

Em resumo, Melanie Klein insiste na existência desse núcleo não redutível, refratário à análise, perturbador e, contudo, origem de um interminável esforço de transformação criativa. Acreditamos que na raiz desses elementos operem a ambivalência de base, o conflito nuclear e insuperável do psiquismo entre pulsões de vida e pulsões de morte. Trata-se, evidentemente, de uma fonte inesgotável de inquietação, instabilidade e sofrimento, mas é também uma fonte de criatividade, funcionando como uma forte exigência de trabalho reparador, pois as forças da destruição não sossegam. Reparações narcísicas e reparações dos objetos são tarefas permanentes e inevitáveis, dado o fato de que a vida transcorre, do começo ao fim, no campo de batalha em que as pulsões de vida e morte se enfrentam.

O que, porém, mesmo aí em 1958, ela ainda não diz, embora abra um amplo espaço para que nós possamos pensar e dizer, é que, além desta instabilidade que uma riqueza subjetiva produz quando se acolhe e tolera a ambivalência, haverá sempre um a mais, um irredutível, um não integrável que comanda a marcha. Esse elemento, parece, é a ambivalência de base a que estamos aludindo ao longo do texto. Algo que não se integra, mas comanda todo o processo.

---

por escrito, em que Rosenfeld considerava a regressão aos estados confusionais necessária, como uma passagem transitória para o trabalho criativo (Barros, *comunicação pessoal*). A isso voltaremos adiante.

Um passo a mais: as obras e desastres da ambivalência de base

Alguns autores de raízes kleiniana falam-nos de uma posição pós-depressiva (cf. Britton, 1998). Para acompanhá-lo, precisamos retomar a ideia de Wilfred Bion acerca de uma oscilação permanente entre as posições esquizoparanoide e depressiva. Britton apoia-se nessa oscilação para propor uma posição pós-depressiva que inclui, de certa forma, a regressão provisória à posição esquizoparanoide. Diz ele: "a posição depressiva não é um lugar final de repouso e deixar a segurança da coerência da posição depressiva para uma nova rodada de incertezas fragmentadas e persecutórias é necessário para o desenvolvimento... [o trajeto do desenvolvimento é] da integração para a desintegração, seguida de reintegração" (Britton, 1998, p. 73).

Dando mais um passo na mesma direção, gostaríamos de propor a ideia de que, na posição pós–depressiva, ocorre uma superação/conservação do caos, da divalência e da ambivalência. Nela, os destinos da ambivalência de base ganham de fato uma nova alternativa: na saúde, verifica-se a possibilidade de sublimação da ambivalência de base a partir desses movimentos de ida e volta que incluem regressões e novos avanços.[10] É o que se vê, por exemplo, na polissemia da obra de arte ou literária, mas também em outras tarefas de reparação e criação que requerem movimentos regressivos que levam o sujeito ao estado primordial de não integração e ambiguidade, mas o trazem de volta, passando pela divalência, até formas maduras de integração e ambivalência. A ambivalência de base operaria em todos esses modos de funcionamento.

A ambiguidade na linguagem, na arte e na poesia foi objeto de um estudo pioneiro de Ernst Kris e Abraham Kaplan (Kris, 1953) que, por sinal, já falara em regressão a serviço do ego nos processos criativos desde a década de 1950.

---

10 O que parece ser já a ideia de Rosenfeld, segundo Elias Rocha Barros.

O que estamos sugerindo é que a ambivalência de base esteja nas raízes de todas as formas e modalidades de criatividade e não seja nunca pura e simplesmente superada. A polissemia, os múltiplos sentidos condensados nas obras humanas mais notáveis, e não apenas no campo das artes, mas também nas ciências,[11] aponta para uma ultrapassagem da ambiguidade, da divalência e da ambivalência que, ao mesmo tempo, as conserva em outro patamar. É nesse patamar que podemos reencontrar a ambiguidade como uma conquista sobre a divalência e a ambivalência que, contudo, não são, por isso, eliminadas.

Instala-se o enigma e o drama onde quer que o homem deixe seus traços e plante suas obras. De bondades e boas intenções está calçado o inferno, diz o velho ditado. Mas, ao revés, não haverá também grandes feitos e realizações louváveis, a que somos gratos, construídos pela maldade de uns e sofrimentos de outros?

Contemplada desde a perspectiva de Melanie Klein, a vida não é para principiantes. Mas segundo a mesma autora, independentemente da idade e da experiência acumulada, estamos sempre principiando.

Referências

Barros, E. M. R. Comunicação pessoal.

Bleger, J. (1962). *Simbiosis y Ambigüedad.* Buenos Aires: Paidós.

Britton, R. (1998). Before and after the depressive position. In R. Britton, *Belief and Imagination*, Oxfordshire. UK: Routledge.

Ferenczi, S. (1929). A criança mal acolhida e sua pulsão de morte. In S. Ferenczi, *Obras Completas*, Vol. IV. São Paulo: Martins Fontes.

11 O filme *Radioactive*, dirigido por Marjane Satrapi, não é um grande filme, mas conta de forma instigante a trajetória de Marie Curie, dando realce à polissemia embutida na descoberta da radioatividade e nos seus usos curativos e destrutivos, bem como na vida da própria cientista.

Garcia, C. A., Souza, O., & Figueiredo, L. C. (2021). Você acredita na pulsão de morte? *Cadernos de Psicanálise do CPRJ*. (no prelo)

Green, A., *O trabalho do negativo*. Porto Alegre: Atmed, 2021.

Freud, S. *Standard Edition (SE) of The Complete Psychological Works*. James Strachey (ed.). The Hogarth Press.

Klein, M. (1946). Notes on some schizoid mechanisms. In *The Writings of Melanie Klein*, Vol III (pp. 1-24). London: The Free Press, 1984.

Klein, M. (1950). On the criteria for the termination of a psycho--analysis. In *The Writings of Melanie Klein*, Vol III (pp. 43-47). London: The Free Press, 1984.

Klein, M. (1952). The origins of transference. In *The Writings of Melanie Klein*, Vol III. London: The Free Press, 1984.

Klein, M. (1952). Some theoretical conclusions regarding the emotional life of the infant. In *The Writings of Melanie Klein*, Vol III (pp. 61-93). London: The Free Press, 1984.

Klein, M. (1957). Inveja e gratidão e outros trabalhos. In *Obras Completas de Melanie Klein*, Vol III. Rio de Janeiro: Imago.

Klein, M. (1958). On the development of mental functioning. In *The Writings of Melanie Klein*, Vol III (pp. 236-246). London: The Free Press, 1984.

Kris, E. (1953). Aesthetic ambiguity, with A. Kaplan. *Psychoanalytic Explorations in Art*. Crowsnest, Australia: George Allen and Unwin Ltd.

Rosenfeld, H. (1950). Notes on the psychopathology of confusional states in chronic schizophrenia. In H. Rosenfeld, *Psychotic States*. Londres, UK: Karnac.

Winnicott, D. W. (1958). The capacity to be alone. In *From Paediatrics to Psycho-Analysis. Collected Papers*. Oxfordshire, UK: Routledge.

Segunda parte
A clínica viva e múltiplas relações de objeto

5. Entre sonhos e narrações na psicanálise com crianças

Talita Cristina Somensi Dias

A partir da exploração dos artigos iniciais de Melanie Klein sobre a análise de crianças e o desenvolvimento da técnica psicanalítica do brincar[1](1932), o presente artigo pretende refletir sobre o atendimento de crianças, partindo da noção da brincadeira a ser interpretada como um sonho (Klein, 1926) em direção à criação de um espaço para brincar e sonhar a dois no interior do encontro analítico, rumo à construção de uma narrativa (Ferro, 1995) que permita a possibilidade de sobrevivência (Grotstein, 2003) diante de experiências emocionais dolorosas. Breves considerações sobre o trabalho psicanalítico com crianças em tempos de atendimentos virtuais serão apresentadas como fruto da reflexão da autora sobre a necessidade de se buscarem caminhos para propiciar a continuidade dos sonhos e narrações no encontro analítico.

1 Em 1948, ao escrever o prefácio à terceira edição de *A psicanálise de crianças*, publicado pela primeira vez em 1932, Melanie Klein mencionou ter desenvolvido a técnica do brincar entre 1922 e 1923. Quando reexaminou sua obra em *A técnica psicanalítica através do brincar: sua história e significado* (1955[1953]), estabeleceu o caso Fritz, descrito em *O desenvolvimento de uma criança* (1921) como início de sua técnica.

A técnica psicanalítica do brincar: revisitações e ampliações

Melanie Klein propôs questões à Psicanálise de seu tempo ao se indagar sobre a possibilidade do trabalho psicanalítico com crianças. Encorajada por seus analistas, Ferenczi e Abraham,[2] nos anos 1920 e início dos anos 1930, desenvolveu a técnica psicanalítica do brincar, cujo pioneirismo nos permite continuar analisando crianças até os anos 20 do século XXI. Klein não apenas desenvolveu uma técnica para se aproximar da mente das crianças, como também, na convivência analítica com elas, encontrou terreno fértil para descobertas, aprofundamentos e desenvolvimentos de conceitos fundamentais para sua teoria que influenciaram de maneira decisiva o trabalho com adultos.

O primeiro paciente, Fritz, pseudônimo para seu filho caçula, Erick, de 5 anos, sofria de angústias, cujas repercussões se faziam sentir no seu desenvolvimento intelectual. Incialmente, Klein acreditava que bastava orientar os pais e encorajá-los a vencer resistências, esclarecendo perguntas e dúvidas apresentadas pela criança. Entretanto, logo se deu conta de que tais angústias necessitariam ser analisadas, indo além da influência sobre os pais (Klein, 1921/1955). Lado a lado com a angústia e impulsionada por ela, emergia a criança investigativa, cujo impulso epistemofílico levava a querer saber, querer conhecer. “Eu sou curioso, eu queria saber de tudo no mundo” (Klein, 1921/2006, p. 55), dizia Erick/Fritz. Há nesse primeiro artigo um desfile de perguntas e angústias.

2 Klein reconhecia o valor da análise com Ferenczi e a importância do reconhecimento primordial por parte dele do que seria uma capacidade excepcionalmente brilhante e intuitiva de se relacionar com crianças pequenas. A presença de Abraham foi igualmente valiosa. Em 1923, Abraham comunicou a Freud a condução habilidosa e os sucessos terapêuticos obtidos por Klein com uma criança de 3 anos, visivelmente melancólica (Sherwin-White, 2019).

> *As ansiedades que encontrei ao analisar este primeiro caso eram muito agudas e, embora eu me sentisse fortalecida na crença que estava trabalhando no caminho certo ao observar o alívio da ansiedade produzido repetidas vezes por minhas interpretações, eu ficava por vezes perturbada pela intensidade das novas ansiedades que iam sendo trazidas à tona. Numas dessas ocasiões, busquei o conselho do Dr. Abraham. Ele respondeu-me que, uma vez que minhas interpretações até então haviam produzido alívio e que a análise obviamente progredia, ele não via motivos para mudar o método de abordagem. Senti-me encorajada por seu apoio e, de fato, logo nos dias seguintes a ansiedade da criança, que havia chegado a uma situação crítica, diminuiu enormemente, conduzindo a uma melhora adicional. A convicção obtida nesta análise influenciou imensamente todo o curso do meu trabalho analítico. (Klein, 1955/2006, p. 151)*

A atenção de Klein (1955) centrou-se nas angústias das crianças, sendo a interpretação dos conteúdos na hora analítica um meio de aliviar esses estados mentais. Para Klein, conforme Rocha Barros e Rocha Barros (1989), a pulsão estará sempre atuando sobre um objeto, criando relações com esse objeto e uma experiência emocional que se tornará o foco de suas preocupações, atribuindo à angústia um papel fundamental na constituição da vida psíquica. "Para Klein, a emoção é a base da vida mental e aquilo que lhe dá significado e existe tanto no consciente quanto no inconsciente" (Rocha Barros & Rocha Barros, 1989, p. 17).

O brincar, nesse sentido, passa a ser compreendido como meio de expressão e elaboração de angústias, conflitos, desejos, fantasias, relações de objeto e experiências emocionais da criança.

Os brinquedos, as brincadeiras escolhidas, o uso de desenhos, jogos, histórias e, modernamente, os jogos virtuais, vídeos etc. apresentam uma variedade de significados e sentidos simbólicos, assim como os sonhos. "Este modo arcaico de expressão (o brincar) é também a linguagem com a qual estamos familiarizados nos sonhos, e foi aproximando-me do brincar da criança de um modo similar à intepretação dos sonhos de Freud que descobri que poderia ter acesso ao inconsciente da criança" (Klein, 1955/2006, pp. 165-166).

A equivalência entre a brincadeira e o sonho estará presente desde as primeiras publicações sobre análise de crianças (Klein, 1926, 1929, 1932), demonstrando a importância da influência freudiana e da teoria dos sonhos sobre o pensamento de Melanie Klein.

> *Da mesma forma que os elementos dos sonhos levam ao desvelamento do conteúdo latente do sonho, também os elementos das brincadeiras das crianças, que correspondem a essas associações propiciam um vislumbre do seu conteúdo latente. E a análise através do brincar, não menos do que a análise de adultos, ao tratar sistematicamente a situação real como situação transferencial e estabelecer a sua conexão com a situação originalmente vivenciada ou fantasiada, dá às crianças a possibilidade de elaborar completamente aquela situação original em fantasia. (Klein, 1932/1997 p. 38)*

Melanie Klein percebeu intuitivamente que o jogo e o sonho constituem espaços que se afastam da realidade empírica e da realidade da consciência (Lima, 2019). Há uma equivalência entre o sonho, a brincadeira e a associação livre. Enquanto o adulto fala, a criança brinca. E uma brincadeira associa-se a outra, ou interrompe-se, muda-se a brincadeira, surgem inibições no brincar, associadas à inibição no fantasiar etc. Cabe ao analista compreender a forma de expressão da criança, pois a análise de crianças seguiria os mesmos princípios da análise de adultos (Klein, 1932).

A relação transferencial se estabeleceria desde o início, abarcando as nuances da transferência positiva e negativa, o rigor do *setting* analítico, o trabalho interpretativo guiado pela urgência do material, apontado pela angústia presente na sessão. Desde o primeiro contato, diz Segal (1983), o analista se baseia na noção de que a interpretação alivia a angústia e, dessa forma, mantém a criança cooperativa em relação à análise. Em outras palavras, a criança vive uma experiência de ser compreendida mesmo muito pequena, e isso a faz querer voltar para a sessão seguinte e para outras, colaborando com o processo psicanalítico.

Os princípios, portanto, são os mesmos, mas a técnica precisou adaptar-se às características do mundo mental infantil e essa foi uma das grandes contribuições de Melanie Klein para a psicanálise, que inaugurou uma forma de pensar (teoria) e de trabalhar (técnica). Klein nos mostrou que as crianças se utilizam predominantemente das ações *(acting outs)*, dramatizações e jogos no lugar das palavras. Desse modo, expressam angústias, desejos, sentimentos, fantasias e "pensamentos em forma de brincadeiras" (Klein, 1932/1997, p. 54). Por isso, a análise deve ser feita fora da casa da criança, com auxílio da caixa lúdica individual, principalmente para crianças pequenas,[3] composta por brinquedos simples, não eletrônicos, em número e qualidade suficientes para permitir uma infinidade de projeções e deslocamentos.

Aliás, Klein (1929) aponta para a importância do deslocamento vivido na brincadeira, que permite o estabelecimento de um

---

3 Importante destacar que Klein refere-se à análise de crianças pequenas até os 6 anos. Com base na observação clínica, escreve sobre diferenças percebidas na técnica com crianças na latência e na puberdade (Klein, 1932).

interjogo envolvendo aproximações e afastamentos dos conteúdos psíquicos, o que, de outro modo, seria intolerável. As dramatizações e jogos nos levam a outro mecanismo, complementar à analogia entre sonhos e brincadeiras: a invenção de personagens ou personificações no brincar.

> *Creio que esses mecanismos (cisão e projeção) são um fator básico da tendência de personificação no jogo. Através deles, a síntese do superego, que só pode ser sustentada com certo esforço, pode ser temporariamente abandonada e, além disso, a tensão causada pela tentativa de manter uma trégua entre o superego como um todo e o id se reduz. Assim, o conflito intrapsíquico se torna menos violento e pode ser deslocado para o mundo externo. (Klein, 1929/1996, p. 235)*

Os mecanismos de cisão e projeção envolvidos na personificação serão igualmente valiosos para a compreensão da transferência, como forças motrizes do trabalho analítico (Klein, 1929). Cabe acrescentar que, aqui, já há prenúncios do que viria a ser a futura teoria sobre a identificação projetiva (Klein, 1946).[4] No encontro analítico, a criança atribui personagens a serem desempenhados pelo analista, que precisa fazer parte do jogo numa tentativa de compreender o que está sendo comunicado.

Erna (Klein, 1929, 1932), por exemplo, brincava com frequência de ser mãe e ora atribuía a Klein o papel da criança que passava

---

4 Os textos iniciais sobre a análise de crianças (anos 1920 e 1930) apresentam as primeiras sementes que possibilitaram germinar as teorias de Melanie Klein e influenciar desenvolvimentos posteriores, como o pensamento de Bion e outros autores. Portanto, conservam sua atualidade como um material a ser revisitado por analistas experientes e conhecidos por analistas em formação.

por humilhações e torturas por parte da mãe má, ora ela mesma se transformava na criança que torturava e atormentava, mostrando o intercâmbio de papéis vividos na relação analítica. Às vezes, diferentes personagens surgem em uma mesma sessão, o que vai ao encontro da concepção desenvolvida posteriormente sobre a transferência. "Assim, o analista pode, em determinado momento, representar uma parte do *self*, do superego ou qualquer uma de uma ampla gama de figuras internalizadas" (Klein, 1952/2006, p. 77). Pouco tempo depois, Klein (1955/2006) afirmará: "Um dos pontos importantes da técnica através do brincar sempre foi a análise da transferência" (p. 160).

A partir das situações totais de transferência e da teoria sobre a identificação projetiva enunciadas nos artigos dos anos 1920 e 1930, Joseph (1985) explorará os movimentos contratransferenciais, os sentimentos provocados no analista "pela focalização de nossa atenção naquilo que está acontecendo dentro da relação, como ele (paciente) está usando o analista ao lado e além daquilo que está falando" (p. 77). Essa exploração se estenderá ao trabalho analítico com crianças. A compreensão emerge na medida em que o analista se torna ciente dos significados presentes na interação, na experiência emocional vivida entre analista e criança.

> *Se examinarmos a literatura sobre análise infantil até as últimas décadas, veremos que o foco tem sido principalmente nas atividades da criança. Em minha opinião, recentemente a área mais importante de crescimento na análise infantil tem sido a aumentada consciência da importância da atuação na transferência – a forma como o paciente influencia sutilmente o analista, cutuca ou o manipula em algum tipo de atitude ou comportamento,*

> *tocando as defesas ou desejos inconscientes do analista etc. (Joseph, 1998, p. 364, tradução nossa)*[5]

Klein não teria dado particular atenção aos aspectos contratransferenciais durante o atendimento das crianças nem às formas de manipulação e atuações na transferência. Apesar da valorização do uso da contratransferência pelos analistas inspirados por Klein, é importante destacar que ela própria teria se mostrado preocupada com a ampliação do conceito, no que se refere a utilizar os sentimentos do analista como fonte de informação sobre o paciente (Spillius, 2007). No entanto, esses desenvolvimentos são extensões de sua teoria sobre identificação projetiva, que se liga de maneira estreita à contratransferência, principalmente após os desenvolvimentos propostos por Bion (1962), ao atribuir valor comunicativo à identificação projetiva.

O analista de crianças torna-se particularmente suscetível às atuações em virtude das projeções da criança, de familiares, de instituições educacionais e das de saúde, e ainda por desejos e necessidades do próprio analista. É fundamental ter sensibilidade para essas percepções do que está acontecendo dentro da relação, aspecto essencial do trabalho, o que torna o estado de mente do analista o elemento crucial do *setting* (Joseph, 1998).

> *Uma atitude de não "esperar", mas ter a liberdade de ver o que vem da própria criança, dele ou dela, é fundamental para o trabalho. Para dar um exemplo, acho que não*

---

5 *If one looks at the literature on child analysis up until the very recent decades, the focus has been largely on the child's activities. To my mind, the most important area of growth in child analysis recently has been the increasing awareness of the importance of enactment in the transference – the way in which the patient subtly influences the analyst and nudges or manipulates him into some kind of attitude or behavior, touching the analyst's unconscious defenses or wishes, etc.* (versão original).

> *devemos "esperar" que uma criança limpe seu material ou guarde-o, mas simplesmente tentar seguir a própria maneira de a criança lidar com isso e interpretá-la de acordo. O mundo exterior tem o direito de "esperar": nós temos apenas o direito de tentar compreender. (Joseph, 1998, p. 363, tradução nossa)*[6]

A isso se somam as contribuições de Bion (1962) sobre o modelo de um continente e contido. O bebê projeta, pela via da identificação projetiva, partes de sua psique que, a seu tempo, são removidas e modificadas e serão reintrojetadas quando puderem ser toleradas e conservadas dentro da mente.

A metáfora dos elementos feminino e masculino é utilizada para representar a dinâmica do modelo do continente e contido, em que o estado de um conteúdo é introduzido em outro capaz de receber o conteúdo projetado, o que dependerá da capacidade de *rêverie* do objeto. As transformações mais profundas ocorridas durante a hora do jogo estão relacionadas à acolhida dos estados mentais e emocionais personificados no brincar. A presença mental do outro, por meio de sua capacidade de *rêverie*, como um narrador para as histórias, é o que torna o jogo transformador de angústias (Ferro, 1995).

> *Um paciente quer compreensão baseada nas ocorrências reais de continência emocional, quer que seu analista esteja aberto ao seu próprio modo de pensar – isso é a*

---

6 *An attitude of not "expecting" but having the freedom to see what comes from the child him or herself is fundamental to the work. To give an example, I think we should not "expect" a child to clear his or her material up or put it away, but simply attempt to follow the child's own way of dealing with this and interpret accordingly. The outside world has the right to "expect": we have only the right to try to understand.* (versão original)

> *comunicação por identificação projetiva. Pode o analista receber estados primitivos projetados e conhecer o que significam? As crianças de fato investigam a capacidade de rêverie do analista e trazem material com o propósito de testar se ele pode pensar, observar, lembrar, fazer a diferença entre verdade e mentira e compreender emocionalmente – em oposição a uma forma verbal, mecânica e livresca. (O'Shaughnessy, 1981, pp. 206-207)*

Considerações sobre o sonho e a narrativa

A teoria dos sonhos ocupou um lugar especial na história da psicanálise, pois permitiu a transformação da análise de um método psicoterapêutico para a psicologia profunda (Freud, 1933). Essa profundidade foi explorada por Melanie Klein (1940), o que a levou a teorizar sobre um complexo mundo de objetos, angústias, defesas, em complexa relação entre si e constituídos sob o solo da fantasia inconsciente: o mundo interno. As fantasias inconscientes são a matéria da qual são feitos os sonhos (Segal, 1993).

O brincar tem raízes em comum com o sonho, pois são modos de elaboração da fantasia inconsciente. No entanto, a brincadeira difere do sonho porque se constitui como tentativa de traduzir fantasias em realidade, sendo um modo de exploração e domínio da realidade, além de um dos principais modos de elaboração de um conflito. Em uma sessão analítica, as brincadeiras e os sonhos se tornam importantes meios de comunicação. No entanto, enquanto o sonho lança uma solução em fantasia para um problema em fantasia, o brincar faz uma conexão importante entre fantasia e realidade, além de ser importante meio de socialização para a criança (Segal, 1993).

Analistas de diferentes correntes teóricas têm proposto abordagens inovadoras e ampliações a partir da teoria dos sonhos de

Freud (1900). A modificação mais ampla se deu com o deslizamento clínico-teórico proposto por Klein (1940, 1946) e seguidores, que retirou da satisfação econômica o papel central dos processos psíquicos e atribuiu-os às relações de objeto. A partir dessa transformação teórica radical, o sonho não será visto apenas como expressão do desejo infantil censurado, mas também como expressão da fantasia inconsciente, das relações de objeto e defesas que a acompanham (Meyer, 2021). Ao mesmo tempo que a linguagem onírica disfarça uma experiência de sofrimento, oculta o desejo inconsciente de transformar a realidade dolorosa. A capacidade de sonhar, fruto do trabalho onírico, será considerada parte integrante do trabalho de elaboração psíquica, mediada pela formação de símbolos e intimamente relacionada à formação de elementos-alfa (Segal, 1993).

> *Se um homem tem uma experiência emocional, acordado ou dormindo, e é capaz de convertê-la em elementos alfa, pode tanto permanecer inconsciente desta experiência emocional como tornar-se consciente dela. O homem adormecido tem uma experiência emocional, converte-a em elementos-alfa e assim torna-se capaz de ter pensamentos oníricos. Deste modo, fica livre para se tornar consciente (isto é, acordar) e descrever a experiência emocional por meio de uma narrativa conhecida usualmente como um sonho. (Bion, 1962/2021, p. 43)*

A formação do aparelho de pensar está ligada à relação entre continente e contido (Bion, 1962) e à ocorrência de pensamentos com os quais o aparelho precisa lidar, sendo o pensamento relacionado à capacidade de experimentar a ausência do objeto, o que se relaciona ao desenvolvimento da capacidade simbólica (Segal, 1993). A partir da relação continente-contido de Bion, criar-se-á um espaço mental, um espaço interno formado pela introjeção de um objeto capaz de compreender a comunicação via identificação projetiva e dar sentido a ela.

Grotstein (2003) afirma que o continente e o conteúdo, mãe e bebê, formam um casal pensante, conceito que, em seu entender, poderia ser expandido para o casal sonhante. O casal sonhante permite o aparecimento do casal pensante e ambos se entrelaçam com a constante tarefa de suportar e gerar sentidos ao universo de experiências emocionais, por vezes turbulentas e aterrorizantes. Nesse sentido, o sonhar oferece caminhos expressivos e elaborativos, em busca de novas integrações. "Nesta teoria, a habilidade para sonhar protege a personalidade daquilo que é virtualmente um estado psicótico" (Bion, 1962/2021, p. 44).

> *É minha impressão que o conceito de Bion de* rêverie *materna inclui a capacidade materna para sonhar ou mitificar as projeções de seu filho, não apenas para lidar com elas realisticamente. A habilidade da mãe para colocar a dor projetada para dormir é um testemunho de sua capacidade de sonhar pelo bebê. O bebê, então, põe para dentro o casal sonhante para corresponder a um casal pensante que pode colocar sentimentos para dormir, pensar a respeito deles, ou ambos. (Grotstein, 2003, p. 61)*

A continência introjetada permite suportar a experiência de ter uma mente, abrigar ideias, gestar pensamentos, criar histórias, poesias, arte etc. Poder dormir, como condição para o sonho, é o oposto do que vemos, por exemplo, nos terrores noturnos das crianças, que não podem sonhar em virtude da ausência, pelo menos temporária, do casal interno capaz de sonhar (Grotstein, 2003). E isso as expõe aos perigos das angústias, fantasias e temores da escuridão, um estado de terror dentro da mente, no lugar da serenidade e da paz. Por exemplo, para Ruth, paciente de 4 anos e 3 meses de idade de Melanie Klein, que sofria de terrores noturnos e dificuldades para dormir, "dizer boa noite antes de ir dormir significava dizer adeus para sempre" (Klein, 1932/1997, p. 49). Dormir e morrer (perder/separar), como equações simbólicas, mantêm entre si relação de simetria (Grotstein, 2003), no lugar da diferença e da criação de espaço para sonhar e pensar, propiciada pelo valor simbólico da palavra, que permitiria comunicar e suportar a dor depressiva.

Uma das principais expansões de Bion a partir do trabalho de Freud é a de que há um trabalho onírico durante o estado de vigília, além do sono. Brincadeiras das crianças e associações livres nos adultos são expressões da atividade onírica de vigília. Ao desenvolver a técnica do brincar (ludoterapia), Klein adentrou analiticamente o sonho de vigília (Sandler, 2021). O sonhar, desse modo, avança para além das fronteiras da noite, pois o contato da personalidade com o material da realidade depende do trabalho onírico em um curso prolongado e contínuo (Bion, 1992).

O sonho passa a ser visto como processo elaborativo permanente das experiências emocionais (Meyer, 2021). Dessa afirmação, deriva-se outra extensão da teoria de Freud feita por Bion, que se refere à necessidade técnica, associada à atenção flutuante, formulada como "sonhar o material do paciente" (Sandler, 2021, p. 1028), processar em paralelo, dentro de seu próprio mundo onírico a experiência emocional comunicada (Meyer, 2021), o que depende do trabalho do "eu onírico" (Lima, 2019, p. 108) do analista. A partir da influência de Bion, a sessão psicanalítica passa a ser compreendida como sonho. Se a sessão analítica se constitui como sonho, todo conteúdo diz respeito à transferência, cabendo inferir que isso se relaciona ao que Klein e Joseph referem como situação total (Grotstein, 2017).

Articulações teórico-clínicas

Para ilustrar e articular teoria e clínica, o primeiro exemplo é o relato sobre uma sessão de Trude:

> *Trude, na idade de 4 anos e um quarto, constantemente fingia que era noite na sessão analítica. Nós duas tínhamos que ir dormir. Depois ela saía do canto que dizia ser seu quarto, aproximava-se de mim silenciosamente e fazia todo tipo de ameaças. Dizia que iria cortar minha garganta, me atirar no quintal, me queimar ou me entregar para o policial. . . . Depois pegou as almofadas, que costumava chamar de crianças, e se escondeu com elas no canto do sofá, onde se agachou com nítidos sinais de medo, se cobriu, chupou o dedo e fez pipi. Essa situação sempre se repetia depois de seus ataques contra mim. Sua atitude, porém, era semelhante àquela que adotou na cama quando estava por completar dois anos de idade, quando começou a sofrer de um pavor noturno. (Klein, 1926/1996, pp. 155-156)*

É conhecida a relação estabelecida por Klein (1926/1996, 1932/1997) entre os impulsos destrutivos oriundos da vivência edípica primitiva, objetos superegoicos arcaicos e angústias aniquilatórias e persecutórias presentes no terror noturno. Tomando a imagem de uma moeda, poderíamos dizer que medo e ódio seriam suas faces inseparáveis e alternantes. A face que costuma assolar a criança de maneira mais aparente é o medo personificado em monstros, quartos escuros, criaturas advindas de filmes de terror, jogos de videogame ou de computador etc. De outra parte, a criança busca tenazmente formas de expressão e representação, por meio dos jogos e personagens, busca poder sonhar durante a vigília, para, então, ser possível pensar e elaborar.

Gostaria de chamar atenção para o aspecto presente na sessão de Trude que considero parte deste solo fértil para as ampliações que influenciaram também a técnica psicanalítica do brincar. Ao fingir que era noite, quando o par analítico precisava dormir, Trude convidava sua analista para acompanhar seu sonho, sonhar o sonho da paciente, sendo a analista aquela a vivenciar e suportar os efeitos do terror na brincadeira/sonho que, na sessão analítica, pode se tornar uma brincadeira/pesadelo (ser atirada no quintal, ser queimada etc.), sendo a experiência emocional comunicada via identificação projetiva.

É possível inferir que, na brincadeira em que as duas precisavam dormir, há um convite ao encontro entre mentes, em que o "eu onírico/lúdico" (Lima, 2019, p. 108) da criança e da analista precisam dormir para, então, sonhar, estabelecendo um espaço de brincadeira e de sonhar a dois no interior da sala de análise. Trude busca a companhia analítica como Dante buscou por Virgílio para embrenhar-se pela intimidade do quarto/mente que abriga aspectos misteriosos, ameaçadores e até mesmo infernais de si mesma. Não há como fazer essa travessia sozinha, sob o risco de aprisionar-se num território de angústias insuportáveis.

> *A criança na sala, os brinquedos, o analista e o jogo constituem uma configuração. Essa configuração significa o agenciamento de um eu lúdico e/ou onírico, que não é propriamente o eu da criança, e que o analista simultaneamente, ao entrar no jogo, torna possível se afastar, intervir e interpretar. (Lima, 2019, p. 108)*

Nesse cenário, o analista se tornará "o lugar das histórias e dos jogos possíveis" (Ferro, 1995, p. 81), prestando-se aos papéis pedidos pelo campo, de modo a restituir a pensabilidade e a verbalização

(Ferro, 1995). "A transformação entre coisa-em-si e sua transformação, 'K', pode ser vista como narrativa" (Grotstein, 2003, p. 73):

> *A narrativa é um organizador de enquadre que funciona por meio de analogias ou alegorias. Seu enquadre permite à coisa em si ser transformada em pensamento, um processo que acontece naquele espaço esvaziado reservado pelo bebê para a mãe durante a ausência dela. Uma vez que o espaço pode ser permitido, a narrativa o preenche com todas as possibilidades que podem acontecer ao objeto – e ao "Eu" em isolamento. O fato da própria narrativa pressagia a possibilidade de ações, alternativas, diluição da tensão onipotente e diminuição em última instância, do Absoluto. A narrativa permite a possibilidade de sobrevivência.*

Como mais um ingrediente para esta discussão, apresento um breve fragmento clínico, de modo a ilustrar a busca de construção de um espaço para sonhos e construções de narrativas, a partir do encontro entre mentes, vivendo juntas experiências emocionais. As falas atribuídas a mim estarão sinalizadas com aspas:

Uma criança de sete 7 estava em análise há pouco mais de um ano. Era atormentada por medos intensos, pesadelos, insônia e constantes terrores noturnos. Angústias de cunho psicótico, personificadas em criaturas de filmes de terror impediam-na de dormir e sonhar. A análise foi interrompida por algumas semanas, em virtude da realização de procedimento cirúrgico e período de recuperação pós-operatória. Quando a criança retornou, inicialmente negou-se a entrar no consultório. Quando decidiu, não se aproximou da caixa lúdica como habitualmente fazia. Sentou-se em uma poltrona e começou a chorar. Contou-me de modo desesperado que o medo da Samara[7] havia voltado e que nada o resolveria, nunca passaria. Medos novos surgiram durante as semanas em que não nos vimos. Agora havia o medo do palhaço da Kombi. Além disso, a frase título do filme "A morte vem te dar parabéns" não lhe saía da cabeça. Sentia muito medo de ser assassinado e esfaqueado. Seus pensamentos não o deixavam dormir uma noite inteira. Sinto-me profundamente tocada por seu desespero. Nisto, desvio o olhar para a janela do consultório e vejo um reflexo na janela de vidro. Para minha surpresa, vejo não o meu reflexo, mas a imagem de Samara (eu conhecia o filme do qual a personagem era protagonista) e me surpreendo. Intrigo-me com o que acabara de ver, mas ainda não digo nada. A criança prossegue contando de medos que se alastraram para a escola, para casa, e dos medos que havia sentido no hospital (também sentiu medo de entrar na sala de análise). Mostro-lhe que o medo era tão grande que parecia estar em todo lugar, como se já não houvesse um lugar seguro para ficar, para brincar, para dormir. O paciente me diz que se sentia seguro agora comigo porque me conhecia. Já chorando um pouco menos, conta-me detalhes sobre a internação, sobre dores que sentiu e o medo da médica que realizou a cirurgia. Digo-lhe: "Eu imagino quanto medo de uma médica Samara que chega e diz: sou a morte, vim te dar parabéns" (faço um gesto abrindo os braços como alguém que está chegando). A criança se levanta e começa a andar pela sala repetindo meu gesto. Enquanto anda, continua dizendo: eu desci com o carrinho da maca junto com um enfermeiro. "E de tanto medo", falo, "você sentiu como se estivesse com o palhaço na Kombi". Sim, sim, (responde imediatamente e prossegue). O palhaço da Kombi põe as pessoas dentro para levar elas e assassinar. Eu não tinha sentido medo do palhaço da Kombi ainda. Esse medo é novo. "Bom, andar de maca para fazer a cirurgia também é", aponto. Ele ri e continua os movimentos dos braços, diz que está brincando de esfaquear. Depois, apesar de manter o gesto,

---

7 Samara é personagem de um filme de terror, *O Chamado*, lançado em 2002, em que pessoas morriam sete dias após terem assistido a um vídeo.

diz que não são mais facas, agora são bisturis. Enquanto fazia de conta que tinha bisturis nas mãos, contou ter assistido a vídeos sobre cirurgias para ver como o corpo era por dentro. Disse-me que sentia muito medo ainda, mas ainda assim queria ser médico um dia e me dirigiu uma pergunta: Será que eu consigo?

O medo que volta, após ter nos dado uma trégua nos meses anteriores, é invocado pela cirurgia (e doença) como restos diurnos de uma experiência traumática, nas quais a função do sonhar falha (Freud, 1933/2006). O medo invadiu a sala de análise e a mente da analista, pela via da identificação projetiva, da mesma forma que invadiu a mente da criança, que agora teme ser atacada por uma "multidão de perseguidores" (Klein, 1932/1997, p. 166). Essa criança defrontou-se com grandes angústias humanas, experimentou dor física e psíquica, solidão, dependência de pessoas desconhecidas, imprevisibilidade da vida (adoeceu de maneira grave e repentina) e principalmente o temor da morte e o contato com a possibilidade da finitude. Isso não é pouco, até mesmo para os mais crescidos.

A pesquisa de vídeos médicos revela, por sua vez, a vitalidade do impulso epistemofílico a serviço de Eros, expresso na forma de curiosidade sobre os acontecimentos e angústias do interior do corpo, território misterioso, desconhecido e assustador, quando adoecido, mas também um interior a ser investigado e explorado (Klein, 1932). Essa criança é a pesquisadora do seu corpo e do mundo mental. Indagava-se sobre sua condição interna para transformar as lâminas cortantes de facas assassinas em bisturis que salvam vidas, como havia acontecido consigo mesma. Quando nos encontramos novamente, esse paciente estava curado da enfermidade física.

Do ponto de vista da relação analítica, havia uma pergunta feita também a mim. A analista/médica conseguiria ajudá-lo com medos que retornam e com os novos que surgem? Para Aberastury (1982), na primeira sessão da análise, a criança apresenta fantasias inconscientes sobre a enfermidade ou o conflito que motiva sua vinda ao consultório e fantasias inconscientes de cura, por meio das quais expressa o desejo de modificar o mundo externo e curar a compulsão a repetir experiências. Eu acrescentaria, apenas, que essas fantasias continuam se repetindo mesmo após a primeira hora diagnóstica, principalmente quando a experiência emocional é sentida como avassaladora e turbulenta. Em momentos de perda de esperança (os medos não vão passar nunca), a análise é colocada em xeque e, mais profundamente, o paciente interroga sobre a condição da mente do próprio analista para suportar estados mentais insuportáveis.

No fragmento apresentado, a imagem visual com a qual me deparo é quase uma alucinação, fruto da *rêverie* da analista, mas me auxiliou a me aproximar da experiência emocional de ter a mente invadida por medos e terrores que tornam o mundo interno um lugar desesperador por não existir uma zona segura para dormir, descansar, brincar e sonhar. Nessa sessão, a criança apresentou histórias-sonhos como brincadeiras-sonhos, em que o lugar da análise é aquele de tornar o sonho compreensível por meio da palavra interpretativa. De maneira concomitante, a experiência emocional aterrorizante é comunicada à analista por via da identificação projetiva, em que o eu onírico/lúdico é convidado a suportar e sonhar junto do paciente o sonho da sessão.

Sobre a *rêverie*, Sandler (2021) destaca um aspecto importante quando associa esse estado de mente à "capacidade da mãe conter suas próprias ansiedades, em última análise, a ansiedade de aniquilação, conforme descrita por Melanie Klein, a mãe não se desestrutura, não se fragmenta perante a vivência de estados de ansiedade" (p. 394).

A partir do sonho analítico, que brota do solo transferencial (e contratransferencial), os fatos acontecidos são colocados em narrativa, por intermédio da construção de uma história mítica[8] (Ferro, 1998), ou "histórias-ficções" (Persicano, 2001, p. 57). Por meio da narrativa, criada pela dupla analítica, constrói-se um caminho para a transformação dos fenômenos protomentais em fenômenos psíquicos. Sobre a narração, diz Ferro (2000):

> *. . . falo daquela maneira de o analista estar na sessão enquanto participa com o paciente da construção de um significado de forma altamente dialógica, sem grandes censuras interpretativas. Como se analista e paciente construíssem juntos uma piece teatral, e no interior delas os enredos crescem, se articulam, se desenvolvem, às vezes de formas imprevisíveis e impassíveis para os dois co-narradores, sem que exista entre eles um depositário forte de uma verdade pré-constituída. Nesta forma de proceder, a transformação co-narrativa, ou até mesmo a co-narração transformativa, toma o lugar da interpretação. (pp. 17-18)*

Ferro (1998) destaca que a necessidade de narrar é ainda maior diante do medo, de angústias e terrores mais primitivos que colocam o "narrador interno à prova além da conta" (p. 176). "É para dar uma resposta a medos e angústias próprias que estes são transformados narrativamente e, ao invés de tornarem-se sintoma ou comportamento, tornam-se histórias (filmes, contos, pintura etc.)" (p. 175),

---

8 A história mítica se relaciona com o sonho. Freud (1933) já estabelecia relações entre sonhos, mitos, contos de fadas e lendas. Se a matéria prima do sonho é a fantasia (Segal, 1993), então a história mítica é uma história fantasiada. Mesmo no caso de adultos, quando nos apresentam seu passado, estamos diante de um passado fantasiado.

ativadas pelo medo e pela necessidade de narrar, como os contos de fadas contados às crianças antes de dormirem para ajudá-las a sonhar.

Na sala de análise, o analista, como "acompanhante narrador" (Ferro, 1998, p. 177), alia-se ao narrador paciente que "se esforça por construir uma história para sua dor psíquica" (Persicano, 2001, p. 57). Não se trata, portanto, "de um buscar um símbolo pronto a ser interpretado, mas da simbolização que nasce do encontro paciente-analista, como criação de um novo sentido" (Ferro, 1995, p. 107).

> *. . . mas existe também um modo mais complexo, especialmente com a criança, pela velocidade com que trabalha: o de deixar "as nomeações" propostas pela criança, participando do jogo e interpretando sobre os personagens propostos...construindo uma história junto com a criança, fazendo da nossa mente o palco daquela história, sem naturalmente perder o significado relacional do que está acontecendo. (Ferro, 1995, p. 90)*

Quando a criança pronuncia a primeira palavra, vive a experiência de conectar-se com o mundo e, desta forma, pode se fazer compreender. Ser compreendida pelo objeto a leva a acreditar na capacidade mágica da palavra (Aberastury, 1982). A busca dos adultos pela análise, e dos pais (ou cuidadores) pela análise de crianças, é sustentada por algum registro de uma relação objetal com quem viveu a experiência de encontrar alívio da angústia e compreensão do sofrimento psíquico, por meio das palavras, daí sua magia, a de transmitir esperança. Nesse caminho, a narrativa, como dito anteriormente, permite a possibilidade de sobrevivência (Grotstein, 2003) diante de angústias, fantasias, medos e terrores por vezes impensáveis.

Do pesadelo pandêmico à busca de caminhos para o sonhar no atendimento online

"Você caiu? Você se machucou?", essas foram as palavras ditas de modo espontâneo e preocupado por uma criança que deu início à análise durante a pandemia, em uma sessão online, após a queda do seu celular, aparelho pelo qual nos comunicávamos por chamada de vídeo. Dessa maneira, dei-me conta da súbita mudança na característica da presença do analista, cuja corporeidade física e da sala é substituída pelo corpo/*hardware* de celulares, computadores e *tablets*, com momentos de perda da relação em que o outro é visto mediante a tela do celular para uma relação em que o outro é o celular.

Em tempos pandêmicos, a saída dos consultórios seria equivalente à perda dos equipamentos de *hardware* do analista, com brinquedos, jogos e o afastamento da relação corpo a corpo, tão importante para algumas crianças. Essa mudança foi acompanhada pelo incremento de angústias em torno da vida, da morte, dos temores e das fantasias relacionadas à finitude, dores, fúrias, medos e terrores diante da ameaça invisível do vírus, cujos efeitos foram vistos e sentidos com tamanha concretude.

A preocupação com a própria saúde, com a saúde dos familiares e com a minha própria veio à cena nas conversas analíticas. Houve casos em que acompanhei a hospitalização e morte de pessoas queridas para as crianças; outras vezes, recuperações e retornos para casa. Essas angústias e terrores sobre vida e morte, presentes na condição humana, intensificam-se e/ou tornam-se continentes para angústias primitivas aniquiladoras. Interessante pensar que já estavam presentes em uma dimensão particular da existência da criança, sobre a qual relatei antes, porém, neste momento da história, tomam proporções globais. Protegendo-se da dor psíquica, talvez, para algumas crianças nada parecia estar acontecendo, como se precisassem isolar-se emocionalmente, da mesma forma que se isolavam socialmente para evitar o contágio pelo vírus.

Para seguir com o atendimento de crianças, vi-me impelida a aprender jogos virtuais, entender sobre compartilhamentos de tela, ser ensinada sobre aplicativos para desenhar online e assim descobrir que o jogo winnicotiano de rabiscos pode ser feito virtualmente, dar-me conta de que poderia criar pastas gráficas para guardar esses desenhos dentro do meu computador/caixa lúdica, receber e-mails com fotos dos desenhos realizados em folha de sulfite etc. Interessante notar que esses aprendizados se deram junto das crianças, que me mostraram aplicativos, enviaram links para eu acessar seus jogos e um passo a passo sobre como entrar, me enviaram histórias criadas na sessão pelos *chats* dos aplicativos, áudios por WhatsApp. Entendi que, desse modo, as crianças me comunicavam o desejo de manter viva a ligação analítica; o trabalho continuava a ser a quatro mãos.

Entretanto, o rompimento das ligações também se deu. Sessões foram interrompidas por falta de luz, queda da internet; houve momentos em que os brinquedos da sala de análise fizeram tanta falta que nada parecia poder ocupar esse lugar. Houve sessões desmarcadas por cansaço de estar diante da tela, esquecimento do horário, interrupções e toda forma de resistência que também vivenciamos nos atendimentos presenciais. Importante relevar que esses recursos tecnológicos, em minha experiência, puderam ser utilizados com crianças a partir dos 6 anos, deixando-me a pergunta sobre a viabilidade de sua utilização na sessão analítica de crianças muito pequenas.

Não se trata apenas de aprender sobre recursos tecnológicos, mas de um estado de disponibilidade de mente para abrigar essas novas histórias ou novas formas de contar histórias dentro do palco analítico virtual, o que exige flexibilidade, sem perder o rigor, demonstrando que a mente/*software* continuou sendo o elemento crucial do *setting*. Chego a pensar que as principais resistências para o atendimento online talvez estejam dentro da mente dos próprios analistas, que se reasseguram na concretude das salas de atendimento, assim como em técnicas e teorias conhecidas, face à incerteza e ao desconhecimento que a vida e a psicanálise apresentam a cada novo dia, a cada novo encontro. Em minha experiência, percebi que, mais do que nunca, o analista é convidado a lançar mão de sua própria capacidade de sonhar, formar imagens, ter liberdade para associar, criar e arriscar-se diante do novo e inusitado.

O campo dos atendimentos online com crianças ainda necessitará de muitas pesquisas e reflexões. Continuo considerando a presença física fundamental para a análise de crianças de diferentes idades. No entanto, realizar os atendimentos virtuais, dentro do possível, em tempos pandêmicos, é igualmente importante, tão importante quanto ter o recurso do bote salva-vidas após o naufrágio de um grande navio. Os atendimentos online, assim como os botes, oferecem chances de sobrevivência diante das ameaças e dos riscos iminentes de morte, da vida e da análise.

Assim como Melanie Klein abriu caminhos para a análise de crianças por meio do brinquedo, hoje o analista, inspirado por seu pioneirismo e sua sensibilidade, precisa buscar caminhos no mundo online, de modo a propiciar a continuidade do brincar, sonhar e narrar no encontro analítico, em uma psicanálise viva.

Referências

Aberastury, A. (1982) A primeira hora do jogo: seu significado. In *Psicanálise da Criança: teoria e técnica* (8ª ed.) (A. L. L. Campos, trad.). Porto Alegre: Artmed.

Bion, W. R. (1962/2021). *Aprender da experiência* (E. H. Sandler, trad.; P. C. Sandler, rev. tec.). São Paulo: Blucher.

Bion, W. R. (1992/2000) Cogitações (E. H. Sandler e P. C. Sandler, trads.; L. T. L. Mattos, rev. tec.). Rio de Janeiro: Imago.

Ferro, A. (1995). A técnica na psicanálise infantil: a criança e o analista, da relação ao campo emocional. In A. Ferro, *Desenvolvimento da Psicanálise* (M. Justum, trad.). E. M. da Rocha Barros (Dir.). Rio de Janeiro: Imago.

Ferro, A. (1998). *Na sala de análise: emoções, relatos, transformações.* Rio de Janeiro: Imago.

Ferro, A. (2000). Narrações e interpretações. In A. Ferro, *A psicanálise como literatura e terapia.* Rio de Janeiro: Imago.

Freud, S. (1932/1933). Novas conferências introdutórias sobre psicanálise. Conferência XXIX: revisão da Teoria dos Sonhos. In S. Freud, *Edição Standard Brasileira das Obras Psicológicas Completas de Sigmund Freud*, Vol. XXII. Rio de Janeiro: Imago, 2006.

Freud, S. (1900). A intepretação dos sonhos (segunda parte). In S. Freud, *Edição Standard Brasileira das Obras Psicológicas Completas de Sigmund Freud*, V. V. Rio de Janeiro: Imago, 2006.

Grotstein, J. S. (2003). *Quem é o sonhador que sonha o sonho? Um estudo de presenças psíquicas.* (S. M. T. Trunci, trad.). Prólogo de Thomas Ogden. Rio de Janeiro: Imago.

Grotstein, J. S. (2017). A sessão psicanalítica como sonho, teatro do improviso e drama sagrado. In J. S. Grotstein, "*...no entanto, ao mesmo tempo e em outro nível...": teoria e técnica psicanalítica na linha kleiniana/bioniana* (pp. 153-165). Vol. 1. (J. P. M. de Souza, trad.). São Paulo: Blucher.

Joseph, B. (1985) Transferência: situação total. In B. Joseph, *Melanie Klein Hoje: desenvolvimentos da teoria e técnica*

(B. P. Haber, trad.) (pp. 76-88). E. B. Spillius (Ed.). Rio de Janeiro: Imago, 1990. Coleção Nova Biblioteca de Psicanálise.

Joseph, B. (1998). Thinking about a playroom. *Journal of Child Psychotherapy*, *24*(3), 359-366. Publicado online em 2008. Recuperado de: http://dx.doi.org/10.1080/00754179808414824.

Klein, M. (1921/1996). O desenvolvimento de uma criança. In M. Klein, *Amor, Culpa e Reparação e Outros Trabalhos* (1921-1945) (pp. 17-75) (A. Cardoso, trad.). Rio de Janeiro: Imago. Obras completas de Melanie Klein, V. I.

Klein, M. (1926/1996). Princípios psicológicos da análise de crianças pequenas. In M. Klein, *Amor, Culpa e Reparação e Outros Trabalhos* (1921-1945) (pp. 152-163) (A. Cardoso, trad.). Rio de Janeiro: Imago. Obras completas de Melanie Klein. V. I.

Klein, M. (1929/1996). Personificação no brincar das crianças. In M. Klein, *Amor, Culpa e Reparação e Outros Trabalhos* (1921-1945)(pp. 228-239) (A. Cardoso, trad.). Rio de Janeiro: Imago. Obras completas de Melanie Klein, V. I.

Klein, M. (1932/1997). *A psicanálise de crianças* (L. P. Chaves, trad.). Rio de Janeiro: Imago. Obras completas de Melanie Klein, V. II.

Klein, M. (1940/1996). O luto e suas relações com os estados maníaco-depressivos. In M. Klein, *Amor, Culpa e Reparação e Outros Trabalhos* (1921-1945) (pp. 385-415) (A. Cardoso, trad.). Rio de Janeiro: Imago. Obras completas de Melanie Klein; V. I.

Klein, M. (1946/2006). Notas sobre alguns mecanismos esquizóides. In M. Klein, *Inveja e Gratidão e Outros Trabalhos* (1946-1963) (pp. 17-43). (E. M. da Rocha Barros, trad.). L. P. Chaves (Coord.). Rio de Janeiro: Imago.

Klein, M. (1952/2006). As origens da transferência. In M. Klein, *Inveja e Gratidão e Outros Trabalhos* (1946-1963) (pp. 70-79).

(E. M. da Rocha Barros, trad.). L. P. Chaves (Coord.). Rio de Janeiro: Imago.

Klein, M. (1955/2006). A técnica psicanalítica através do brincar: sua história e significado. In M. Klein, *Inveja e Gratidão e Outros Trabalhos* (1946-1963) (pp. 149-168). (E. M. da Rocha Barros, trad.). L. P. Chaves (Coord.). Rio de Janeiro: Imago.

Lima, L. T. O. (2019). Melanie Klein: do espaço do sonho ao espaço do jogo como condição de possibilidade da constituição do espaço psicanalítico. In L. T. O. Lima, *Melanie Klein na Psicanálise Contemporânea: teoria, clínica e cultura* (pp. 103-113). E. M. U. Cintra, M. F. R. Ribeiro, & L. C. Figueiredo (Org.). 1ª ed. São Paulo: Zagodoni.

Meyer, L. (2021). Abordando o sonho como uma questão: uma investigação sobre a função expressiva do sonho. In L. Meyer, *Navegação Inquieta: ensaios de psicanálise* (pp. 41-85). L. P. Chaves (Org.). São Paulo: Blucher, 2021.

O'Shaughnessy, E. (1981). A teoria do pensar de W. R. Bion e novas técnicas em análise de crianças. In E. O'Shaughnessy, *Melanie Klein Hoje: desenvolvimentos da teoria e técnica (Ed.)* (pp. 196-210). (B. P. Haber, trad.). Rio de Janeiro: Imago, 1990, Coleção Nova Biblioteca de Psicanálise.

Persicano, M. L S. (2001, março). Construções em análise na transferência. *Revista Latino-americana de Psicopatologia Fundamental, 4*(2), 53-66. Recuperado de: http://www.fundamentalpsychopathology.org/uploads/files/revistas/volume04/n2/construcoes_em_analise_na_tranferencia.pdf>.

Rocha Barros, E. M., & Rocha Barros, E. L. (1989). Introdução. In E. M. Rocha Barros & E. L. Rocha Barros, *Melanie Klein: evoluções*. (A. M. L. & L. R. Arantagy, trads.). São Paulo: Escuta.

Sandler, P. C. (2021). *A linguagem de Bion: um dicionário enciclopédico de conceitos*. (D. Sandler & G. del Grande, trads.) São Paulo: Blucher.

Segal, H. (1993). *Sonho, fantasia e arte*. (B. H. Mandelbaum, trad.). Coleção Nova Biblioteca de Psicanálise. E. M. Rocha Barros (Coord.). Rio de Janeiro: Imago.

Sherwin-White, S. (2019). *Melanie Klein Revisited: pioneer and revolutionary in the psychoanalysis of young children* (Tavistock Clinic Series). New York: Routledge, Taylor and Francis. Edição do Kindle.

Spillius, E. B. (2007). *Uma visão da evolução clínica kleiniana: da antropologia à psicanálise*. (T. M. Zalcberg; H. Pedreira, rev. tec.) E. M. Rocha Barros (Coord.). Rio de Janeiro: Imago.

6. Recordar, repetir para não elaborar? Dificuldades e hesitações diante da travessia da posição depressiva

Ana Karina Fachini Araujo

Quando comecei a sonhar a escrita deste capítulo, que aborda as dificuldades e hesitações diante do início e travessia da posição depressiva, fui tomada por um *jingle* da propaganda de uma boneca dos anos 1980, a "Lu Patinadora".[1]

Imagem e música pairavam em minha cabeça – "memória em forma de sentimento"? Era uma boneca que ensinava a patinar e, claro, despertava o desejo nas crianças de encarar o desafio. Vinha equipada de itens como capacete, cotoveleira, joelheira, tecnologia avançadíssima para a época. Tomada por essa memória, pensei na relação entre analista e paciente, no trabalho que se constrói pela dupla, favorável ao desejo de patinar, de deslanchar na vida, mas sem dispensar os equipamentos de proteção.

No entanto, o que certamente me tomou à época foi a sensação de que alguns pacientes "patinavam" na travessia da posição depressiva – "posição central" para o desenvolvimento humano (Klein, 1935, 1940, 1952).

1 Ver: Muzeez.com.br/historias/boneca-lu-patinadora.

Explico o uso do termo travessia: a imagem que tenho do trabalho de elaboração da posição depressiva e da situação edípica é de uma ponte, em que a dupla percorre as etapas e as diversas experiências de elaboração que fazem parte desse trajeto, cujo início nos remete ao desmame e ao Édipo arcaico. Trata-se do momento em que o ego se separa do objeto de amor e percebe que este tem vida própria.

São muitos movimentos e sofrimentos decorrentes dessa travessia que podem provocar patinações. Pergunto: estariam elas a serviço do recordar, repetir para não elaborar? Em alguns momentos, penso que sim, mas a dupla analista-paciente precisa estar bem afinada para perceber que, muitas vezes, o que parece patinação e hesitação simboliza pequenas tentativas de movimento que, se trabalhadas, podem rumar, gradativamente, para elaborações da posição depressiva.

Inicio, então, retomando brevemente o conceito kleiniano de posição depressiva e sigo compartilhando uma situação clínica de impasse em sua elaboração de um paciente agarrado a uma tese cujo sentido era evitar a vida ou as dores do viver.

1. As vicissitudes da travessia da posição depressiva e situação edípica[2]

Klein (1940) afirma que é no momento do desmame que começam a surgir os primeiros vislumbres da posição depressiva, ". . . uma melancolia em *statu nascendi*" (p. 388). Nele, a criança vivencia a separação do objeto como perda – sente como se tivesse perdido o seio, que representa bondade, segurança e amor; trata-se da perda de alguém com quem, até então, mantinha uma relação ideal. Logo, a fantasia de unicidade e de continuidade com o objeto é quebrada

2 Reflexões retiradas da tese de doutorado *O renascimento psíquico vivido em análise* (ARAUJO, 2018).

pela separação do objeto que a alimenta e dá-lhe vida. A criança se depara, então, com uma nova realidade: quando a mãe se ausenta, o objeto concreto não está mais lá, sendo necessário recriá-lo no mundo interno, enquanto aguarda o seu retorno. E é justamente essa tarefa que será realizada na posição depressiva.

A posição depressiva sinaliza, pois, a perda temida dos objetos bons, e essa vivência "... é a fonte mais profunda dos dolorosos conflitos que ocorrem na situação edipiana, assim como na relação da criança com as pessoas em geral" (Klein, 1940, p. 388). As relações da criança, primeiramente com a mãe, depois com o pai e com outras pessoas, são, então, marcadas pelo processo de internalização dessas figuras, do modo como foram vividas da posição depressiva.

Nesse sentido, em ambos os sexos, o medo de perder a mãe (o objeto amado primordial) – ou seja, a ansiedade depressiva – contribui para a necessidade de substitutos. O bebê volta-se primeiramente para o pai, que, nesse estágio, é também introjetado como uma pessoa completa, para satisfazer essa necessidade (Klein, 1952, p. 104).

As figuras parentais passam a ser objetos internos, com vida própria, sendo que sua introjeção para o mundo interno esteve sob ação da fantasia. Trata-se das imagos que comporão o superego arcaico da criança, que podem ser idealmente boas ou más; e, com a vivência da posição depressiva e da situação edípica, tornar-se-ão mais reais, pois se realiza, nesta travessia, o luto das figuras ideais, aproximando-as e combinando-as.

A combinação do duplo – objeto interno e externo – se faz presente ao longo da posição depressiva. Mas até que ponto a realidade externa pode refutar os sofrimentos da realidade interna, pergunta a autora. Essa situação pode variar de acordo com o indivíduo e com suas experiências de gratificação e de amor com as pessoas. No entanto, as experiências desagradáveis são também fundamentais, pois, ao superá-las, é possível preservar tanto os objetos como o amor por eles diante de ameaças e perigos (Klein, 1940). Em síntese:

> *Na criança pequena, as experiências desagradáveis e a falta de experiências prazerosas, principalmente a falta de contato íntimo e feliz com as pessoas amadas, aumentam a ambivalência, diminuem a confiança e a esperança, e confirmam as ansiedades a respeito da aniquilação interna e a perseguição externa; além disso, retardam ou interrompem permanentemente os processos benéficos através dos quais se atinge a segurança interna a longo prazo. (Klein, 1940, p. 390)*

É importante enfatizar que a introjeção do bom objeto, no início da infância, e o seu estabelecimento no mundo interno são aspectos que constituem condição para se atravessarem os primeiros processos de luto, que compõem a posição depressiva, vividos como um "caos interior", como bem nomeia Klein (1940, p. 390). Para que isso ocorra, no entanto, a internalização das imagos parentais precisa ter sido pacífica e harmoniosa. Isso significa que as boas experiências precisam prevalecer sobre as más.

O que parece estar em jogo, aqui, é a vivência das perdas dos objetos ideais, ou seja, aqueles com os quais se mantém uma relação dual. No curso do desenvolvimento saudável, esses objetos podem ser substituídos por relações que estão mais de acordo com a realidade dos objetos. Dessa forma, é preciso abrir mão da posse "permanente" dos objetos e do ideal de exclusividade com um dos pais.

Na posição depressiva, coexistem defesas e medos, que, apesar de parecerem diferentes entre si, estão intimamente correlacionados. De um lado, há um conjunto de medos persecutórios, em que se teme pela destruição do ego por perseguidores internos e que gera uma atitude de luta pela sobrevivência do eu e defesas que primam por destruir os ameaçadores de modo violento, o que é próprio da posição esquizoparanoide. Por outro, há o medo de perder o objeto amado, uma preocupação por e com ele, no sentido de ansiá-lo – posição depressiva (Klein, 1935, 1940, 1946).

Nesse caldo em que coexistem dinamicamente elementos de ambas as posições é que a travessia da posição depressiva se dá. Quanto mais pacífica e apaziguadora tiver sido a passagem pela posição esquizoparanoide, melhor será a chegada à depressiva. Assim, o ego se vê necessitado de desenvolver outros recursos e defesas, além do que dispunha na posição esquizoparanoide, de modo a cuidar do anseio pelo objeto amado. Surgem, então, as defesas maníacas.

> *As flutuações entre a posição maníaca e a posição depressiva são parte fundamental do desenvolvimento normal. Ansiedades depressivas (a ansiedade de que os objetos amados assim como o próprio ego sejam destruídos) levam o ego a criar fantasias onipotentes e violentas, em parte com o propósito de controlar os objetos "maus" e perigosos, e em parte para salvar e restaurar os objetos "amados". Desde o início, essas fantasias onipotentes – tanto as destrutivas quanto as reparadoras – estimulam todos os interesses, atividades e sublimações da criança. (Klein, 1940, p. 391)*

Na verdade, no auge da posição depressiva, o ego precisa se valer da idealização para negar a realidade psíquica insuportável que o ameaça. Ele precisa se valer da tríade idealização, negação e cisão para manter o controle onipotente e não sucumbir às ameaças internas e externas, bem como à dependência do objeto amoroso. Ou seja, faz uso desse mecanismo para manter a angústia paranoide e depressiva sob controle (Klein, 1952).

A existência de um objeto idealmente bom para negar a presença de um objeto mau e perseguidor é um mecanismo do qual o ego se vale para negar onipotentemente seu sadismo, a presença do mau objeto e o fracasso de suas tentativas de reparar o objeto amado que é também odiado. Esse mecanismo surge tanto para aplacar a angústia paranoide, como já mencionado, como para reagir à angústia depressiva. E no decorrer dos processos de síntese e integração que acontecem ao longo da travessia da posição depressiva, esse mecanismo também se altera de acordo com as transformações sofridas pelo ego para lidar com a realidade psíquica. No entanto, se ele precisa se repetir muitas vezes, de modo obsessivo, estamos diante de uma compulsão à repetição, ou da onipotência e negação, quando adota o método oposto:

> *Quando as defesas de natureza maníaca fracassam (defesas em que perigos originários de várias fontes são negados ou minimizados de forma onipotente), o ego é simultaneamente ou alternadamente levado a combater o medo e a deterioração e da desintegração com tentativas de reparação executadas de forma obsessiva. Já apresentei em outra ocasião a conclusão de que os mecanismos obsessivos são uma defesa contra as ansiedades paranoides, além de ser um meio de modificá-las. (Klein, 1940, pp. 393-394)*

No entanto, as defesas maníacas são acionadas a serviço da reparação para que a criança possa se ver livre tanto da culpa como do medo desesperado do aniquilamento, servindo, então, para regular a intensidade das emoções e das paixões. É a introjeção do bom objeto que favorece o caminhar pela posição depressiva, pois a realidade interna se torna mais reasseguradora. À medida que isso acontece, as projeções no mundo externo se alteram, tornando-o mais amistoso. Dessa maneira, as realidades interna e externa se tornam mais favoráveis, auxiliando a introjeção de objetos completos. Assim também ocorre com relação aos pais – eles passam a ser vistos como indivíduos separados, e a figura de ambos combinados e terríveis que se unem contra a criança perde força.

Outro fator que se soma à mudança da realidade interna e externa também está calcado na situação edípica: assim que a criança passa a ter relações nutridoras com os pais externos, eles passam a ser fonte de segurança. Ou seja, os pais introjetados – imagos parentais que compunham o superego arcaico – tornam-se mais próximos dos pais reais. Essa situação altera a natureza do superego, pois os "... padrões, advertências e proibições são aceitos e internalizados e, portanto, a repressão dos desejos edípicos é mais efetiva" (Klein, 1952, p. 112). É o amor mitigando o ódio, ou o sadismo infantil unificado com os aspectos libidinais,[3] o que favorece a alteração do superego e a assimilação pelo ego. Logo, o superego se torna uma instância que reconhece o outro nos seus desejos e expectativas. Estamos diante da constituição da consciência moral e ética que ocorre com a elaboração da posição depressiva e situação edípica.

Assim, a culpa e o desejo de reparação – que somente surgem quando a criança se identifica com o objeto – são sentimentos fundamentais que nos indicam que a posição depressiva está em curso. O bebê teme pelo objeto amado, reconhece sua capacidade de amá-lo e destruí-lo e, sobretudo, sente a necessidade de reparar e fazer o objeto amado reviver – num primeiro momento, de modo onipotente, para manter afastada a depressão; e, à medida que esta ameaça diminui, é alcançada certa confiança em sua capacidade de amar e reparar. Esse é o caminho para um desenvolvimento

3 Assunto aprofundado no capítulo do livro *As possíveis manifestações da interferência da pulsão de morte na vida psíquica: violência, agressividade e destrutividade* (Araujo, & Colognese Jr., 2020).

psíquico saudável que se dá pelo fortalecimento e coesão do ego, favorecendo-o a lidar com o processo de luto pelo objeto amado perdido e com a frustração.

Para a autora, se no primeiro ano de vida os bons objetos foram instalados no ego em segurança, após um esforço árduo da criança para "... construir firmemente os objetos bons dentro de si" (Klein, 1952, p. 102), eles serão como uma reserva técnica de bem-estar e segurança, indicando que a posição depressiva foi "elaborada" de modo satisfatório. Para que isso ocorra, a sublimação e a formação de símbolos precisam acontecer.

> *O amor, os desejos (tanto agressivos quanto libidinais) e ansiedades são transferidos do primeiro e único objeto, a mãe, para outros objetos, e novos interesses desenvolvem-se e tornam-se substitutos da relação com o objeto primário. Esse objeto primário, no entanto, é não apenas o seio externo, mas também o seio bom internalizado; e essa deflexão das emoções e sentimentos criativos, que passam a se ligar ao mundo externo, está ligada à projeção. Em todos esses processos, a função da formação de símbolos e a atividade de fantasiar são de grande importância. (Klein, 1952, p. 107)*

Diante da frustração do objeto primordial – a mãe –, o ego se vê com a necessidade de distribuir seu anseio de amor para outras fontes, palco fértil para as sublimações endereçadas a objetos substitutos. No entanto, é preciso que o amor pelos primeiros objetos – casal parental – seja mantido e a confiança na capacidade de reparação também. É a elaboração da posição depressiva e da situação edípica que cria um espaço interno para que os conflitos e as oscilações possam ser acolhidos e elaborados e, sobretudo, estabeleça-se a confiança na capacidade de amar e ser amado. Quando pensamos na travessia da posição depressiva e na situação edípica de modo dinâmico, é esperado que movimentos de regressão e progressão aconteçam.

No entanto, se estivermos diante de pacientes em que o dinamismo "emperrou" por alguma razão, encontraremos melancolia, depressão, fobias, hipocondria, histeria, entre outros, que são vivenciados por nós na clínica. É a clínica, e o que nela e com ela se experiencia, que nos permite pensar acerca dos movimentos que ocorrem com esses pacientes, como vemos a seguir.

2. Reflexão sobre o trabalho da dupla analista-paciente diante de um funcionamento melancólico

> *Quando não forçados, as "gavetas e os armários" tendem a abrir-se sozinhos diante do hóspede discreto, e o que sairá deles será certamente uma função da história e do mundo fantasmático do paciente, mas também da qualidade do olhar do analista.*
>
> (Ferro, 1998a, p. 65).

O olhar do analista presente, sensível e respeitoso para o tempo do paciente é de fundamental importância para que o mundo interno se apresente com todo o seu colorido de fantasias, medos e defesas. Na analogia de Ferro, o analista seria como o "hóspede discreto" que é convidado a entrar no mundo interno do paciente, mas que precisa fazê-lo respeitando o tempo deste, envolvendo-se na trama que se estabelece no "campo emocional",[4] sempre atento para não se mostrar invasivo.

4 Sobre o campo emocional, consultar Ferro (1998, 2011, 2012).

Discretamente, é possível observar os movimentos vividos durante a análise que nos permitem pensar no que está acontecendo diante de nós. Nesse sentido, apresento o fragmento de um caso que chamou minha atenção diante da travessia da posição depressiva, pois, em muitos momentos, me angustiei pensando se estávamos vivendo um impasse em que a estagnação se dava pela via da repetição, do recordar e do recontar, para não elaborar. Ou estaríamos diante de um recomeço?

Retomando a leitura de Antonino Ferro (1998b), encontro o capítulo intitulado "Impasse", que iluminou o meu pensar. Nele, o autor apresenta vários pontos de vista teóricos sobre o tema e considera que a dupla se refugia no "ponto de *stop*", aprisionando-se em uma jaula que a protege do enfrentamento de angústias primitivas – esquizoparanoide e depressivas. Trata-se de um ponto de parada que pode ser também de recomeço: "O impasse poderia, então, ser considerado também como um campo de espera para que a aparelhagem da dupla se torne apta a enfrentar os riscos ligados à explícita retomada do trabalho" (Ferro, 1998b, p. 131).

É sobre tempo de espera como possibilidade de recomeço que passo a pensar nas "patinações" que acontecem na sala de análise e como podemos trabalhar com elas e a partir delas.

2.1 Leon e seu profundo sofrimento diante do estado melancólico

> *Se, ao te conhecer, dei para sonhar, fiz tantos desvarios,*
> *Rompi com o mundo, queimei meus navios,*
> *Me diz para onde é que ainda posso ir*
>
> Tom Jobin e Chico Buarque, "Eu te amo", 1980

Leon me procurou por indicação de um colega. Em sua primeira entrevista, contou-me que havia perdido seu amor e não acreditava mais que poderia viver. Estava desorientado, dizendo não saber para onde ir, um sentimento comum diante do término recente de uma relação. No entanto, soube em seguida que tudo ocorrera quando ambos tinham 20 anos e, mesmo assim, já tendo transcorridos vinte e cinco anos, todos os dias recordava cada detalhe do episódio, culpabilizando-se pelo rompimento. Seguia maltratando-se repetidamente, afirmando que tinha feito tudo errado.

Já em nossos primeiros encontros, a música composta por Tom Jobim e Chico Buarque (1980), *Eu te amo*, se tornou pano de fundo da mente da analista: Leon contava de como não queria mais viver e como não se via mais como parte desse mundo. Para ele, só existia o mundo em que seria plenamente feliz ao lado do seu amor da adolescência, somente com ela poderia construir sua família. Toda e qualquer outra possibilidade que se apresentava para viver não chegava perto da vida ideal criada por ele. Assim, mais um trecho da canção se tornava presente:

> *Se nós, nas travessuras das noites eternas*
>
> *Já confundimos tanto nossas pernas*
>
> *Diz com que pernas eu devo seguir*

Como seguir diante da dor dilacerante pela perda do seu objeto de amor? Com essa questão, recorro à Klein (1952, p. 101) quando afirma que "... existe uma ligação particularmente estreita entre a posição depressiva infantil e os fenômenos do luto e da melancolia". Estamos diante de revivescência do luto de estágios iniciais da posição depressiva em que se perde o primeiro objeto de amor. Klein (1940, p. 388) chama esse momento de "melancolia em *statu nascendi*". O bebê sente que, ao perder o seio e a mãe, perdeu para sempre sua fonte de amor e segurança.

Quando me contava da perda de Lia, Leon me convidava a passear na seara das relações precoces com seus primeiros objetos de amor, mãe e pai, o que levava a pensar o quanto eles estavam introjetados no seu mundo interno de maneira frágil. Posso dizer que seu bom objeto interno não estava fortalecido no núcleo do ego, de modo a funcionar como uma "reserva técnica" para os tempos de privação, luto, perdas, turbulências e sofrimentos que são vividos ao longo da travessia da posição depressiva (Araujo, 2018).

Após a perda da mãe, aos doze anos de idade, o pai logo se casou, apenas um ano depois. Sobre isso, Léo conta que seu pai não aguentava o vazio que logo foi preenchido por uma mulher que significou uma esperança para pai e filho. No entanto, revelou-se uma grande decepção, pois não os salvou magicamente da falência emocional causada pela morte da mãe... Não os salvou da ruptura do idílio amoroso com ela, deixando-os novamente no vazio, que era a palavra de ordem para o que ficou no lugar desses dois objetos que se perderam – a mãe com sua morte precoce e o pai com quem Leon não pôde mais contar. Ambos, pai e mãe, se perderam enlaçados e emaranhados no luto da mãe.

Como, se na desordem do armário embutido
Meu paletó enlaça seu vestido
E o meu sapato ainda pisa no teu

Leon perdeu, ao mesmo tempo, sua grandiosa mãe e deparou-se com uma figura masculina frágil, com quem se identificou. Assim, o que parecia ou precisaria ser uma perda transitória foi vivenciado como permanente, reativando as primeiras perdas da vida psíquica. Elas seriam transitórias se Leon tivesse conseguido fazer um luto e reinstalar os pais dentro de si, mas a mãe ficou encantada e o pai despedaçado – ela como um objeto idealmente bom e salvador e ele como objeto idealmente mau que não se salvou e nem mesmo salvou Leon da miséria emocional.

O cenário de miséria emocional foi se constituindo diante de lutos mal elaborados do início da posição depressiva e de um estado melancólico. Lia significou uma nova saída mágica, como o segundo casamento do pai, alguém para ocupar o lugar de sua mãe e fazê-lo potente. Somente este lugar lhe estava reservado: ser a substituta da mãe. Nas sessões com Leon, vinha-me o questionamento: de fato, existiu uma Lia?

Sim, existiu uma Lia dentro do Leon. Ela foi embora e arrastou-o para um lugar do não viver e do reviver a falência de recursos, identificado novamente com o pai moribundo e agonizante dentro de si. Estamos diante de lutos não elaborados dos primeiros objetos de amor, um reviver que o levou apenas a sobreviver e depreciar tudo o que se apresentava de vitalidade. Reclamava de tudo e de todos, menos de Lia, que ficou encantada aos seus olhos e com quem tinha certeza de que teria uma vida maravilhosa.

É preciso dizer que Leon não falava de sua mãe, apenas que ela havia morrido precocemente quando decidiu fazer uma cirurgia plástica reparatória; e o pai, quando aparecia em nossos encontros, era descrito como alguém que havia destruído sua vida e cuja morte trouxe alívio para Leon. Era mesmo Lia que representava todo o ideal de perfeição – a mãe – e ele, identificado com o pai, toda a imperfeição.

Como relativizar esses objetos ideais? Como aproximar Leon de uma realidade psíquica mais saudável que requereria experimentar a saída das relações idílicas, diferenciar-se dos pais e integrar amor e ódio pelo mesmo objeto?

Sempre dizia a Leon que, enquanto olhasse a vida pelo retrovisor do carro, não veria o que se apresentava diante dele, inclusive, o trabalho que, juntos, vínhamos realizando. Tempos de angústia em que sentia que caminhávamos em círculos... Círculo vicioso da falta de esperança. Leon me fazia depositária do sentimento de desistir.

Rompi com o mundo, queimei meus navios
Me diz para onde ainda posso ir

Que navios mais tínhamos para queimar? Leon dizia que não estávamos fazendo nada juntos, que somente repetia tudo nas sessões e sofria. Ele quis diminuir a frequência semanal de nossos encontros e até interromper a análise muitas vezes – só não o fez porque o psiquiatra desistira dele, então, temeu ficar muito só. A analista e o psiquiatra – um casal parental tentando cuidar de Leon e oferecendo a ele um lugar, espaço e tempo para olhar para si. Um território muito delicado para essa dupla parental, pois oferecer-lhe um lugar poderia despertar sua persecutoriedade. Assim, precisávamos funcionar como "hóspedes discretos" à espera de que portas e gavetas se abrissem, sem forçá-las.

Outro aspecto importante foi o ódio que demorou a aparecer nas sessões, sobretudo endereçado à analista e à própria análise. Acerca do tema, Riesenberg-Malcon (2004) afirma que o ódio se faz presente quando, com o progresso do trabalho analítico, o paciente é convidado a enfrentar problemas, mas tudo o que consegue fazer é organizar-se para evitá-los. Logo, o encontro com a analista era perigoso porque Leon se via convidado a pensar nessa saída extraviada dos processos de luto que resultaram no seu estado melancólico.

Ele chegava às sessões malcuidado, esquecia de comer, de tomar banho, de pagar as contas. Passava os dias fechados em seu quarto esperando... esperando... Conseguiu fazer uma faculdade, mas nunca trabalhou. Vivia o desassossego de não poder voltar no tempo e reparar o irreparável, já que não podia mais reconquistar Lia, seu objeto perdido e, em última instância, nem mesmo retornar ao útero materno. Um estado de profundo sofrimento, um duplo sofrimento de ter perdido e não aceitar que ele mesmo precisaria se dedicar ao trabalho de elaborar o luto. Esse duplo sofrimento fazia recaírem sobre o paciente acusações ferrenhas, implacáveis e terríveis: ele não fora capaz e não será capaz. Leon não percebia o quanto estava identificado com seu pai impotente e que havia sucumbido à perda da companheira.

E as histórias continuavam se repetindo ao longo das sessões com um apelo desesperado, uma ânsia por recuperar o objeto de amor perdido. Eram encontros carregadas de lamúria, tristeza e dor... As defesas maníacas que, acionadas, poderiam diminuir o valor do objeto amado, neste caso, funcionavam ao contrário – diminuíam o valor de quem amava e faziam pesar sobre ele uma acusação descomunal, marcada pela incapacidade de reparar e reparar-se.

Era de fato impossível pensar em reparação já que a autopunição "roubava" de Leon essa condição. Os aspectos esquizoparanoide não foram bem elaborados e a desconfiança estava sempre presente – por vezes, desconfiava do outro, e de si, sempre. Para reparar Lia dentro dele, era preciso fazer luto do seu primeiro objeto amado, perfeito e idolatrado, relativizando, ao mesmo tempo, Lia e a si mesmo, retirando-se do lugar do único responsável por tudo. Era preciso quebrar o ciclo do sofrimento que, para mim, significava alimentar o sofrimento autopunitivo, mas ele tinha medo de sofrer ainda mais saindo disso. Ao olhar para dentro de si, precisaria olhar para o estado despedaçado e moribundo dos seus objetos internos e para a imagem distorcida destes e de si mesmo. Penso que era desse estado de sofrimento que Leon fugia...

Seguiram-se anos de muita angústia e patinações. A analista, por vezes, tinha medo de que ele não suportasse e tentasse o suicídio. Por vezes, disse-me que queria partir... tamanhos eram sua fragilidade e o buraco que o habitava, buraco que preenchia com as cenas do seu casamento com Lia, a vida e a família que teriam juntos. Novamente sou tomada pela canção:

> *Se entornastes a sorte pelo chão*
> *Se na bagunça do teu coração*
> *Meu sangue errou de veia e se perdeu*

Leon estava perdido dentro de si – uma forma de não reconhecer o trabalho de luto com honras e glórias que precisava fazer da fantasia que ergueu para colocar no lugar da perda da mãe e, então, fazer contato com ela como objeto fonte de amor e ódio, frustração e gratificação. Mas quando isso se explicitava, ele se paralisava e dizia-me que era hora de partir. E eu dizia: "despedir-se dessa vida paralela e partir para essa outra vida que te convida e para a qual você não se sente preparado?". Esse se tornou nosso impasse. Um impasse como *stop* para recomeçar de acordo com Ferro (1998) ou um impasse como diz Riesenberg-Malcon (2004, p. 128) em que:

> *Tanto analista quanto o paciente estão trancados numa situação difícil, quase impossível. Se o término for contemplado, tanto o analista quanto o paciente enfrentam o sentimento de algo absolutamente irreparável.*

Vivemos juntos ambos os sentidos desse impasse mencionado, mas o não desistir prevaleceu. Muitas vezes, uma imagem sob a forma de pensamento me tomava, era o retorno de Leon para a barriga, agora, uma "barriga analítica". Um lugar em que pudesse ser nutrido gradativamente de modo a ressignificar suas relações de objeto mais arcaicas da ordem da posição esquizoparanoide, para, então, progredir e fazer o trabalho de luto dos seus objetos parentais elaborando a situação edípica de uma maneira mais saudável.

E vivemos movimentos de recordar e repetir como tudo acabou entre eles. Eles quem? Penso que os pais, pois Leon repetiu com Lia o mesmo fracasso do pai com sua mãe e, depois, com a própria esposa. O fracasso no sentido da impotência e da incompetência, pois não via Lia e, sim, o que ele precisava dela. Essa percepção mais autorreferente começou a aparecer nas sessões. Na primeira vez em que aconteceu, temi que ele enveredasse para as autoacusações chamando-se de egoísta, fato que aconteceu por um período. Mas Lia foi aparecendo menos idealizada e, ao mesmo tempo, Leon como menos condenável. Pensar em Lia era pensar nesse duplo.

Não, acho que estas se fazendo de tonta
Te dei meus olhos para tomares conta
Agora conta como hei de partir

Nesses momentos em que conseguimos juntos caminhar alguns milímetros no sentido do pensar, as acusações e recriminações melancólicas retornavam com muita força. Atualmente, já conseguimos falar dele como o resultado de tudo o que não queria ser ou sentir, ser frágil como o pai e de seu sentimento de culpa. Penso que o grande sofrimento de Leon está no sentido de fazer o luto de quem ele se tornou, alguém impossibilitado de viver. Ainda desconfia de si mesmo e de sua capacidade para isso. Quando chegamos perto dessa reflexão, o medo do medo novamente figura. Os aspectos paranoides retornam com força e ele teme o trabalho que vem pela frente, no sentido de reparar-se, recuando.

A analista aposta que Leon será capaz. Ainda é uma aposta nessa direção, pois temos sempre movimentos de regressão para o "vício" em se fechar no quarto, rememorar a perda e dilacerar-se. Dilacerado: foi assim que se apresentou por muitos anos. E seguiu questionando o que doía mais, ferindo-se e percebendo-se sem saída diante de uma sucessão de lutos mal elaborados. Até que Leon começou a pensar... e, assim, conseguimos nos aproximar do pai e de sua identificação com ele, enquanto a mãe permanece encantada...

Entendo que se trata de uma análise que se expandirá. Hoje, Leon consegue falar da sensação de sufocamento e enlouquecimento em ficar aprisionado em seu conto de fadas às avessas. Começa a expressar, sutilmente, o desejo de sair desse estado. Mas, para isso, precisa fazer muita força, uma força que ainda não está certo de ter. Além disso, teme não saber o que fazer de sua vida, já que são tantos anos vivendo neste cárcere – mas Leon agora sabe bem que foi, e ainda é, seu próprio carcereiro.

Penso que já caminhamos nesta travessia e que a esperança que ainda fica depositada na analista é um recurso fundamental, pois, para se livrar de suas velhas certezas e lançar-se para o novo e desconhecido, Leon precisará dessa "reserva técnica". O trabalho de análise muito me intriga, sobretudo pelo fato de ter pensado, muitas vezes, em encaminhá-lo, mas nunca ter prosseguido com essa ideia. A ambivalência entre amor e ódio e entre esperança e desesperança permanece em mim, bem como a patinação pelos círculos viciosos. Mas, até aqui, pudemos deslizar juntos pelos rinques, claro, sem dispensarmos os equipamentos de proteção...

Referências

Araujo, A. K. F. (2018). *O renascimento psíquico vivido em análise* (Tese de doutorado, Faculdade de Psicologia, PUC São Paulo).

Araujo, A.K.F., Colognese Jr., A. (2020). As possíveis manifestações da interferência da pulsão de morte na vida psíquica: violência, agressividade e destrutividade. In Gq. Assuar & A. L. G. Bastos, *Além do vírus: psicanalise e resistência* (pp. 119-132). São Paulo: Zagodoni.

Ferro, A. (1998). *Na sala de análise: emoções, relatos, transformações*. Rio de Janeiro: Imago.

Ferro, A. (1998a). Exercício de estilo. In A. Ferro, *Na sala de análise: emoções, relatos, transformações* (pp. 43-82). Rio de Janeiro: Imago.

Ferro, A. (1998b). O impasse: Hansel, Gretel e a Bruxa no forno. In A. Ferro, *Na sala de análise: emoções, relatos, transformações* (pp. 129-144). Rio de Janeiro: Imago.

Ferro, A. (2011). *Evitar as emoções, viver as emoções*. Porto Alegre: Artmed. 224 p.

Ferro, A. (2012). *O campo analítico: um conceito clínico*. Porto Alegre: Artmed. 200 p.

Jobin, T, & Buarque, C. Eu te amo. In: C. Buarque, *Vida*. Rio de Janeiro: Universal Music, 1980.

Klein, M. (1935). Uma contribuição à psicogênese dos estados maníaco-depressivos. In M. Klein, *Amor Culpa e Reparação e Outros Trabalhos (1921-1945)* (pp. 301-329). Rio de Janeiro: Imago, 1996.

Klein, M. (1940). O luto e suas relações com os estados maníaco-depressivos. In M. Klein, *Amor Culpa e Reparação e Outros Trabalhos (1921-1945)* (pp. 385-412). Rio de Janeiro: Imago, 1996.

Klein, M. (1946). Notas sobre alguns mecanismos esquizoides. In M. Klein, *Amor Culpa e Reparação e Outros Trabalhos (1921-1945)* (pp. 17-43). Rio de Janeiro: Imago, 1996.

Klein, M. (1952). Algumas conclusões teóricas relativas à vida emocional do bebê. In M. Klein, *Inveja e Gratidão e Outros Trabalhos (1946-1963)* (pp. 85-118). Rio de Janeiro: Imago, 1991.

Riesenberg-Malcon, R. (2004). A autopunição como defesa. In R. Riesenberg-Malcon, *Suportando Estados Mentais Insuportáveis* (pp. 125-149). Rio de Janeiro: Imago.

7. Interpretação como *rêverie*

Possibilidades de transformações: turbulência emocional x mudança catastrófica

Armando Colognese Junior

Introdução

Este artigo versa sobre o trabalho analítico da interpretação como função de *rêverie* – devido a falhas no processo de desenvolvimento –, colocando o aparelho de pensar, especificamente o pensar verbal, a serviço de transformar a turbulência emocional em mudança catastrófica.

Apoio-me nas ideias de Melanie Klein, de neokleinianos e, particularmente, Bion. Trago recortes de três casos clínicos como ilustração do que pretendo desenvolver aqui, ou seja, a interpretação como *rêverie*. Defino alguns conceitos desenvolvidos por Bion que darão suporte clínico teórico a este trabalho.

Alguns conceitos de Bion

Rêverie, "conceito baseado na teoria de M. Klein sobre identificação projetiva e é mencionado por Bion em sua 'Teoria sobre o Pensar'. Refere-se à capacidade da mãe de desenvolver um órgão receptor que permita metabolizar a informação sensorial consciente do bebê e transformá-la em elemento-alfa, necessários para desenvolver uma função-alfa e um aparelho para pensar".[1] O exemplo clássico é que o bebê possa projetar o sentimento que esteja morrendo para dentro do peito de sua mãe e, brevemente, reintrojetá-lo de modo mais tolerável na mente do bebê.

Turbulência emocional Bion (1973) define como um estado de resistência, ou uma perturbação mental ligada a uma troca, em relação à comunicação com o outro, o que poderíamos considerar um crescimento psicológico.

Bion, em seu trabalho *Transformações* (1963), define mudança catastrófica como trocas abruptas em qualquer processo mental. Ele a relaciona com uma "subversão do sistema", quando se produz uma troca que não consegue ser contida (relacionada com o conceito de Bion de continente e conteúdo). As transformações em "O" têm sempre um caráter disruptivo. Entende que [...]transformações em **O** Como **O** *é o incognoscível, aquilo que sempre transcende o que está por vir (o devir), todas as qualidades atribuídas a* **O**, assim como os vínculos estabelecidos com **O**, são unicamente transformações **de O.**

L, H, e K são vínculos e em virtude disso são substituídos para a última relação com **O**. São, ao mesmo tempo, inapropriados para alcançar O, mas apropriados para a transformação **em O**; por exemplo, através de um sentimento contratransferencial poderíamos saber de **O** do paciente, mas tal sentimento poderia converter-se em uma contra resistência.[2]

Transformação em alucinoses:

Alguns pacientes psicóticos (ou sua parte psicótica da personalidade) sentem a onipotência implícita na alucinação (alucinar o que seja

1 Corvo, Rafael E. López (2008). *Diccionario de la obra de Wilfred R. Bion*, p. 293.

2 Corvo, Rafael E. López (2008). *Diccionario de la obra de Wilfred R. Bion*, p. 362 e 363.

que se deseja) como um método para conseguir independência, o qual consideram como superior a psicanálise [...] Em estado de alucinose, se produz uma circularidade e perpetuidade, existe a necessidade de crer nela para compensar a dor ante a frustração. Estas frustrações, como estão condenadas ao fracasso, aumentam a voracidade, o que, por sua vez, incrementa a necessidade de alucinar [...][3]

Transformação em movimento rígido:

Conceito tirado da geometria projetiva, e usado por Bion para referir-se a formas de transformações que mostram pouca deformação entre o objeto original, coisa em si. É o que acontece, por exemplo, na transferência, onde o passado se transfere ao analista sem deformação, o que dá valor à transferência como uma transcrição que se refere à verdade.[4]

Ainda prefiro pensar na definição de transferência como a revivência emocional primitiva, vivida com um objeto que não é o original, que faz mais sentido para mim. O psicanalista oferece a interpretação como meio de continência, apaziguamento e espaço para elaboração, em momentos de mudança, resistência e de muito temor.

Ilustrações clínicas 1

Trago, resumidamente, apenas apontando as características, três casos – de duas mulheres e um homem – que atendi e que muito me ensinaram, principalmente, com paciência, a abordar seus bons objetos internalizados.

Embora em todos os três atendimentos que relato haja alguém na família adicto, o que mais vejo em comum entre eles é o fato de

---

3 Corvo, Rafael E. López (2008). *Diccionario de la obra de Wilfred R. Bion*, p. 357 e 358.

4 Corvo, Rafael E. López (2008). *Diccionario de la obra de Wilfred R. Bion*, p. 360 e 361.

os pacientes terem sidos tratados com violência sem serem agredidos fisicamente e de terem sidos tratados com muita ambivalência, ou seja, foram incentivados a acreditar que eram preferidos e muito queridos, mas, no fundo, sempre se sentiram usados por suas mães para que elas alcançassem objetivos próprios.

Mulher, 50 anos – vou chamar de caso A –, queixa-se de frustração amorosa – sem condições de elaboração do luto e apresenta a manutenção do objeto ideal como norteador de sua vida (impulsividade, ou seja, ação sobre o pensamento). Pai adicto, muito temido por ela e pela mãe e, ao mesmo tempo, muito adorado por A, pois recebia dele sempre demonstrações de atenção carinhosa. Filha única, teve um irmão adotivo, muito mais novo, que morreu, ainda adolescente, em um acidente. Sua mãe a usava para sair de casa a passeio e ameaçava deixá-la com o pai (terrível, bêbado e agressivo) se ela contasse que elas haviam saído.

Mulher, 45 anos – vou chamar de caso B –, queixa-se de fobia – manutenção da fantasia onipotente sobre a ação –, inibição das atitudes, principalmente na profissão, ou em situações que envolviam responsabilidade. É a mais nova de uma prole de quatro filhos. Pai adicto e mãe muito manipuladora e austera, que usava a paciente como alguém que conseguia as coisas junto ao pai. Embora o pai fosse a figura temida, B encontrava nele coerência e atenção carinhosa – lembra-se apenas de uma vez o pai ter tido uma atitude agressiva à mesa do jantar.

Homem, 35 anos – vou chamar de caso C –, queixa-se de dificuldade no casamento e era adicto, com leves traços paranoides, fortes traços depressivos, não elaboração do luto, manutenção do *self* infantil. Era o mais velho e tinha um irmão com pouca diferença de idade. Temia e admirava seu pai. Seguiu a mesma profissão do pai, assim como seu irmão, inclusive mantendo o mesmo escritório por bastante tempo depois do falecimento do genitor. Pôde trocar o escritório e separar-se do irmão e da primeira esposa e vir a constituir outra família, em outro local geográfico, para exercer sua profissão (e com outra especialidade), quando pôde reconhecer-se mais capaz, independente e mais suficiente.

Nos três casos há muita frustração, não aceitação de si mesmo (o eu real, com qualidades e dificuldades), sentimentos de vazio constante, sentimento de fracasso ou, em alguns momentos, seu oposto, sentimento de triunfo, uma total identificação com o objeto ideal – gerado, por reação, pela sensação de insuficiência.

Desejos onipotentes – querer tudo – de modo fácil, muito controle, sentimentos de posse. Deram-se mal algumas vezes nos negócios, nas relações afetivas, por agirem impulsivamente, querendo a qualquer preço (ou seja, com arrogância) conquistarem rapidamente o topo, a completude e a paz total.

Os três tiveram sócios inadequados, que os exploraram, perdiam dinheiro, embora se dedicassem muito. Todos também apresentavam algum comportamento de boicote ao sucesso. Acabavam por arrumar algum clima desgastante, por vezes discussões desagradáveis, em seus ambientes de trabalho.

Curiosamente, os três tiveram, por vezes, situações paralelas, quer seja nos negócios, quer seja com parceiros extras, ou algo ilícito, mas de pouco risco. Sentiam, nessas ocasiões, muito prazer com a burla, ato interpretado por mim como perverso, porém de fundo mais psicótico, quase inconsequente e pueril, desafiador; mas de sentimentos, predominantemente, de conquista desbravadora.

Todos partiram para suas carreiras quase sozinhos, mantendo alguns parceiros, mas sem sócios, quando se sentiram mais suficientes, mais capazes e independentes.

Todos sofreram muito com a perda de suas mães, muito mais do que com a do pai – acredito que por motivos óbvios de culpa e persecutoriedade, porém a vida lhes brindou com a possibilidade de perderem primeiro seus pais e depois, com mais tempo de análise e com melhores experiências de luto, perderam suas respectivas mães.

A confiança em saber e sentir que podiam suportar a frustração, alguma falta de realização, algum plano que não saia exatamente como havia sido planejado (mas de certa forma realizado), ajudava muito a passarem uma temporada bem, sem maiores crises e atuações.

Por outro lado, sempre foi comum a dificuldade de aceitarem alguns aspectos em suas personalidades que poderíamos chamá-los de menos nobres, pois, ao reconhecerem esses aspectos, sentiam-se rapidamente identificados com eles na sua totalidade. Nesta ocasião, o meu paciente masculino chegou a nomear-se como o "Rei de Sadim" que era o oposto do Rei Midas – tudo que ele tocava virava merda. Isso descreve bem o sentimento destes pacientes: quando não estão no céu, estão no inferno e são desprezíveis, insuficientes, fracassados.

Embora todos tenham atingido um bom nível social em suas vidas, algo sempre impediu que eles se sentissem realizados – por mais que intelectualmente soubessem que podiam se considerar realizados –, traziam consigo a sensação da falta de algo, várias vezes nem conseguiam demonstrar por palavras, apenas por meio de certa tristeza.

Um desenvolvimento (eu) prejudicado

Tenho visto na clínica que os pacientes que apresentam manifestações fortes de narcisismo trazem dificuldades de aceitar perdas, de elaborar lutos, de aceitar o outro como parceiro e não parte de si mesmos. Pessoas assim trazem marcas importantes de indiscriminação entre o eu e o objeto e uma carência muito grande de serem acolhidas, amparadas, aceitas. A necessidade da manutenção do objeto ideal como objeto ideal como objeto que ampara e protege do objeto perseguidor traz prejuízos em encontrar modos alternativos para a realização de suas necessidades e na obtenção do prazer, mas principalmente na forma de pensar e de constituir um aparelho para pensar seus pensamentos e sentimentos e na forma de agir. Bion (1962/1991), em sua*Teoria do Pensar*, nos demonstra isso.[5]

Considero estas pessoas portadoras de um desenvolvimento com falhas importantes na constituição de um "eu" que possa pensar, repensar, elaborar, reparar e agir, independentemente da manifestação psicopatológica predominante, seja psicótica, neurótica ou perversa. São pessoas infelizes, constantemente queixando-se da dor mental que encontram em cada situação que enfrentam; sentem-se incompletas e comumente trazem a marca de algum fracasso ou o temor de fracasso eminente.

Em seu desenvolvimento, tiveram a introjeção do bom objeto de modo fraco, pois não apresentam uma marca mais acentuada de sua presença - preponderante sobre o mau objeto; muitos tiveram pais que, para se impor, colocar limites e ajudar na discriminação entre fantasia e realidade, fizeram-no de formas desastrosas, mais violentas do que agressivas,[6] ou seja, mais assustadoras do que tranquilizadoras. Acredito que, apesar de serem pais inseguros, com aspectos narcísicos presentes, puderam transmitir alguma afetividade

---

5 Bion, W. Teoria do pensar. In E. B. Spillius, *Melanie Klein Hoje.* (vol. 1).

6 Tenho destacado a diferença entre violência e agressividade, que, para mim, é muito importante e útil para ajudar no entendimento sobre qual ansiedade está predominando e para escolher o modo de abordar o material e fazer a comunicação, na clínica, para o paciente. De modo simples, compreendo a violência como uma força exagerada para a situação em questão - ocorre em situações de desespero, de grande angústia, muito terror e persecutoriedade -, para mim é muito mais um sinal de desespero e não de ódio. E o agressivo como manifestação, aqui, sim, do ódio direcionado a um objeto específico - ainda que este objeto seja o que existe na fantasia do sujeito. Considero a violência da ordem da psicose e a agressividade da ordem da neurose e ainda considero a crueldade (que seria a agressividade libidinizada) da ordem da perversão.

e carinho, porém, em momentos de muita angústia, o bebê em desenvolvimento não pôde receber a afetividade tranquilizadora necessária. Por isso, precisaram (e conseguiram) manter vivos seus modelos de fantasia de objeto ideal, a fim de conterem o avanço da fantasia do objeto persecutório.

Predominando a relação com o objeto ideal em sua mente, este ser vê-se incentivado a manter suas fantasias de realização de desejo e de necessidade. Aliás, desejo e necessidade são comumente confundidos por estas pessoas na vida adulta. Não sabem discriminar muito bem se querem o objeto ou se precisam dele, o que leva a ações muitas vezes desastrosas, tão violentas como as que receberam em sua tenra infância. Mais adiante, marcarei melhor como entendo a diferença entre desejo e necessidade.

A construção da forma como agir fica prejudicada a partir da confusão entre desejo e necessidade. A crueldade apresenta-se, muitas vezes, de modo imperativo, difícil de ser controlada (impulsiva), ou mesmo pode se apresentar de modo oposto, ou seja, a crueldade fica impossibilitada de ser expressa por meio de atos. Ansiosas por resultados e por se sentirem cobradas ou de fato por serem cobradas de algum desfecho, usando de suas fantasias muito sonhadas e vividas no mundo mental, precisam da ação como recurso sobre o pensamento. Devemos lembrar que a função do pensar é decorrente da percepção da frustração.

Assim, poder pensar implica poder ter um espaço, dentro de si, de dúvida ou ignorância; implica também poder considerar o outro como alguém que tenha algum valor e ascensão sobre si. Para estas pessoas, é muito sofrido levar em conta tudo isso – daí a necessidade de manterem-se fiel ao objeto idealizado. Portanto, o pensar traz à consciência a insegurança, com o consequente medo do fracasso; ou, até mesmo, pensamentos e sentimentos de ruína, o que impulsiona o sujeito a ações para não pensar.

A dificuldade de elaborar o luto de uma perda, qualquer que seja ela, ou dificuldade esta que se dá pela ameaça de constatar sua mediocridade, infantilidade, incapacidade para o sucesso, por exemplo, contribui para a manutenção de fantasias mágicas e, até mesmo, ações com requintes de crueldade. Estas pessoas atuam segundo a lei de talião – olho por olho, dente por dente – visto que tentarão, por estarem impregnadas de funcionamento esquizoparanoide, culpar alguém pelo seu insucesso. Mantêm longa lista de desculpas e uma organização, por vezes deliroides, de justificativas dos motivos que o outro tem ou teve para prejudicá-las. As frustrações são temidas como atos de ataque pessoal. Trazem sentimentos de perdas irreparáveis no momento que estão se sentindo frustradas – aqui o objeto ideal não se sustenta e não resolve a questão. Percebo que, diante do insucesso, apresentam muita dificuldade de manter ou reencontrar-se com o bom objeto introjetado. Sentem-se distante dele e projetam suas dificuldades de manutenção da preponderância do bom objeto – agora já funcionando de modo esquizoparanoide –, pois, de certa forma, foi atacado e também danificado, o que traz de volta o sentir-se desamparado, desprotegido e, até, injustiçado.

Os fortes aspectos orais

Sou defensor de considerar normais as pessoas que não estão em crise aguda e apresentam alguma condição de viver em sociedade. Pelo menos, se não têm uma predominância de comportamento psicopatológico, são normais. Para mim, a questão do normal não passa pela estatística, e sim pela forma como o sujeito pode se relacionar com seus objetos (internos e externos). Não é o caso dos pacientes que apresentam o eu em ruína.

Melanie Klein, em seu trabalho de 1958,[7] reforça a importância do processo introjetivo no desenvolvimento do sujeito. Nesse trabalho,

7 Sobre o desenvolvimento do funcionamento psíquico.

também esclarece, para mim, como é importante a elaboração ou, melhor dizendo, a superação da posição esquizoparanoide para a plena vivência da posição depressiva.

Em meu trabalho sobre posição pós-depressiva,[8] fiz questão de detalhar as posições, desenvolver uma concepção e um esquema para a posição pós-depressiva e um esquema que coloca o que pertence a cada posição.

E assim, eu as esquematizei:

Na posição esquizoparanoide, temos:

- Terror; cisão; persecutoriedade; idealização.
- A persecutoriedade e a idealização.
- Ansiedade: persecutória (terror).

Na posição depressiva, temos:

- Depressão; mania; recalque; reparação.
- O desamparo; a depressão e a impotência.
- Ansiedade: depressiva (impotência).

Na posição pós-depressiva, temos:

- Repressão; luto; esperança; gratidão.
- O medo da perda; a perda do objeto e o luto.
- Ansiedade: do luto (perda do amor).

Vejo, nos pacientes com fortes tendências narcisistas, a predominância dos aspectos orais nas suas relações objetais. Podemos dizer, de outra maneira, que a posição esquizoparanoide não foi bem superada, o que contamina e interfere na vivência da posição depressiva e sua respectiva ansiedade, como também atrapalha a passagem para a posição pós-depressiva.

---

8 Uma posição pós-depressiva. In Armando Colognese Junior, *A Trama do Equilíbrio Psíquico*.

Por predominância dos aspectos orais de relação objetal, entendo que a desconfiança (terror da desintegração) se opõe à confiança (esperança de manter a integração). Quanto mais a vivência da ansiedade for do tipo esquizoparanoide, maior será a desconfiança, maior será o temor do aniquilamento.

A vivência concreta do *ter*, ainda no lugar do *ser*, é natural na criança da posição esquizoparanoide, passando ao nível de comprometimento das relações objetais se essa concretude for persistente nas posições seguintes. E é o que ocorre nos pacientes que tenho observado com um eu arruinado, que estão sob o domínio da perda e da falta. Esse é o motivo pelo qual encontramos nesses pacientes a dificuldade de discriminar o que é um desejo do que é uma necessidade. É claro que não me refiro à expressão do cotidiano quando alguém quer muito alguma coisa e diz: "eu preciso comprar isso!". Se bem que é uma ótima forma de se expressar o desejo. Estou me referindo à vivência que essas pessoas têm. A realização do desejo é busca para obtenção do prazer; já a necessidade é busca da realização para a manutenção da vida. Por exemplo, as pessoas com dificuldade de discriminar essas duas condições acreditam que precisam saber o que o outro pensa, o que o outro quer. Sentem-se aflitas sem essa condição e buscam, muitas vezes, de formas violentas, invasivas e atropelando os limites do bom senso, a informação/condição desejada – trata-se de um aplacamento pacificador da ansiedade (da angústia de aniquilamento). Sem dúvida, é o modelo da incorporação (sádico-oral) que está ocorrendo.

Petot (1988), falando sobre o estatuto metapsicológico da avidez, cita Melanie Klein:

A avidez é o estado de desequilíbrio que se produz sob o efeito de privações: cada vez que as pulsões agressivas são reforçadas pelas privações (privations) de origem interna ou externa. Minha hipótese é que esta alteração do equilíbrio entre libido e a agressividade desperta (gives rise) o afeto (emotions) chamado avidez (greed), que é antes e acima de tudo de natureza oral.[9]

Posso acrescentar outro sentimento comum a esse tipo de relação objetal: o sentimento da inveja. De modo direto, afirmo que inveja é um sentimento que surge da necessidade de ser o que o outro é, e não de ter algo o que o outro tem. Neste último caso, trata-se apenas de um desejo.

Essas pessoas estão carentes de poder confiar em si mesmas. Resta-lhes sentir a angústia do aniquilamento constante, ou agarrar-se ao seu objeto idealizado para se defender dessa carência.

De modo melancólico se queixam, mas sem a melancolia típica e perigosa dos deprimidos profundos. Apesar de receosos de fracassos, realizam alguns bons projetos, mas não sentem que levam o prêmio da vitória ou a sensação de triunfo dura muito pouco. Isso porque voltam rapidamente a se sentirem ameaçados de ruírem, de se (re) encontrarem com seu verdadeiro eu sobre o qual desconfiam não ter força para sustentar seus feitos.

Considerações e comentários (1)

Quis aqui compartilhar a minha experiência clínica no atendimento a pessoas que apresentam um eu prejudicado no seu desenvolvimento e, portanto, de difícil acesso (como escreveu Beth Joseph, 1992) e que levam, os analistas, bem como suas análises, a impasses como descreveu Rosenfeld (1988). As perdas que ocorreram em suas vidas, fundamentalmente as de cunho subjetivo, povoaram o *self* dessas pessoas de marcas dolorosas, de tristeza pronunciada e de desconfiança básica sobre si mesmas. Reconhecem, com muito

---

9 Petot (1988), *Melanie Klein II*, p. 144.

custo, que lhes falta algo, mas não sabem como preencher o espaço que existe nelas mesmas.

Nesse sentido, penso que é necessário compreendermos o narcisismo desses pacientes nos moldes de Melanie Klein. Conceito este, mais bem ainda desenvolvido por seus seguidores, os neokleinianos. Dessa forma, ao analisarmos o narcisismo desses pacientes, conseguimos chegar perto de ajudá-los a compreender suas fantasias e vivências primitivas, produzindo melhores condições para lidarem com suas angústias. Conseguimos aproximar o falso *self* do verdadeiro *self*, compreender as organizações patológicas, minimizar os aspectos agressivos do narcisismo e a contenção do sadomasoquismo, como também da crueldade e do vício pela quase morte – como nos ensinaram, respectivamente, Winnicott (1988), Steiner (1997), Rosenfeld (1991), Meltzer (1979), Brenman (1991) e Joseph (1992).

Ilustrações clínicas 2

"Boas notícias"

Nestas ilustrações clínicas, trago algumas situações que penso retratar as dinâmicas dos casos citados anteriormente.

No caso A, a dinâmica era preferencialmente chorosa, drástica, vitimizante. Suas falas me solicitavam ajuda sobre o que deveria ser feito, como deveria, ou devo, agir.

No caso B, a "caçulinha" queria ser tratada como um ser especial, desde que a mantivesse no lugar infantil, pueril, sem maiores responsabilidades. Sua fala preferida era: "eu fui bem nessa, não fui? Difícil não reconhecer meu valor nessa situação". Quer fosse no terreno das conquistas sentimentais, limites em família, quer fosse nas ações de ordem profissional.

No caso C, o paciente queria um modelo de pai, mas desejado de modo muito sutil, me desafiando a compreender a profissão dele, a correr riscos com a coragem que ele tinha; no fundo, solicitava-me a legitimação de sua masculinidade, força, coragem. Sua fala predominante era: "por que eu nunca estou satisfeito? Eu não tenho sossego".

Nos casos A e B, havia um clima mais sedutor, mesmo que claramente infantil; e, no caso C, um clima mais desafiador, mas também infantil.

Uma interpretação que fiz, com o mesmo teor, semelhante nos três casos, guardando os cenários peculiares de cada um ajudou na mudança de postura e demonstrou evoluções nítidas do aparelho de pensar.

Falei para o caso A que ela nunca seria a pessoa que ela gostaria de ser, pois desejava ser perfeita para ser querida e escolhida por homens como seu pai, inclusive como eu.

Para o caso B, disse que ela nunca cresceria como sonhava, pois seu desejo de crescimento passaria por um tornar-se tão especial, que seria a primeira adulta que não precisaria trabalhar, ter compromisso, estaria mais por um adorno de uma mesa de centro na sala; inclusive um exemplo de paciente para os outros pacientes seguirem.

Para o caso C, apenas disse que valia muito o esforço de disfarçar que ele era um alcoólatra, também nas sessões de análise.

Para os três, a sequência da minha fala foi igual; "... mas eu continuo acreditando em vocês, como humanos que podem se dar bem na vida. Seres não perfeitos, porém, suficientes e importantes".

Após algum tempo digerindo e acomodando em suas mentes a minha interpretação, os três passaram a usar a expressão "trago boas notícias", todas as vezes que haviam tido alguma elaboração, a partir de realinhamento com suas condições de limitações, e não mais trazendo sentimentos de fracassos e ruínas eminentes (desejos realizáveis ou apenas para serem sonhados).

Considerações e comentários finais (2)

Para além do que compartilhei em "Considerações e comentários (1)", trago considerações que fizeram muito sentido para mim no trabalho analítico que prático. Para tanto, apoio-me em Bion, principalmente nos conceitos desenvolvidos por ele, ou mais bem dito, como os compreendi. Estou falando de continência, de dar pertinência aos conteúdos apresentados.

Entendo que a interpretação como *rêverie* acontece quando foram nomeados alguns conteúdos, naquele momento, inconscientes; isso ajudou os pacientes a se sustentarem em seus lugares próprios – junto a sentimentos sentidos como verdadeiros – conteúdos que se apresentavam tão distorcidos que, mesmo ditos como com sentido, tangenciavam as questões para contornarem, o máximo possível, a angústia.

Entendo também ter ajudado no trabalho de transformação; nos casos A e B, transformações de movimento rígido; e, no caso C, transformação em **O** (ainda que algum trabalho também tenha envolvido transformação em alucinose devido às identificações projetivas persistentes) – posso dizer que o paciente aprendeu a sonhar – ele me diz após algum tempo de análise que "as análises são de fato baratas, ainda que envolvam um bom dinheiro... Nunca ganhei tanto dinheiro como tenho ganhado. E só por conseguir acreditar no meu eu verdadeiro, até onde possa acreditar nele".

Referências

Abraham, N., & Torok, M. (1995). Luto ou melancolia, introjetar-incorporar. In N. Abraham & M. Torok, *A casca e o Núcleo*. São Paulo: Escuta.

Bion, W. R. (1963). *Transformações*. Rio de Janeiro: Imago.

Bion, W. R. (1973). *Atenção e interpretação*. Rio de Janeiro: Imago.

Bion, W. R. (1985). *Volviendo a pensar* (3ª ed.). Buenos Aires: Ediciones Horme.

Bion, W. R. (1987). *Aprendiendo de la experiencia*. Ciudad de Mexico: Editorial Paidós Mexicana.

Bion, W. R. (1962/1991). Teoria do pensar. In E. B. Spillius, *Melanie Klein Hoje* (vol. I). Rio de Janeiro: Imago.

Brenman, E. (1991). Crueldade e estreiteza mental. In E. B. Spillius (Org.), *Melanie Klein Hoje* (vol. I). Rio de Janeiro: Imago.

Colognese Júnior, A. (2003). *A trama do equilíbrio psíquico: a questão econômica e as relações objetais*. São Paulo: Editora Rosari.

Corvo, Rafael E. López (2008). *Diccionario de la obra de Wilfred R. Bion*. Madrid: Editorial Biblioteca Nueva.

Freud, S. (1914). Sobre o narcisismo: uma introdução. In *ESB* (vol. XIV). Rio de Janeiro: Imago, 1969.

Freud, S. (1917[1915]). Luto e melancolia. In *ESB* (vol. XIV). Rio de Janeiro: Imago, 1969.

Freud, S. (1923). Ego e o id. In *ESB* (vol. XIV). Rio de Janeiro, Imago, 1969.

Grinberg, L., Sor, D., & Bianchedi, E. T. (1973). *Introdução às ideias de Bion*. Rio de Janeiro: Imago.

Hinshelwood, R. D. (1992). *Dicionário do pensamento Kleiniano*. Porto Alegre: Artes Médicas.

Joseph, B. (1992). *Equilíbrio psíquico e mudança psíquica*. Rio de Janeiro: Imago.

Klein, M. (1975). Primeiros estádios do conflito edípico e da formação do superego. In M. Klein, *Psicanálise da Criança*. São Paulo, Mestre Jou. (Trabalho original publicado em 1932)

Klein, M. (1996a). Uma contribuição à psicogênese dos estados maníaco-depressivos. In M. Klein, *Amor, Culpa e Reparação e Outros Trabalhos (1921-1945)*. Rio de Janeiro: Imago. (Trabalho original publicado em 1935)

Klein, M. (1996b). O complexo de Édipo à luz das ansiedades arcaicas. In M. Klein, *Amor, Culpa e Reparação e Outros Trabalhos (1921-1945)*. Rio de Janeiro: Imago. (Trabalho original publicado em 1945)

Klein, M. (1991a). Notas sobre alguns mecanismos esquizóides. In M. Klein, *Inveja e Gratidão e Outros Trabalhos (1946-1963)*. Rio de Janeiro: Imago. (Trabalho original publicado em 1946)

Klein, M. (1991b). Sobre o desenvolvimento do funcionamento mental. In M. Klein, *As Obras completas de Melanie Klein: Inveja e Gratidão e Outros Trabalhos 1946-1963* (vol. 3). Rio de Janeiro: Imago. (Trabalho original publicado em 1958)

Laplanche, J., & Pontalis, J.-B. (1977). *Vocabulário de psicanálise* (3ª ed.). Santos: Martins Fontes. (Texto original publicado em 1970)

Meltzer, D. (1979). *Os estados sexuais da mente*. Rio de Janeiro: Imago.

Petot, J.-M. (1988). *Melanie Klein II*. São Paulo: Editora Perspectiva.

Rosenfeld, H. (1991). Uma abordagem clínica para a teoria psicanalítica das pulsões de vida e de morte: uma investigação dos aspectos agressivos do narcisismo. In E. B. Spillius (Org.), *Melanie Klein Hoje* (vol. I). Rio de Janeiro: Imago.

Rosenfeld, H. (1988). *Impasse e interpretação*. Rio de Janeiro: Imago.

Rosenfeld, H. (1968). *Os estados psicóticos*. Rio de Janeiro: Zahar.

Segal, H. (1982). *A Obra de Hanna Sega*. Rio de Janeiro: Imago.

Spillius, E. B. (1991). *Melanie Klein hoje* (vol. I). Rio de Janeiro: Imago.

Spillius, E. B. (1990). *Melanie Klein hoje* (vol. II). Rio de Janeiro: Imago.

Steiner, J. (1997). *Refúgios psíquicos*. Rio de Janeiro: Imago.

Torok, M. (1995). Doença do luto e fantasia do cadáver saboroso. In N. Abraham & M. Torok, *A Casca e o Núcleo*. São Paulo: Escuta.

Winnicott, D. W. (1988). *Textos selecionados: da pediatria à psicanálise*. Rio de Janeiro: Francisco Alves.

Zimerman, D. E. (2004). *Bion: da teoria à prática*. Porto Alegre: Artmed.

8. Da normopatia à perversão: clausuras do *self*

Maria Beatriz Romano de Godoy

Introdução

Apresento neste capítulo um caso clínico que ilustra um funcionamento psíquico particular, buscando tecer ideias a respeito de sua psicopatologia, realçando elementos que constituem, a meu ver, um fato selecionado que pode colaborar para a compreensão da resistência à análise. E sigo iluminando um espectro que vai da normopatia à perversão e que, a meu ver, merece uma análise mais detalhada.

Comecei a estudar casos como esse há mais de 30 anos, quando o escolhi para desenvolver um trabalho de doutorado em Psicologia Clínica.[1] Seguindo com meus estudos no campo psicanalítico, devo dizer que, na ocasião, ainda não alcançava a profundidade e

1 Godoy, M. B. Romano (1994). *Narciso e a morte precoce de Édipo: uma organização mental patológica a serviço dessa tragédia.* [Tese de Doutorado, Instituto de Psicanálise da Universidade de São Paulo].

a complexidade que essas situações clínicas abrangem e que busco aqui delinear.

Inspirada na teoria kleiniana, desenvolvo, então, neste texto, uma sucinta reflexão teórico-clínica sobre a interface entre a organização mental defensiva patológica, encontrada nas perturbações narcísicas, e a perversão. Tendo Freud, Melanie Klein e alguns de seus seguidores como norte, compartilho também questões teórico-técnicas que venho encontrando em minha clínica e que, penso, podem ser úteis para abrir caminho a novos aprofundamentos e avanço diante desses quadros que revelam resistências desafiadoras à análise e ao desenvolvimento psíquico.

Passo agora a relatar o caso clínico que embasa minhas reflexões, lembrando que, para proteger o sigilo e manter a ética profissional, alguns dados sobre a paciente foram modificados ou omitidos.

Regina e a vida na clausura

Há alguns anos, fui procurada pela madre superiora de uma ordem religiosa para ajudar uma de suas freiras, a quem chamarei de Regina, com a advertência de que, se ela não melhorasse em curto período, seria convidada a se retirar da comunidade a que pertencia, pois todos os esforços para ajudá-la haviam fracassado.

A queixa era de que Regina criava intrigas, "fazia maldades inaceitáveis, mentia, colocava as irmãs e os padres em situações vexatórias, chegando a ponto de incitar uns contra os outros e insultá-los", desequilibrando a vida na comunidade religiosa. Ninguém a suportava mais.

Quando conheci Regina, logo percebi que, de fato, ela estava tomada de muito ódio, dor e sofrimento. Tratava-se de uma mulher de traços bonitos, de aproximadamente 45 anos de idade, que se dizia membro, há 27 anos, de uma ordem religiosa muito restritiva.

Nossos primeiros encontros foram difíceis. Em nossa primeira entrevista, perguntei-lhe como poderia ajudá-la e ela nada me respondeu. Após algum tempo de silêncio, contei-lhe sobre o relato da superiora a seu respeito e Regina começou a chorar por sentir-se obrigada a estar ali. Sentia-se humilhada, mas também cheia de revolta e indignação, como "uma rainha destronada, sem súditos e sem poder". Sensibilizada, tentava ouvi-la e acolhê-la, mostrando-lhe que só faríamos algum trabalho caso ela assim o desejasse. Surpreendentemente, ela se "recompôs" e assumiu uma atitude fria e distante, dizendo que viria às sessões para provar que a superiora estava errada ao pensar que ela precisava de tratamento, pois não era doente, era injustiçada. Passou a maldizer a supervisora, insistindo que esta tudo fazia para ridicularizá-la, perturbá-la e diminuir a importância e o poder que deveria ter na ordem. Esbravejava que ela não sabia com quem estava mexendo, e que eu, se fosse boa psicóloga, logo descobriria toda a verdade.

Diante de uma pessoa que visivelmente se encontrava em carne e mente vivas, imaginei, então, que teríamos de caminhar num "fio da navalha", com calma, delicadeza e compaixão. Afinal, a vida de Regina precisava ser decidida, e a análise era sua última chance para manter a escolha pela comunidade em que já vivia há tanto tempo. Ou decidir abandonar tudo e começar vida nova.

As duas entrevistas que se seguiram foram também marcadas por explosões emocionais, silêncios, choro e revolta. Mesmo assim, Regina decidiu seguir comigo, aceitando minha sugestão de duas sessões semanais.[2]

Os seis primeiros anos de trabalho foram marcados por reclamações insistentes acerca da forma como era tratada pela madre superiora, como também pela irmã, da ordem, que deveria cuidar

---

2 O acerto financeiro foi negociado com a madre superiora, e só então concluímos o contrato analítico.

de Regina, mas que, obviamente, sempre falhava nessa função – a madre superior e essa irmã eram responsáveis, segundo Regina, por todo o seu sofrimento.

Na transferência comigo, Regina me cobrava uma solução e um alívio rápidos, me relembrando de que eu havia aceitado o que a madre superiora exigira, sem antes conhecê-la e sem me opor. Demorei a perceber que nada do que eu dizia estava sendo ouvido. Havia provocação e desprezo em suas atitudes e muita raiva. Nesses momentos, ela não estava lá para ouvir minhas palavras; seguia com sua teoria a respeito de como a vida, as relações e a análise deveriam ser, tinha a própria verdade e isso lhe bastava. Embora estivéssemos juntas nesses momentos, eu sentia que não a tocava.

Alimentando grandes expectativas de se tornar a líder da ordem, Regina era frequentemente frustrada em seu desejo. Nos atendimentos, também fazia questão de explicitar seus incômodos com o que eu lhe oferecia, que não combinava com ela e com o que merecia receber, não estando à sua altura. Desde minha voz, sentida como esganiçada, até minha sala de atendimento que "mais parecia um ninho de ratos". Se não lhe respondesse imediatamente, levantava-se da poltrona, esbravejava, para logo em seguida me abraçar, com gestos seguidos de palavras carregadas de ódio intenso, palavrões e desespero. Ou, então, se comparava a mim, para triunfar.

Assim, Regina me convidava a reagir e atuar – algo comum entre pacientes muito onipotentes e invasivos, pois eles parecem "pedir" para serem maltratados, humilhados; e, se o analista for inábil ou rude, pode escorregar para uma transferência sadomasoquista.

Aos poucos, fui lidando com suas atitudes extremadas, mostrando-lhe a dor de constatar o quão pouco a vida e o mundo lhe ofereciam. Também pontuava o prazer experimentado em nossos encontros e que os ataques e desprezo que me dirigia faziam parte do sadomasoquismo que precisava imprimir às relações, fosse com o outro, fosse consigo mesma, especialmente quando descrevia, em detalhes, as sessões de flagelo a que se submetia, o sangramento e as cicatrizes – um prazer por se sentir a mais forte ao tolerar sofrimento e dores intensas e, assim, mais próxima de Jesus e de seu projeto de vir a ser santa.

Claramente, Regina mostrava características em seu modo de funcionar e em suas atitudes que faziam pensar em um distúrbio narcísico, em funcionamento compatível com personalidade psicótica, em falências primitivas que permaneciam intocadas. Não me dava conta, nesse momento da análise, do funcionamento perverso presente na transferência.

Conforme nosso trabalho se desenvolvia, Regina nem sempre aguentava esperar pela nossa próxima sessão, ligando para ouvir minha voz, ou marcando sessão extra, nos momentos mais graves, quando se sentia inundada de angústia, medo e/ou culpa pelas brigas ocorridas com as colegas e suas possíveis consequências. Começava a demonstrar que outro tipo de vínculo seria possível. A dependência despontava em outros moldes – ela tentava exercer controle sobre mim e sobre a minha vida até fora do consultório. A carga de identificação projetiva também se fazia presente de modo maciço e exitoso, tanto para comunicar seus estados mais primitivos como para atacar minha capacidade de exercer a função analítica.

Em muitos momentos, pensei em desistir dessa análise muito trabalhosa. Sentia-me sem preparo suficiente para tolerar o que Regina necessitava por me sentir inundada por essa carga maciça de identificação projetiva que, por vezes, me paralisava, fazendo-me duvidar até do desejo e da competência para ser analista, tirando a minha paz interior. Mas sabia que a turbulência que a madre me descrevera apareceria em nossos encontros de alguma forma. As intervenções ou interpretações feitas na transferência, quando tentava mostrar o que se passava entre nós ao vivo, para lidar com os ataques e a proposta de sofrer na carne o que ela sofria na mente e na carne, pareciam cair em um vazio. Ou, então, ela triunfava diante do meu silêncio ou me atacava por não lhe compreender, conter, barrar.

Com persistência, fomos conversando sobre sua necessidade maior: a de encontrar em mim espaço psíquico para que nele se aninhasse. E eu me perguntava: como abrigar alguém em carne viva, que às vezes parecia ter espinhos, dentro de mim? Como desenvolver acolhimento e *rêverie* que permitissem instalar condições para fundar vida psíquica que não fosse por explosões e medos, fragmentação e desespero?

Intuía que seu equilíbrio, sua confiança, até sua capacidade para tolerar a dor e continuar, apesar do imenso sofrimento, dependiam dessa minha oferta.

Tecnicamente, tentava lidar com ela mostrando-lhe sua ferida e suas dores, como também os espinhos, sempre que se sentia desobedecida ou decepcionada pela frustração de suas expectativas. Tentava, ainda, colocar em palavras as emoções que despertava em mim e as hipóteses sobre o que me pedia, assim como batizava suas angústias, colocando em relevo o que a fazia sofrer e os sentimentos intensos pelos quais passava, acrescidos do medo de enlouquecer.

Assim, eu seguia estabelecendo contato com sua parte não psicótica para ajudá-la a observar sua parte narcísica, sustentada pela crença de que sua majestade, o bebê, deveria reinar "sobre súditos e ter poder". Em alguns momentos, Regina parecia receber minhas palavras sem ataque, nem desprezo. Mas esse estado não durava muito.

Até que em uma sessão, durante a qual ela "espumava" de raiva da irmã que não cuidara dela como deveria, senti-me próxima, tocada por seu desespero e lembrei-me de uma poesia. Perguntei-lhe se poderia ler para ela. Surpresa, Regina consentiu:

O Vaso Partido

Sully Prudhomme, *1958*

O vaso azul destas verbenas
Partiu-o um leque que o tocou:
Golpe sutil, roçou-o apenas,
Pois nem um ruído o revelou.

Mas a ferida persistente,
Mordendo-o sempre e sem sinal,
Fez firme e imperceptivelmente,
A volta toda do cristal.

A água fugiu calada e fria,
A seiva toda se esgotou;
Ninguém de nada desconfia.
Não toquem, não, que se quebrou.

Assim, a mão de alguém, roçando
Num coração, enche-o de dor;
E ele se vai, calmo, quebrando,
E morre a flor do seu amor;

Embora intacto ao olhar do mundo,
Sente, na sua solidão,
Crescer seu mal fino e profundo.
Já se quebrou: não toquem, não.

A poesia lhe trouxe um choro silencioso, sem palavras, nem dela, nem minhas. Regina me pareceu ter se desarmado temporariamente.

Tivemos encontros subsequentes em que o clima não era de persecutoriedade, durante os quais pudemos falar sobre o horror que a acompanhava e o medo de ser um "caso perdido". Por mais esforço que fizesse, ninguém lhe dava valor!

Quase um ano depois, o tema dominante de uma sessão foi lembrar-se de sua atividade predileta naquele momento: reconstruir um jardim e uma horta do convento que dava para a clausura. Pensei: podemos ter esperança, a vida florescia fora da clausura! Começávamos a compreender como seu psiquismo funcionava, para além da guerra que vivia em seu *self*. Nem tudo havia sido destruído, aniquilado, irremediavelmente.

As organizações mentais defensivas patológicas

O recorte que fiz para apresentar o caso de Regina deve-se ao meu desejo de colocar em destaque a importância de conhecermos as organizações mentais defensivas patológicas, sua força, tenacidade e seu afrouxamento.

Regina pode nos ajudar a compreender como essa organização se forma, como é buscada, desenvolvida, necessária para a manutenção de um equilíbrio psíquico, sendo que, quando perdida, pode levar a um colapso grave, acompanhado pelo terror de enlouquecer.

Ao mesmo tempo, também é possível acompanhar a perda de importância psíquica dessa organização quando outros mecanismos decorrentes de uma evolução do desenvolvimento psíquico vão se construindo.

As organizações defensivas desse tipo começam a surgir como tentativa de o *self* dar conta de distúrbios narcísicos; portanto, começam a se formar precocemente. O bebê e sua mãe formam uma parceria fundamental nesse momento. Ao ser exposto às satisfações, privações e frustrações que o ambiente lhe oferece, o bebê usará seus recursos psíquicos primitivos orientados para defender sua sobrevivência. Suas preconcepções, o nível de tolerância às frustrações e o tipo de *rêverie* que sua mãe poderá lhe oferecer serão elementos-chave para a construção de uma harmonia psíquica que permitirá desenvolvimento e transformações psíquicas, ou não. Quando desencontros frequentes e sucessivos ocorrem entre seio (como símbolo de vida, criatividade, alimento), mãe e bebê, o espaço para a implantação desse sistema defensivo rigidamente organizado, que visa fortalecer o *self* e defendê-lo, estará aberto e vulnerável.

Se, por um lado, isso é um fato; por outro, as organizações mentais defensivas patológicas constituem uma categoria diferenciada de distúrbio, que chamou a atenção dos psicanalistas pelo nível de organização das defesas, pela sua rigidez e pelo desespero que acompanha a ansiedade, perante a falência ou o perigo de falência desse sistema, pelas análises repetitivas e sem perspectiva que acompanham tais pacientes. Além disso, esses estudiosos perceberam que não é apenas uma defesa, mas um sistema estruturado de defesas que constitui, em si mesmo, um distúrbio, por ter aspectos e características marcantes e próprias, mesmo aparecendo em pacientes psicóticos, perversos, *borderlines*, histéricos, obsessivos e, até mesmo, nos indivíduos normais, podendo variar de amplitude, profundidade e grau de patologia.

Há duas linhas de pensamento entre os autores que desenvolvem esse conceito:

- A que propõe o desenvolvimento de um padrão estruturado de impulsos, ansiedades, defesas que fixam a personalidade entre a posição esquizoparanoide (PS) e a posição depressiva (PD). Parece que isto ocorre porque o aparelho psíquico, ao sentir-se impossibilitado de dar conta das angústias, perdas, lutos e dores depressivas e do que essa evolução exige enquanto mudança psíquica, cria um mundo imaginário, paralelo, com a função de se manter equilibrado, mesmo que de forma precária, mas fortemente defendido.

- A outra vertente é a que acredita no domínio de um *self* mau sobre o restante da personalidade, identificando objetos internos perversos, viciosos, que encontram prazer e poder em dominar a mente subjugando-a, com comportamentos e relações sadomasoquistas, intra-aparelho psíquico e fora dele também (Spillius, 1991).

Para mim, ambas as linhas de pensamento se complementam.

Pude também apreender que tais organizações defensivas fazem parte de um espectro bastante amplo e variado. Algumas, mais brandas, aparecem e desaparecem com rapidez, em momentos pontuais da vida de alguém ou, em alguns momentos, durante o processo de análise ou de psicoterapia, em maior ou menor grau. Visam alcançar uma adaptação à realidade interna e externa. Mas nem todos os indivíduos e pacientes passam apenas temporariamente por isso e alguns ficam presos a essa forma rígida de funcionamento, num conflito entre pulsão de vida e de morte, submetidos aos impulsos destrutivos, como se estes dominassem sua personalidade. O indivíduo pode escolher se refugiar em algum lugar concreto, como Regina, que buscou o convento, ou viver esse mesmo claustro dentro de si, como uma fantasia inconsciente poderosa, que submete o psiquismo aos mesmos moldes encontrados nessas instituições. Trata-se de um refúgio ou caverna interna, onde o indivíduo tenta se evadir das frustrações e do sofrimento, do contato com sua vida psíquica e do contato com a realidade externa. Pela cisão, é como se a parte que tem contato com a realidade externa fosse apenas e tão somente um personagem.

Há muitos autores que escreveram sobre isso. Aqui, ressalto apenas dois:

Steiner (1997), em sua teoria dos refúgios psíquicos, pôde fazer de suas observações um fato selecionado, descrevendo detalhadamente qual a função e o distúrbio que vão aparecendo em alguns pacientes que usam como defesa um sistema minuciosamente construído para dar continência à mente que não pôde se desenvolver e que está em perigo de desintegração.

A organização mental defensiva patológica tem como função diminuir ou evitar a dor psíquica em um indivíduo que se sente desamparado e despreparado perante o que a vida lhe pede e a realidade lhe impõe. E isso principalmente no que se refere a castrações: narcísica, edípica e a que se refere à consciência de quem vamos nos tornando. Por isso, pode causar um distúrbio trágico no indivíduo: paralisar o seu desenvolvimento psíquico fixando sua personalidade em uma posição narcisista, parte da posição esquizoparanoide, criando obstáculos, às vezes intransponíveis, para evoluir a uma posição edípica, parte da posição depressiva. E ainda criar dificuldades ligadas à passagem do tempo ou criar distúrbios diante da constatação de quem vai se tornando, em quem foi se constituindo, que vida pôde construir.

Trata-se, portanto, de uma organização defensiva que traz consigo também aspectos destrutivos e, muitas vezes, mortíferos para o núcleo da vida mental, como um recurso extremo diante das mudanças sentidas como catastróficas e, portanto, intoleráveis.

Os problemas teórico-técnicos com os quais o analista se defronta, nesses casos, são penosos e instigantes. É preciso perceber de que lugar nosso paciente fala e trabalhar na transferência com a percepção que adquirimos de suas relações intrapsíquicas e interpsíquicas, descrever o que o paciente vai nos mostrando, a função dessa "caverna", os sentimentos paradoxais que o acompanham e precisamos prosseguir com uma análise que parece sempre levar a uma barreira. Não podemos desistir diante das frustrações e dos fracassos a que somos expostos, nem fazer conluios com a organização para a qual o paciente nos chama e, especialmente, não nos refugiarmos nos "esconderijos" de sua organização. Nem da nossa!

Outro autor que cito aqui é Rosenfeld (1991). Ele descreveu o papel do que chamou de "máfia" controladora do *self* e da fusão patológica das pulsões de vida e de morte, que transforma em extremamente forte e atuante o processo destrutivo contra os objetos e contra o *self*. O autor esclareceu a noção de fusão patológica, mostrando um desenvolvimento expressivo da hostilidade e da agressividade no processo de abandono da posição narcísica, quando vem à consciência que *self* e objetos existem separadamente e, por isso, a dependência fica mais evidente.

Em seus inúmeros artigos, Rosenfeld expõe como, nas relações narcísicas, a onipotência domina a mente do sujeito, sendo utilizada para negar qualquer separação do objeto. O autor mostrou a diferença entre o narcisismo em que predominam os aspectos libidinais e aquele em que o predomínio é dos aspectos destrutivos. Nestes últimos, se a presença da inveja for marcante e incrementar o desejo de destruir o analista (ou qualquer outro identificado como fonte de vida, de objetos bons ou de criatividade) por reconhecer sua dependência, o indivíduo sentirá ansiedade equivalente à morte. Temporariamente, o *self* ficará identificado com o *self* destrutivo, buscando, pela onipotência, triunfar sobre seu "pai/mãe/analista". Contudo, conforme essa questão é elaborada na transferência, os impulsos destrutivos podem ser mitigados.

Esta organização, quando presente, mesmo que passageira, contém os mesmos aspectos e distúrbios narcísicos marcados por idealização, expectativas, terror, fragilidade e força, pulsões de vida e de morte fundidas, gozo, necessidade de controle, desafios etc. E resiste à mudança, por temer a catástrofe que, acredita, certamente trará. O indivíduo não colapsa, ou não se torna psicótico, mas não avança para tentar elaborar a problemática própria da PS ou da PD. As defesas parecem constituir um sistema rígido para impedir que a organização se enfraqueça e, quando algo nesse sentido ocorre, o funcionamento narcísico, baseado em onipotência, arrogância, negação e controle não permite que alguma flexibilização seja duradoura. Assim como também impede que reparações possam vir a acontecer.

Por isso, os psicanalistas, e eu os endosso, acreditam que uma organização defensiva patológica é uma formação de compromisso: são expressões de pulsão de morte e de defesa contra esta (Spillius, 1991).

Regina e as memórias de colapso

Penso que o colapso de Regina esteve frequentemente anunciado desde muito cedo. Penúltima de uma família de nove irmãos, tendo apenas um ano quando sua irmã caçula nasceu, me contou que seu desmame ocorreu de forma abrupta, quando estava com 3 meses e sua mãe descobriu a nova gravidez. A pequena Regina passou, então, a ficar "doentinha", inapetente.

Durante os três primeiros anos de sua vida, foi criada pela avó paterna, figura importante na estrutura familiar, já que colaborava nos serviços da casa e ajudava a cuidar da numerosa prole. Até que, quando Regina tinha aproximadamente 3 anos, essa avó faleceu, fato que lhe trouxe profundo sofrimento e novo adoecimento, o que foi uma constante em sua história. Parecia que fatos como esse, quando ela vivia perdas, frustrações, limites que tinham que ser enfrentados, levavam Regina a colapsar.

Lembrando a poesia: seria o começo do cristal se quebrando e a seiva amorosa escorrendo silenciosamente?

Sua família era muito religiosa, de princípios morais rígidos – para Regina, sua mãe era perfeita, uma santa; no entanto (ou por isso), era uma figura distante, sem manifestações afetivas. Já o pai vivia tudo grandiosamente: tanto as brigas, os ódios, como o amor. Regina reclamava com frequência que a mãe nunca tinha tempo para se dedicar a ela, enquanto o pai se mostrava carinhoso e preocupado com essa filha de saúde mais frágil do que a dos demais, porém "mais bonita, inteligente, viva e esperta". Ao mesmo tempo, Regina parecia construir uma família de objetos internos ideais e maravilhosos, bem diferentes das experiências de perdas e desencontros que viveu.

Até os 11 anos, conta que ainda se sentava no colo do pai, mas, numa ocasião, ele a proibiu rispidamente de continuar a fazê-lo, após receber uma crítica da mulher. A filha adoeceu pouco tempo depois, ficando anêmica. Seu corpo e sua mente iam mostrando os golpes que as relações do mundo externo e interno lhe desferiam, sem que ela pudesse elaborar e enlutar-se pelas perdas e frustrações a que era submetida.

Regina se definia como muito sexualizada e desejosa de uma vida nada religiosa, como sua família praticava, e, quando, estava próxima de se tornar uma mulher adulta, aos 18 anos, decidiu desistir de seus sonhos de vir a ser vedete, de sua sexualidade, de ser a melhor e maior para sua família, para seus amigos. Desistiu também de seus estudos e entrou para o convento, de modo que se tornasse possível, e necessário, morrer para o mundo. E virar santa. Seus pais não se opuseram, não tentaram conversar com ela, aconselhá-la e nem tentaram impedi-la.

Penso que Regina assumiu, inconscientemente, que sua vida psíquica também deveria morrer, ou se internar em um lugar tanto concreto como imaginário em que pudesse mostrar apenas uma imagem ideal: linda, maravilhosa, perfeita, sedutora e, ao mesmo tempo, flagelar-se para ver se expiava seus "pecados" e livrar-se da pulsão, dos conflitos, do desejo. Por isso, rezava muito, dia e noite, para que nada a perturbasse, nem emergisse como força dos "demônios". Deus deveria lhe bastar e protegê-la. Como santa, tudo ficaria resolvido. Deus a salvaria!

Essa organização mental defensiva que Regina veio construindo ao longo de sua vida foi se tornando patológica na medida em que passou a ter a finalidade de criar um lugar, uma função que não lhe exigisse ter de lidar com a vida interna e externa, com seus desejos, suas emoções, sua sexualidade, seus conflitos, seus lutos. Junto com as normas que a ordem religiosa praticava, criou uma armadura que a conteria física e psiquicamente, sem precisar elaborar seus conflitos. Porém, ao receber a ordem do Papa de que não poderia mais permanecer escondida da vida, do mundo, nem se flagelar para concretizar seu plano de vir a ser santa, esposa de Cristo, alguém predestinado a ser a maior e melhor de todas, sua mente ruiu.

A organização defensiva que deveria tê-la protegido fora implodida, expondo seu ego frágil, um Id poderoso e um superego persecutório, acusador e implacável. Suas defesas narcísicas, ainda atuantes, eram incapazes de protegê-la. Parecia viver sob o domínio da pura pulsão. Do ódio e do medo. Da agonia e do terror travestidos de onipotência.

Da normopatia à perversão

Penso ser importante seguir com uma breve incursão neste tema, focalizando a conjunção que mostra a perversão e seu espectro, de maneira sucinta e horizontal, deixando para outro momento a verticalização dessas questões tão complexas.

Tanto Melanie Klein (1952/1991) como Bion (1988a, 1988b, 1988c) chamam nossa atenção para a construção da personalidade povoada pelos diversos núcleos neuróticos e psicóticos que a compõem. Ao destacar as organizações mentais patológicas, procurei apresentar um dos aspectos clínicos que precisam ser reconhecidos para poderem ser trabalhados. Essas organizações derivam de fantasias onipotentes e de mecanismos mentais primitivos, frutos da posição esquizoparanoide, que se juntam para propiciar uma pseudointegração da mente, sob o domínio de estruturas narcísicas, dando a ilusão de gerar estabilidade psíquica e relativa isenção de ansiedade, perigo e dor. Ela surge com os núcleos psicóticos, acionada pela angústia de aniquilamento e amparada em defesas como cisões, negação da realidade interna e externa e identificação projetiva. Promete uma realidade paralela em que a mente pode dar conta do que a realidade impõe e, assim, escapar da falência.

Nesse período, desejosos de viver o princípio do prazer, os bebês têm de lidar com muitas frustrações, privações, sentimentos, afetos e emoções intensas. Quanto menor for sua tolerância à frustração e maior o *quantum* de pulsão de morte, mais serão dominados por seus impulsos e fantasias inconscientes primitivas, que são os alicerces da personalidade antissocial e da perversão.

Próximo ao momento do desmame, quando o bebê está para sofrer a castração narcísica e ter de se separar do seio e da mãe, vendo-a como um objeto inteiro, e podendo evoluir para a posição depressiva com todos os avanços, as angústias, os sofrimentos e desafios que isso representa, proponho considerar o surgimento de núcleos perversos, por perceber neles um sistema coeso e rígido, funcionando de forma profundamente organizada em consonância com os outros núcleos neuróticos e psicóticos, mas para dominá-los. E não apenas como aspectos ou sintomas perversos.

Os núcleos perversos, com frequência parecem se aproveitar da fragilidade egóica, vivida pelos núcleos psicóticos, que se organizam como aglomerados de objetos internos, da angústia de colapso psíquico e do superego primitivo (este último como aquele que cuida gerando medo e persecutoriedade, é sádico, rígido e destrutivo. Esses núcleos têm ainda como característica usar o narcisismo destrutivo (Rosenfeld, 1991) representado pelo seu modelo de máfia ou gangue, para corromper o tecido psíquico. Diante da castração narcísica que o desmame anuncia, os núcleos perversos tentam barrar ou adiar essa experiência. Aproveitam-se dos desejos primitivos de gozo absoluto, de prazer total e de poder total – característica da fase narcísica da personalidade que todos nós carregamos – e ampliam a abrangência da organização mental defensiva patológica, que se fortalece e se expande usando o seu poder para proteger a mente e, ao mesmo tempo, dominá-la.

Subjugando os outros núcleos, tanto neuróticos como psicóticos, mais frágeis e menos organizados, os núcleos perversos geram uma corrupção do tecido psíquico, substituindo o contato com a realidade interna e externa, por esperteza e poder, além de minar a confiança que poderia existir se a mente pudesse entrar em contato com ambas as realidades. Esse processo de corromper o tecido psíquico é um de seus maiores triunfos. Realidade e fantasia se misturam e há paralisia ou bloqueio do desenvolvimento psíquico. O núcleo perverso usa do recurso da diplopia para perceber e negar ao mesmo tempo o que vive, o que sente e, assim, livrar-se e livrar a mente da realidade interna e externa e de suas consequências.

Como aludi anteriormente, por vezes essa organização defensiva é menos articulada e passageira, visando manter um equilíbrio psíquico perante o sofrimento que a vida traz. Mesmo durante esse período, a mente do paciente é dominada por ela. Outras vezes, já identificamos um sistema mais sofisticado e rígido que aponta para uma organização mais desafiadora. Tanto nos casos passageiros como nos mais resistentes, será necessário ao analista desmontá-la, identificando mínimas mudanças em direção à posição depressiva, no mundo interno do paciente e no material transferencial, como referências ao outro como objeto inteiro, separação do objeto originário, desmame, dependência, suportar o que descobre de si, menos perseguição e ódio, mais generosidade, contradições...

Embora esse sistema defensivo possa ser encontrado nos mais diferentes quadros clínicos, suas características centrais demandam do psicanalista um trabalho profundo que leve em conta a interface dinâmica entre os núcleos neuróticos, psicóticos e perversos da personalidade. O trabalho intrapsíquico é, pois, fundamental.

Daí a importância de chamar a atenção para o seguinte espectro: de um lado, temos a normopatia e, no seu extremo, a perversão, com infinitos pontos entre uma e outra. O termo "normopata" foi introduzido na psicanálise por Joyce McDougall (1983) para designar um tipo de paciente aparentemente bem adaptado e "normal", diferente do neurótico e do psicótico, mas cuja análise chega a um impasse em razão de sua impossibilidade de mergulhar no mundo interno – exigência básica para o trabalho analítico. Na normopatia, os distúrbios de comportamento e de ajustamento de um indivíduo podem permanecer sem diagnóstico ou sem despertar maiores preocupações. Para ele, basta sobreviver.

O normopata é um indivíduo que consegue se manter aparentemente adaptado ao meio, mas vivendo num limbo, à custa de decretar uma espécie de amortecimento psíquico, em que sua libido fica amortecida. O normopata não vive e nem morre inteiramente – "instala-se" em um retiro imaginário, em que pode viver à margem do tempo e do espaço, da sociedade, da família, da história, das leis, cumprindo tarefas, papéis e desempenhando funções, mas se protegendo em um sistema de defesas chamado de organização mental defensiva patológica que o mantém a salvo dos contatos que poderiam despertar esse mundo subjetivo perigoso e assustador. Nesse lugar imaginário, onde só ele habita, pode cultivar sonhos, desejos e expectativas e ter prazer com o poder de sua imaginação...

Na verdade, alucinose, em que não é necessário fazer renúncias; e o conflito entre o que é do indivíduo e o que é da civilização é neutralizado ou denegado. Diante desse quadro, como permitir que haja análise e suas transformações?

Para o normopata, a realidade é substituída pela realidade paralela, muitas vezes refugiando-se em um "lugar" valorizado sócio, cultural, religiosa ou economicamente, como: dedicar-se dando a vida a uma profissão, dedicar-se a trabalhos voluntários, ou políticos, ou artísticos, religiosos, esportivos etc. Trata-se, porém, de um lugar de refúgio, de uma organização mental defensiva patológica. Sendo assim, quanto maior e mais profundo for o conflito emocional entre as partes e os núcleos de seu *self*, quanto mais núcleos perversos estejam atuantes para sustentar essa realidade paralela, maiores serão sua luta e seu sofrimento, maiores os obstáculos à análise, maior a dificuldade de retomada do desenvolvimento psíquico.

Os normopatas sofrem, assim, da ausência de existência.

Palavras finais

Neste texto, apresentei um caso clínico especial de organização mental defensiva patológica como forma de evidenciar de que maneira esse tipo de organização pode se constituir, desenvolver-se, como pode ser explodida e implodida, e suas consequências, tanto continuando a existir, como não.

Além disso, busquei trazer uma interface entre normopatia e perversão, mostrando a importância de o psicanalista reconhecer a existência de uma organização defensiva dessa natureza para poder localizar de onde seu paciente fala e lidar clinicamente com o quadro que se apresenta.

Destaco também a importância desse fenômeno na contemporaneidade, sendo parte de um fato selecionado que adquire relevância como instrumento de compreensão para o psicanalista, sobre muitos estados que observamos em nossos pacientes, perfazendo um espectro amplo e complexo de comportamentos e de sofrimentos que eles nos trazem no decorrer do processo analítico.

É preciso, porém, que atentemos para o fato de que, na perspectiva freudiana, esses estados podem se configurar como detalhes "espalhados" em determinadas estruturas psíquicas – dentro da histeria, da neurose obsessiva, perversão ou psicose – ou podem fazer parte de quadros sintomáticos mais amplos. Com isso, corremos o risco de não os perceber, fazendo um conluio ou "vistas grossas" ao que vamos observando, deixando, assim, de tratar da organização defensiva patológica, do núcleo perverso como algo a ser compreendido e desmontado, que exige técnica apropriada e cuidados diferenciados.

De fato, essa "organização camaleão" adquire infinitas formas e pode se configurar como uma defesa de que todos nós lançamos mão diante de algo difícil de enfrentar. Ou pode ser parte de um distúrbio psíquico, parte de quadros mais graves e até um entrave para que o sujeito possa evoluir em seu desenvolvimento psíquico. Chamo essa organização de "camaleão" pois ela pode estar presente como uma doença psicossomática, pode estar presente na forma como lidamos com a internet, jogos, rede social, pode "pegar carona" em qualquer tipo de trabalho ou interesse, pode ser uma relação que adquire essa função. E até estar presente em algo sublime, como a arte, literatura, música, dança etc., que se converte em um refúgio para evitar o contato com a realidade interna e externa e com a dor psíquica que emerge quando vivemos frustrações, decepções, ou quando entramos em contato com a existência do outro, com a finitude, a lei, o limite, com aquilo em que vamos nos transformando.

Por isso, é importante ter em mente que essa organização camaleônica contém sempre, em maior ou menor grau, uma fusão e um conflito entre a pulsão de vida e a de morte, iniciando uma luta contra o perigo que o sofrimento traz; mas vai ficando viciada e impondo outros sofrimentos ao indivíduo por se transformar em algo rígido que não renuncia ao poder que alcançou, fazendo do *self* seu prisioneiro.

Essa relação sadomasoquista entre partes da mente parece trazer um gozo, mesmo quando se experimenta dor. Há uma substituição do bom objeto pela organização narcísica e uma paralisação do desenvolvimento psíquico, fixando o indivíduo nessa fase narcísica, dentro da posição esquizoparanoide, e impedindo que ele alcance e elabore a posição depressiva.

Como diz Steiner (1997), conventos, política, quartéis trazem representantes desse lugar concreto que o imaginário busca para construir seu refúgio ou caverna. Detectar isso no decorrer do processo de análise nos ajuda a lidar tecnicamente com "essa presença", lembrando que nem sempre cabe interpretação, só descrição e apontamento de contradições. Precisamos que a organização perca força dentro dela mesma e que pertencer a ela não se torne mais um triunfo, nem um poder. É preciso ter em mente que demoramos a poder trabalhar na transferência. Por muito tempo, só tocamos o paciente de forma indireta, pela contratransferência. Uma análise pelas beiradas...

É preciso esperar que haja vida fora da clausura.

Referências

Bion, W. (1988a). Diferenciação entre a personalidade psicótica e a personalidade não-psicótica. In *Estudos Psicanalíticos Revisados* (pp. 45-62). Rio de Janeiro: Imago.

Bion, W. (1988b). Sobre arrogância. In *Estudos Psicanalíticos Revisados* (pp. 81-86). Rio de Janeiro: Imago.

Bion, W. (1988c). Ataques ao elo de ligação. In *Estudos Psicanalíticos Revisados* (pp. 87-100). Rio de Janeiro: Imago.

Godoy, M. B. R. (1994). *Narciso e a morte precoce de Édipo: uma organização mental patológica a serviço dessa tragédia.* [Tese de Doutorado, Instituto de Psicanálise da Universidade de São Paulo].

Klein, M. (1991). Algumas conclusões teóricas sobre a vida emocional do bebê. In E. M. da Rocha & L. P. Chaves (Coords.), *Inveja e Gratidão e Outros Trabalhos* (Trad da 4ª ed. inglesa). Rio de Janeiro: Imago. (Trabalho original publicado em 1952)

McDougall, J. (1983). *Em defesa de uma certa anormalidade: teoria e clínica psicanalítica.* (Trad. Carlos Eduardo Reis). Porto Alegre: Artes Médicas.

Prudhomme, S. (1957-1958). O vaso partido (Trad. Guilherme de Almeida). In S. Milliet, *Obras Primas da Poesia Universal.* São Paulo: Livraria Martins Editora.

Rosenfeld, H. (1991). Uma abordagem clínica para a teoria psicanalítica das pulsões de vida e de morte: uma investigação dos aspectos agressivos do narcisismo. In E. B. Spillius (Org.), *Melanie Klein Hoje* (vol. 1 Artigos Predominantemente Teóricos). Rio de Janeiro: Imago.

Spillius, E. B. (Org.). (1991). *Melanie Klein: desenvolvimentos da teoria e da técnica* (vol. 1). Rio de Janeiro: Imago.

Steiner, J. (1997). *Refúgios psíquicos: organizações patológicas em pacientes psicóticos, neuróticos e fronteiriços.* Rio de Janeiro: Imago.

9. Me escondo, dizendo que vou...
Me acalmo, não vendo que fujo...

Cecilia Noemí Morelli de Camargo

Entre a neutralidade suposta durante muito tempo como desejável e a inescapável afetação do analista, tem havido muita reflexão sobre o que se preconiza e o que ocorre na sua mente, não só durante a sessão de análise, mas também depois dela. Houve, a partir dessas reflexões, produção escrita de muitos estudos que propiciaram amadurecimento, desenvolvimento e transformação desse campo de estudos fundamental da psicanálise.

Desde Freud, conceitos como transferência e contratransferência foram alvos de intensas contendas, empreendidas por autores de muitas linhas de pensamento, e também de intensas controvérsias. De qualquer modo, nos dias de hoje, embora a unanimidade pareça sempre distante, têm surgido estudos e propostas que apontam para a impossibilidade da neutralidade do analista – apesar de sempre ser necessária a definição operacional do termo – e, nesse sentido, alguns conceitos relativamente "novos" passaram a compor o vocabulário dos estudos dessa área.

Um dos conceitos que passaram a ocupar lugar de destaque é o de *enactment*. Não me proponho a apresentar o histórico de seu surgimento – mesmo porque já existe amplo material disponível sobre isso – nem a fazer nenhum aprofundamento ou discussão sobre sua natureza. Apenas indico o que é indispensável para a construção da reflexão a que este escrito se propõe. O termo, aqui, segue as propostas de Cassorla (2016a) em seu livro *O Psicanalista, o Teatro dos Sonhos e a Clínica do Enactment*.

Importa, no entanto, dar destaque às particularidades que o autor confere ao conceito, marcando diferentes momentos de sua presença: quando o conceito está em vigência e quando ele se desfaz. Na verdade, considerando as inúmeras possibilidades que existem, tanto para sua "instalação" aprisionadora, como também para seu desfazimento libertador, será proposta uma pergunta que terá valor de hipótese para esta reflexão.

Cassorla (2016a) propõe que "[...] uma primeira aproximação nos leva a considerar *enactment* como uma formação de compromisso em que ações e comportamentos envolvendo ambos membros da dupla analítica escondem e revelam, ao mesmo tempo, aspectos inconscientes" (p. 80).

Mais adiante, na página 83, afirma que o conceito está relacionado à identificação projetiva realística que usualmente ocorre entre os componentes da dupla analítica, sendo componente da transferência não psicótica. Prossegue afirmando que os *enactments* são desfeitos pelas interpretações que o analista faz, sendo esta afirmação importante para o propósito deste escrito. Afirma, ainda, que, embora o conceito de *enactment*, na literatura, se refira geralmente a situações agudas, a performance da dupla no campo analítico pode durar mais tempo, convertendo-se numa colusão prolongada, não percebida pelo analista, tratando-se este do *enactment* crônico. Distingue-o do *enactment* agudo, que corresponde a comportamentos abruptos, que, num primeiro momento, assemelham-se a descargas, que se parecem ao *acting out*, mas envolvem os dois componentes da dupla, e, desse modo, não podem ser assim chamados. Cassorla vai além, dizendo que *enactments* podem envolver não só descargas, mas também não sonhos sendo sonhados e sonhos revertendo para não sonhos.

Um aprofundamento da ideia leva o autor a considerar *enactments* "[...] comportamentos envolvendo paciente e analista que tornam atuais situações ou fantasias arcaicas, reflexo de medos e esperanças transferenciais e contratransferenciais, sendo colocadas em cena situações traumáticas reais ou fantasiadas do passado e ocorrendo inconscientemente" (p. 84).

Ainda seguindo Cassorla (2016a), é importante dizer que os *enactments* crônicos podem revelar pistas que potencialmente mostrariam a gênese de não sonhos, obstáculos à capacidade de pensar, reversões de função-alfa, enfim, o funcionamento primitivo da mente exercido tanto com finalidades obstrutivas como comunicativas.

Penso que a capacidade comunicativa do *enactment* só é efetivada a partir do momento que é possível tomar conhecimento da sua existência, como ocorreu no atendimento referido neste escrito.

É importante ainda dizer que Cassorla (2016a) chama atenção para uma das consequências da instalação do *enactment*, quando salienta o estabelecimento de situações de conluio não pensado entre os membros da dupla que, por sua intensidade, tenham se imposto à observação do analista.

No entanto, se a intensidade desse conluio não for suficientemente vigorosa, pode ocorrer de este estar em vigência, mas também impedindo o analista de se dar conta dele, prejudicando sua observação acurada do que está ocorrendo na relação com o paciente.

Bion (2004) também destacou, inúmeras vezes, a importância da observação do que ocorre na relação entre o paciente e o analista, além de propor um instrumento para facilitar ao analista o registro das ocorrências da sessão, referiu-se sob vértices diferentes a situações em que a observação feita pelo analista pode ser apenas parcialmente "bem-sucedida". Em *Elementos de Psicanálise*, diz:

> *Usualmente um analista não esperaria entrar em uma série de especulações conscientes sobre a natureza de afirmações simples. Mas, se o analista deseja fazer alguma "lição de casa", quer dizer, uma meditação extra analítica sobre uma sessão, seja para treinar e amplificar sua capacidade para dedução intuitiva, seja por ter dúvidas sobre a acurácia do trabalho que vem fazendo, poderá remeter o material duvidoso à "grade". (p. 82)*

Conjectura sobre algumas diferentes possibilidades de entendimento do material, dizendo que o analista poderia fazer especulações sobre as formas pelas quais o material poderia ser analisado, salientando a necessidade de examiná-lo criticamente para determinar a quais categorias da "grade" se aplicaria.

Ainda em *Elementos de Psicanálise*, Bion (2004) chama atenção para situações que podem decorrer da escolha, que será feita pelo analista, da teoria na qual este apoiará suas interpretações. Se a teoria escolhida não contemplar questões mais primitivas que podem ter ocorrido com o paciente em questão, as interpretações não terão o efeito pretendido: "não é que (o paciente) não resolva aqueles problemas – ele apenas não os alcança" (p. 103). Essa afirmação levou-me a pensar sobre a possibilidade de que, nessa situação, uma das interpretações possíveis pudesse ser atribuir o não efeito da interpretação dada ao paciente à resistência deste, e, nesse caso, ocorre-me perguntar: resistência de quem? Do paciente ou do analista que estaria se colocando em um lugar de não questionamento do uso que ele próprio está fazendo das teorias que adota e desprezando afetações que podem ocorrer nele próprio, que podem alterar a observação que lhe é possível, ou mesmo a escolha das teorias que elege para construir suas interpretações?

No capítulo 3 de *Transformações*, Bion (1984) se refere às interferências que até mesmo elementos do meio ambiente podem ocasionar na compreensão do material: "a familiaridade com a circunvizinhança pode cegar o analista ao possível significado dela para o paciente e contra isso ele deve estar atento" (p. 44).

O objetivo deste escrito é salientar que mesmo Bion (1984) considera a possibilidade de que, em algumas circunstâncias, é possível o analista não se dar conta de algo que esteja ocorrendo com o paciente. Neste sentido, é que me ocorreu a indagação sobre a relação do conceito de *enactment*, a "afetação do analista" causada pelo aprisionamento em um *enactment* crônico e os desdobramentos incidentais no trabalho do analista ao refletir sobre o paciente.

A tese central a que este escrito se refere está justamente aí: considerando que o trabalho de reflexão posterior à sessão e sua colocação na "grade" são realizados pelo analista, e considerando também todas as implicações das afirmações sobre ocorrência de *enactment*, anteriormente sintetizadas, surgem perguntas sobre as condições necessárias ao analista para que a colocação do material das sessões na grade, por ele realizada, possa garantir fidedignidade à inserção. Além dela, surgem outras questões sobre o que pode decorrer desse exercício de mergulho na experiência emocional, feito pelo próprio analista.

Essas ideias levaram a uma reflexão sobre minha prática clínica, mais especificamente sobre uma situação clínica em que se instalou um *enactment* que vigeu por algum tempo. O desconforto referente ao atendimento em questão me levou à reflexão da qual decorreu o que será exposto a seguir. Levou-me também a conjeturar sobre um possível impedimento de ser fidedigna nessa tarefa, afastando-me, em razão da afetação/contaminação pelo *enactment*; ou ainda, por outro lado, se este exercício justamente permitiu dar-me conta da afetação provocada pelo *enactment* e tenha propiciado que, libertando-me, eu pudesse voltar a sonhar o material das sessões.

Não pretendo submeter a uma proposta de colocação na grade o material clínico que será apresentado. No entanto, fui levada à tentativa de pensar sobre a forma como o material de algumas sessões poderia ser nela colocado ao refletir sobre meu enfado, nos atendimentos, relacionado à minha dificuldade de entender o que estava ocorrendo e, assim, de construir interpretações; tenho como hipótese que é possível que essa tentativa tenha propiciado um olhar (que não estava sendo possível anteriormente) para a possibilidade da existência de *enactment* e que o ensaio deste exercício tenha possibilitado o aprofundamento da observação da dupla da qual faço parte.

Isso equivaleria a dizer que a grade pode ser útil também para o trabalho interno do analista em reflexões posteriores à sessão, e não apenas para iluminar os movimentos do paciente. Nesse sentido, embora a colocação do material da sessão na grade seja realizado pelo analista (e o risco da existência de *enactment* exista sempre), essa tarefa pode ser estopim de um movimento libertador dele, mesmo que seja imprescindível considerar a necessidade de ser capaz do enfrentamento do sofrimento que isso lhe causará. Nesse caso, a resistência deverá ser pensada não apenas como referindo-se ao paciente e requerendo trabalho, mas também, e talvez com a mesma força enfrentada pelo analista para possibilitar confiabilidade à observação que faz de si mesmo, observando o paciente, pelo material das sessões.

É necessário esclarecer que o relato aqui exposto, especialmente no que se refere a afirmações "conclusivas", foi possível e construído *a posteriori*. No momento em que a experiência ocorria, não era possível a tomada de consciência ou a apreensão do significado do que se passava, tendo sido possível apenas dar-me conta de que sentia o atendimento como desagradável e emperrado. Gostaria de acrescentar, então, a palavra "suficientemente" à não percepção, pelo analista, da colusão da qual está participando.

Foi o vértice propiciado pela combinação das afirmações de Cassorla e de Bion (como ocorre nos espaços da grade) que permitiu o surgimento e desenvolvimento dessas ideias.

Vou utilizar situações vividas em um atendimento como modo de ilustrar tanto a questão da dificuldade de haver certeza sobre a fidedignidade na inserção na grade ao que ocorreu na sessão, como também para conjeturar sobre o potencial libertador e criativo que o exercício de colocar na grade pode oferecer, sendo favorecedor do restabelecimento do sonho, reativando a possibilidade de voltar a sonhar do analista: acordar de não sonhos quebrando os encantamentos paralisantes e voltar a sonhar estando acordado e livre dos feitiços.

Não vou incluir o que pode ter sido paralisante para mim. O que será exposto é o que foi posteriormente compreendido como produto de identificações projetivas, além de dados necessários para a "construção do caso". Quanto ao paciente, que chamarei de João, os dados e relatos de situações são fictícios e apenas se equiparam a situações de sua vida necessárias à exposição do meu pensamento.

João é filho de relacionamento extraconjugal do pai, embora a relação tenha vindo a ser oficializada. A influência da família paterna em sua vida sempre se mostrou muito forte, sendo o avô figura de referência de extrema exigência e modelo de retidão. Situações "paradoxais"' não são vistas como tal, sendo mantida uma cisão protetora conciliadora. Há amor, respeito e temente vontade de atender seus desejos, sendo bem-sucedido profissionalmente. Aparecem sem destaque frequentes episódios de infidelidade dele, como se fossem "naturais". Nutre pela avó paterna afeto profundo.

A relação com a meia-irmã apresenta aspectos paradoxais: é como se fossem aspectos de pessoas diferentes, sendo a rivalidade indisfarçável sempre apresentada como decorrente de características da irmã. Refere que ela e a mãe frequentavam as festas familiares e eram bem recebidas. Apesar de se dar conta de certa "frieza" em sua mãe, a situação da presença da mãe da irmã e dela própria sempre foi trazida como normal. As manifestações mais significativas se referem a duas situações: uma fala da irmã segundo a qual ele teria tido a vantagem da convivência com o pai, e outra contando sobre quando o pai morreu, ocasião em que ela não teria ido ao hospital visitá-lo, chegando depois que ele já havia falecido, diferentemente dele e de sua mãe. "Desentendimento" maior eclode durante o inventário do pai por conta da posse de uma casa; embora formalmente amistoso, o relacionamento com a irmã é distante e esporádico.

Os dados sobre a família da mãe sempre foram ausentes; a rivalidade disfarçada com a meia-irmã só aparece nas situações aqui relatadas. Essas questões foram muito pouco trazidas para as sessões.

Quando João inicia o trabalho de análise, está em um relacionamento com uma mulher com quem havia se envolvido enquanto ela ainda era casada. Ela é cerca de dez anos mais velha do que ele e tem uma filha de 8 anos. Sempre foram trazidas para as sessões situações de extremo desagrado, decorrente das exigências feitas a ele quanto a exercer o "papel de pai", como aguardar, nas viagens de férias/feriados, que a mãe esperasse a filha adormecer, deixando-o sozinho, à toa, ou ter de ir a reuniões escolares da menina. Além disso, conflitos apareciam também em desentendimentos causados por sua "tendência" a se envolver com outras mulheres. Essas inquietações surgiam mescladas com relatos sobre um menino (ele mesmo) muito assustado, olhando pelo buraco da fechadura as frequentes brigas dos pais, sempre impedido de defender a mãe *ou dizer qualquer coisa*. As brigas eram sistematicamente causadas pela infidelidade do pai e pelo uso excessivo de álcool também por parte do pai.

Essas situações de não poder dizer nada no relacionamento atual puderam ser trabalhadas, mas o panorama de sua relação amorosa perdurou. Depois de algum tempo, conta que ocorrera uma briga enorme entre ele e essa namorada em que "conseguiu" (sic) dizer o que sentia, sendo, então, o relacionamento rompido por ele. Esse foi um período vivido como muito doloroso por causa do sofrimento causado à ex, que não aceitava o rompimento, e também à filha dela.

Um tempo razoável se passou, com breves relacionamentos amorosos sem maior importância, até começar a namorar uma jovem que, depois de algum tempo, vai morar na casa dele e com quem concretiza união estável. Apesar de essa decisão ter sido tomada por insistência da mulher, ele a aceita de bom grado. Os relatos sobre esse relacionamento são superficiais e os episódios de infidelidade, por um tempo, parecem ausentes.

Depois de certo intervalo, ocorre uma "nova grande paixão" por uma mulher também mais velha que tem dois filhos. O relato sobre essa paixão demorou razoável tempo para ocorrer. Anteriormente, já haviam ocorrido situações de infidelidade, mas é curioso notar (o que só me dei conta depois) que apareciam sempre apologias a relacionamentos abertos e justificativas para situações de infidelidade. Essas argumentações sempre se apoiaram em teorias sobre autenticidade ou em explicações para sua dificuldade em manter-se fiel como herança do pai ou do avô. Esse novo período é vivido com muita intensidade, tanto de um sofrimento por magoar, mas também por culpar a mulher que diz amar e ser boa pessoa, como igualmente pela força da vibrante nova paixão. Parece importante salientar que João se colocava numa posição vitimizada. As explicações, embora frágeis e superficiais, eram sempre apresentadas como muito bem justificadas, compartilhadas por todos e como parte do senso comum. Isso fazia com que eu tivesse muita dificuldade de contrapor essas ideias e acabava, quase sempre, me perguntando por qual razão eu deveria contrapô-las, caso eu devesse mesmo fazer isso. Então...

A partir desse momento, foi ficando cada vez mais difícil, para mim, conseguir dizer qualquer coisa sobre esses relatos. Ocorriam-me inúmeras possibilidades de interpretação, mas nenhuma parecia adequada ou certeira. Aliás, nem saberia dizer certeira em relação a quê: algumas me pareciam superegoicas, outras muito pueris, *e eu nada podia dizer*. Posteriormente, refletindo sobre o que estaria causando minha dificuldade de falar e até mesmo de pensar sobre o paciente, recorri, então, à tentativa de colocar o material de uma sessão na grade de Bion, buscando alguma luz e a origem da dificuldade que eu sentia. Chego a conjeturar sobre estar ocorrendo um *enactment*, embora naquele momento isso não tenha sido suficiente para me acordar. Entretanto, possibilitou um aprofundamento da reflexão e permitiu-me observar "ocorrências" nas sessões das quais até então não me dera conta. Agora vejo que o *enactment* era antigo, e que já há algum tempo estava ocorrendo. A infidelidade dele sendo o modo de preconizar como legítima sua própria origem. Eu devia ser impedida de ver, de perceber e de falar sobre isso. A "naturalização" do tipo de relacionamento da família com a filha do pai, "imposto" pelo próprio pai, com a anuência do avô, deixa-o com dificuldade de entender o que é legitimidade. No entanto, só foi possível dar-me conta disso muito tempo depois. Quando o *enactment* não percebido durante muito tempo pôde ser desfeito, na verdade, bem depois disso, João, refletindo sobre a ocorrência de fatos mais "atuais" de sua vida, fez espontaneamente associações com "conversas que nós já tivéramos". Agora fala que se dá conta de que, naquela época, nem sabia o que era e o que não era para ser, mas que hoje percebe o quanto o modo como tudo se passava não lhe parecia estranho. Hoje, entretanto, percebe como o modo de ser daquela época permanece em sua vida, só que agora percebe que isso o coloca em sérios riscos, uma vez que ele inicia relacionamentos com mulheres que ainda mantêm um vínculo de casamento.

Por vezes, essa ideia me parece preconceituosa e pergunto-me de quem é a dúvida. Será que ainda estou sob influência da dúvida que é dele? Ocorre-me, agora, que João fez um *upgrade*, trocando o olhar pelo buraco da fechadura por estar ele dentro do quarto, agora "acompanhado de muitas mulheres".

O menino que olhava pelo buraco da fechadura exerce um tipo de atividade profissional em que o olhar atento, mesmo que por meio de instrumentos, é a atividade principal. João trouxe inúmeras vezes para as sessões relatos de sentir-se muito mal ao ter de exercer esse olhar ativo em seu trabalho, sendo, no entanto, paradoxal, surpreendente, linda e perpetuante a "escolha" que fez, como se isso fosse inescapável.

Posteriormente, dou-me conta de que antes me parecia paradoxal que em seu discurso aparecesse fortemente um não querer magoar as pessoas que diz amar e ter de ser "bom moço", atendendo, especialmente neste último quesito, aos desígnios do avô. Penso, então, que se identifica com características do pai, sendo "mulherengo", tentando justificar e até preconizando esse tipo de relacionamento como autêntico, desejável e correto.

Uma movimentação no foco leva, agora, essa apresentação para uma aproximação de ocorrências de algumas sessões.

João falava repetidas vezes que sua mulher se recusava a conversar sobre a relação dos dois, ou sobre o desejo e fantasias dele de transas "coletivas" e sobre terem uma relação aberta, culpando-a, em razão dessa recusa, de dificultar a boa convivência no casamento, fazendo-o sentir-se preso, o que ele não queria. Fui percebendo que não tinha mais vontade de atender João. Numa sessão desse período, perguntei, sentindo muita dificuldade e tentando ser cuidadosa, se ele já havia dito ao novo relacionamento que gostava de novidades e falado dessas ideias, para saber o que a pessoa pensava e se topava suas propostas e fantasias. Ele muda o tom de voz e diz bastante rispidamente que está se sentindo julgado por mim; vai ficando cada vez mais exaltado e passa a falar sem parar, impedindo-me de dizer qualquer coisa. Seu tom de voz, em geral polido, é mais alto e meu desconforto é crescente; tenho a impressão de que me dirá que não continuará a análise, pois ele repete algumas vezes, em tom mais baixo e meio gaguejante, "assim não dá". Paradoxalmente, sinto também certo alívio. Recordo-me também de que, naquele momento, retomo, mais uma vez, os textos sobre a grade e ensaio alguma colocação do material, na busca de algum entendimento sobre o que se passava. Enquanto escrevo, ocorre-me que isso era uma tentativa de me observar observando, e esta é uma lição aprendida da leitura de Bion. Refletindo posteriormente sobre esse momento, percebo que esse exercício pode ter me conduzido a conjeturar sobre meu aprisionamento, embora isso não tenha sido suficiente para uma libertação ou tomada de consciência sobre sua ocorrência. Levou, no entanto, meu olhar também para o que se passava em mim. Hoje, pergunto-me se aí pode ter sido o início do meu despertar. No entanto, o resistir de João e seu protesto foram mais fortes e ele conseguiu me silenciar novamente (e eu me calei!).

Nesse momento da análise, João traz uma situação em que me conta a respeito de um vídeo sobre "o Édipo", que, por sugestão de uma amiga, vira na internet. Novamente justificando sua postura com relação às mulheres, seguindo o caminho do pai, e como essa situação era inescapável.

Nesse dia, finalmente eu o interrompo e surpreendo-me por conseguir falar, digo: "Ah, um momento!", e pergunto em seguida: "O que você pretende fazer com tudo isso?". Ele volta a dizer, já de modo meio ríspido, que está se sentindo julgado por mim. Agora me ocorre que está resistindo ao desfazimento dessa situação, tentando empurrar novamente a situação para mim, recusando-se a pensar sobre ela, como já fizera anteriormente com sucesso.

Penso agora, enquanto escrevo, que estava implícito o movimento de João de precisar parecer ser correto, "ser bom moço" atendendo ao desejo do avô.

Neste momento, retomo Cassorla (2016a), quando afirma que percebera que o *enactment* agudo indicava a liberação do analista do conluio dual, o que penso ter ocorrido quando consegui falar e interromper a ladainha sobre "o Édipo". Penso que entrar em contato com o fato de que eu acordara da sonolência em que me encontrava é vivido como traumático por João, uma vez que passo, então, a resistir ao encantamento do canto das sereias, amarrando-me ao mastro. João falta à sessão seguinte e na próxima, quando retorna, surpreendentemente me pede desculpas pela rispidez.

Em uma sessão logo depois, João começa a contar sobre um colega de trabalho que estava "indo" trabalhar fora do país e de uma colega que estava "indo" fazer mestrado igualmente em outro país. Conta isso com certo entusiasmo contido, mas, ao mesmo tempo, seu tom é amargo e bem triste. É difícil captar claramente o que está me dizendo, mas parece nítida a inquietação: "os outros indo e eu ficando por aqui preso". Ocorre-me que eu também sentia certo mal-estar sem saber o que dizer, mas não havia o peso anterior, embora não houvesse clareza. *Repentinamente,* ocorre-me que a repetição do movimento de troca de "namoradas" e a inquietação que está acontecendo no trabalho são o mesmo movimento, ou seja, estão relacionados, e que eu estivera impedida de me dar conta e de falar isso. João, então, me diz que estava pensando em pedir aumento (quer mais?). Mas, diz também que não sabe se aquele era um bom momento para pedir aumento. Fico com vontade de perguntar: "E você vai para onde?". Faço a pergunta como se não quisesse perdê-la. Lembro-me dele dizendo: "Pois é, é isso... é isso".

Fico pensando em como poderia dizer a ele sobre o que a mim pareceu semelhante entre a inquietação que descreve e o que sempre diz sobre sentir que fidelidade é prisão, que gosta de novidades, de viajar, de fazer coisas novas.

Ocorre-me que, embora João diga que está sempre querendo ir em busca de algo novo, ele, na verdade, está sempre fugindo. Essa ideia fica reverberando em mim e pergunto-me: fugindo de que? Digo, então: "Curioso! A mim parece que você acha que vai, mas a mim parece que você foge".

Ele fica muito desconcertado, gaguejante, dizendo "ai, ai, ai, nossa... nossa" parece que reclamará, se zangar, mas apenas repete: "Fugindo, fugindo". Dá uma risadinha e diz: "Engraçado... concordo..., mas... fugindo?... do quê?".

Digo meio temerosa: "De escolher, de abrir mão, de sentir perdas ao abrir mão do que te parecem oportunidades, e continuar a acreditar em poder tudo".

Ele fala: "A insatisfação... sempre... sempre, de sempre estar desconfortável com o que tenho... dessa inquietação sempre aqui".

Digo: "Não há lugar de paz"; e ele diz: "Quando eu encontro o que quero, logo estou insatisfeito, outra vez".

Digo: "O lugar de não ter de escolher, de ser ilimitado".

Ele pergunta: "Tenho de escolher? Por que é que tenho de escolher?".

O lugar do sonho pôde finalmente ser retomado!

Os atendimentos prosseguiram e João foi conseguindo suportar a profunda tristeza que a descoberta de algumas das suas verdades lhe trouxe. As novas falas de João que foram trazidas passaram a incluir o dar-se conta dos riscos tanto concretamente factuais como afetivos decorrentes das situações que o modo de viver "deixa a vida me levar" acarreta. Mais, começar a poder dar-se conta da intensa "atração" que essas situações impensadas exercem sobre ele; além disso, como "as parceiras" por quem se sente mais fortemente atraído são justamente aquelas que oferecem algum componente perigoso e nas quais há um desafio sempre presente: ele estimulado por elas, tendo de enfrentar o dragão e viver prazeres paradisíacos, ou ser prudente, cuidar de si mesmo, mas sentindo isso como capitular quanto ao paraíso.

Surge a possibilidade de ele refletir sobre o valor que a própria vida tem para si.

Surgiu em nossas associações a figura de um King Kong muito ameaçador. Essa figura tem nos ajudado a falar sobre tristeza e sobre medo, ambos decorrentes da força sedutora que algumas situações têm para ele. O perigo está presente; no entanto, agora João pode falar sobre ele; vem negociando com o King Kong, conquistando a liberdade de talvez, verdadeiramente, "ir", agora sem fugir. No entanto, não há espaço para ilusões: a luta ainda é contínua, ferrenha e dolorosa. O canto das sereias é obstinado, incessante…

Estou certa de que o mastro ao qual pude me amarrar e que me deu sustentação até que eu acordasse do conluio mortífero foi o exercício de apelar para a tentativa de inserir o material das sessões na grade. Ele possibilitou que eu me apercebesse da colusão da qual eu estivera fazendo parte e, iluminando, assim, também o lado da analista, me permitiu acordar e voltar a sonhar.

Referências

Bion, W. R. (1966). *O aprender com a experiência*. (Trad. Jayme Salomão e Paulo Dias Corrêa). Rio de Janeiro: Zahar.

Bion, W. R. (1984). *Transformações: mudança do aprendizado ao crescimento*. Rio de Janeiro: Imago.

Bion, W. R. (2004). *Elementos de psicanálise* (2ª ed. Trad. Jayme Salomão; revista por Ester Hadassa Sandler e Paulo César Sandler). Rio de Janeiro: Imago.

Caper, R. (1995). Sobre a dificuldade de fazer uma interpretação mutativa. In *Tendo Mente Própria: uma visão kleiniana do self e do objeto* (pp. 59-75). Rio de Janeiro: Imago.

Cassorla, R. M. S. (2016a). *O psicanalista, o teatro dos sonhos e a clínica do enactment*. São Paulo: Blucher.

Cassorla, R. M S. (2016b). Quando o analista se torna estúpido: tentativa de compreensão do enactment utilizando a teoria do pensamento de Bion. In A. M. Rocha Barros Neto & E. M. Rocha Barros (org.), *O Psychoanalytic Quarterly: artigos contemporâneos de psicanálise* (vol. II). São Paulo: Escuta.

Cassorla, R. M. S. (2011). Édipo, Tirésias, o oráculo e a esfinge do não sonho às transformações do sonho. In Rezze, C. J.; Marra, E. S.; Petricciani (Orgs.), *Psicanálise: Bion, teoria e clínica* (pp. 110-131). São Paulo: Vetor.

Chuster, A., & col. (2011). A mente do analista se organiza para o impossível. In: *O Objeto Psicanalítico: fundamentos de uma mudança de paradigma em psicanálise* (pp. 149-169). Porto Alegre: Editora do Autor.

Figueiredo, L. C. (2021). *A mente do analista*. São Paulo: Escuta.

Rezze, C. J. (2021). *Psicanálise: De Bion ao prazer autêntico*. São Paulo: Blucher.

Rezze, C. J, Camargo, C. A. V., Marra, E. de S. (Orgs.). (2016). *Bion, transferência, transformações, encontro estético*. São Paulo: Primavera Editorial.

Steiner, J. (2010). Can the analyst think while enacting? *Int J Psychoanal, 91*, 1261-1263. doi: 10.1111/j.1745-8315.2010.00311.x

10. O terceiro analítico e a *regrediência da dupla*: uma experiência de enlouquecimento da analista

Gina Tamburrino

> *E ele não poderá vir a saber o que fazer a não ser que viva no que não é meramente o presente, mas o momento presente do passado, a não ser que esteja consciente, não do que está morto, mas do que já está vivo.*[1]

O reconhecimento do dispositivo contratransferencial permitiu compreender que o analista não pode neutralizar o peso de sua mente. A dimensão intersubjetiva, por sua vez, nos fez ver que é impossível localizar a origem das ideias, sentimentos e pensamentos que emergem na sala de análise e, mais especificamente, na mente do analista. "Afinal, de quem foi a ideia?" (Ogden, 2010). Como atribuir autoria ao que é dito, pensado ou sentido na sala de análise e no âmbito da escrita? Inspirado em Bion (1970/2007), Ferro (2005a) compreende a psicanálise como "uma sonda que expande o campo que indaga" (p. 46).

---

1 T. S. Elliot, 1919, conforme citado em Ogden, 1996.

Indo nessa direção, a análise é uma "experiência emocional" (Bion,1962/2009) constituída e *acontecendo* no "aqui e agora" da sessão, entre as subjetividades individuais e as intersubjetividades formadas durante o encontro analisante (Branger & Baranger, 1961-1962/2010; Ogden, 1996b). Portanto, não existem os fenômenos transferencial e contratransferencial separados apenas. Existem relações dialéticas entre as figuras da transferência e da contratransferência, bem como dessas figuras com a matriz do "estado vivencial básico, dentro da qual a transferência-contratransferência está sendo produzida" (Ogden, 1996e, p. 133). As contribuições pessoais do analista e do analisando "se mesclam" e produzem os "frutos da relação intersubjetiva" (Cassorla, 2016).

Com o tempo, e sofrendo o impacto da sonda em nós, passamos a entender que a experiência de encontro na *sala de análise* se constitui e desenvolve-se "no momento presente do passado" (Elliot, 1919, conforme citado em Ogden, 1996b), no contexto de "uma dimensão histórica, refletindo seus estados anteriores e já anunciando seus prováveis desdobramentos" (Figueiredo & Coelho Júnior, 2008, p. 64) no aqui e agora da sessão.

A "transferência", neste contexto, deve ser considerada "uma força ativa do passado". Mas "algo do presente – a relação com o analista – deve ser capaz de diferenciar-se deste passado e, [...] agir retrospectivamente sobre [...] o que dele opera no presente ambíguo [...]" (Figueiredo & Coelho Júnior, 2008, p. 64).

Tomo este breve escrito como uma oportunidade para pensar como a dimensão intersubjetiva nasce no aqui e agora da situação analisante e abre caminho para o desenvolvimento do trabalho psíquico da dupla. Proponho que a formação do sujeito da situação analisante – o terceiro analítico (Ogden, 1996b) – é constituída na perlaboração do *continuum* não-sonhos-a-dois – sonhos-a-dois (Cassorla, 2016). Este, por sua vez, pode ser favorecido pelo estado de regrediência (Botella & Botella, S, 2016) das mentes do analista e do analisando, em determinadas situações analisantes, como parece ser o caso do episódio que apresento a seguir.

A *escuta regrediente* (Botella & Botella, S, 2016) do analista está relacionada ao surgimento do não-sonho-a-dois na sala de análise, bem como ao deslizamento deste último para o sonho-a-dois que emerge na "sala de análise" (Ferro, 1996). Algo muito primitivo e traumático comparece na mente do analista em sua forma bruta (não-sonho-a-dois) e transforma-se pelo trabalho da dupla em sonho-a-dois.

Nero e a analista: afinal, quem está louco?

"O analisando é algo que não existe separado da relação com o analista, e um analista é algo que não existe separado da relação com o analisando" (Ogden, p. 39, 1996a).

Estou com Nero; ele está sentado à minha frente narrando o quanto se ressente ao ver sua mãe sofrer com o Alzheimer da mãe dela, avó dele. Diz o quanto é aflitivo perceber sua mãe num beco sem saída, pois não há o que fazer, a não ser se arrastar nisso que parece uma infinita agonia. Repentinamente vejo "alguém" pular minha janela e passar à nossa frente (meu consultório ficava no primeiro andar, onde havia uma marquise). O mais espantoso era não conseguir definir com maior clareza o que era "aquilo"; embora tivesse características humanas, não me pareceu um ser humano "normal" – talvez fosse um *homem negro*, ou um *fantasma...;* fato é que não pude "definir". A curiosidade e o estado de surpresa cederam lugar à angústia, e eu me senti louca. A sessão terminou e por algum tempo permaneci habitada por essa vivência estranha, mas principalmente muito *desconfiada de mim*; depois esqueci.

Cerca de 20 dias depois desse acontecimento, Nero estava sentado à minha frente, *ainda*. Digo "ainda" porque parecia que ele não havia saído de lá, daquele lugar; e, na verdade, nem eu. Algo de que apenas pude me dar conta nessa sessão em que um segundo episódio aconteceu. Após conversarmos longamente sobre suas angústias diante das demandas do trabalho, Nero começou a repetir em tom angustiado: "não aguento, não aguento, não aguento! Prefiro morrer queimado a ter o Alzheimer de minha avó!".

Essa fala ecoa em mim e leva-me de volta à sessão de dias atrás. Apenas nesse momento o espectro fantasma/homem-negro irrompeu em minha mente como um boneco de mola que pula de uma caixa surpresa, quando é aberta. A experiência de qualidade alucinatória de dias atrás retornou agora como lembrança fazendo uma ligação com a fala surpreendente de Nero. Tomada de surpresa, compreendo que aquele espectro indefinido era/é Nero-carbonizado; "prefiro morrer queimado a ter o Alzheimer de minha avó".

O que Nero me comunicava não era o medo de ter Alzheimer, mas o de "saber-se" enlouquecendo; a loucura o espreitava através do *desatino* da avó e do *desespero* da mãe. Tomada pela nova ligação que o "espectro Nero-carbonizado" provocou em mim, digo que ele me parecia ter muita certeza de que teria Alzheimer, enquanto penso, sem dizer: "ele já está com Alzheimer". Nero diz que o assustava muito ver a avó *perder* a cabeça, não saber mais de si, não saber mais quem foi ou quem era; presente e passado não existiam mais, o que era de fato real e o que não era. Tudo o que havia sido e existido não existia mais. E repete: "prefiro morrer queimado". Continuava ecoando em minha mente o que havia pensado: "*ele já está* com Alzheimer". Então resolvo perguntar porque me faltou coragem de afirmá-lo: "Você está com medo de estar louco, Nero?". Sem muita hesitação, Nero responde que não é raro se pensar louco.

A partir desse momento, o assunto da loucura se tornou recorrente, e Nero passou a trazer algumas lembranças de quando era menino.

Lembrou-se de uma cena da infância em que ficava intrigado com um mendigo que ia e vinha: "eu ficava imaginando como ele teria se tornado aquele mendigo, eu ficava tentando imaginar o que teria acontecido com ele e temia muito, muito mesmo, que eu pudesse me tornar como ele também; eu ficava espiando aquele homem ir e vir, passando sempre pela minha porta, e morria de medo quando minha avó me dava uma moeda para entregar a ele. Mais de uma vez ela me disse que isso acontecia com quem não trabalhava; eu sempre tive certeza de que este seria o meu destino; ainda penso isso".

Nero trouxe uma recordação que me pareceu mais importante do que as demais; deixo para narrar esse episódio um pouco mais à frente.

O estado de regrediência

O espectro indefinido fantasma/homem-negro surgiu como um *flash* visual; fenômeno em que uma qualidade de imagem surge quando um elemento-alfa escapa para fora da mente do analista e pode ser visto a olho nu no exterior (Ferro, 2005b).

Proponho pensar esta qualidade de imagem (*flash* visual) como uma criação da dupla – o terceiro analítico (Ogden, 1996a) – que surge por meio da *escuta regrediente do analista* (Botella & Botella, 2016, pp. 157 e 163) e de um estado de regrediência da mente do analisando, criado na intersecção do funcionamento mental da dupla. A regrediência é:

> *[...] campo psíquico e ao mesmo tempo um estado, uma qualidade e um movimento em um processo de evolução; um potencial para transformação, uma capacidade psíquica que favorece a transformação de modo*

> *endoalucinatório, qualquer quantidade de excitação, verbal, motora ou emocional. (Botella & Botella, 2016, pp. 148 e 152)*

As construções regredientes são "*figuras de ligação* dotadas de uma força de unir e criar novos significados". Portanto, a maior importância não se encontra na possibilidade de atingir a pré-história do paciente (Botella & Botella, 2016, p. 169), mas no sentido criado na experiência emocional que pertence ao momento da sessão. Essa qualidade de construção depende do envolvimento do analista, de sua implicação na experiência emocional.

O encontro entre duas psiques, abrigadas pelas condições que o *setting* analítico oferece, permite que analista e analisando *operem* com suas mentes em estado de *regrediência* apropriado à criação dos fenômenos de figurabilidade. Uso aqui o termo "figurabilidade" para abordar a qualidade das *imagens que emergem na mente do analista* durante a sessão analisante em que ocorre "uma *regressão regrediente* compartilhada por paciente e analista de forma similar, despertando *atualizações* de afetos, que as figuras e formas serão trazidas para os afetos inexprimíveis e não representados da "memória sem lembranças" (Botella & Botella, 2016, p. 169).

Estou considerando a *regrediência* uma qualidade profunda de "atenção flutuante" (Freud, 1912) que permite acessar estados mentais inacessíveis. Esses fenômenos não têm relação com "qualquer traço mnêmico", conforme o sentido dado por Freud (Botella & Botella, 2016, p. 169).

Com Nero, em vez de ouvir as suas palavras, *senti o conteúdo* trazido por ele na cena da avó e da mãe, *em um nível emocional* (Botella & Botella, 2016) profundo, o qual me permitiu abrir um espaço interno capaz de abrigar suas angústias quanto a um "terror inominável" (Bion, 1962/1994) que gerava no aqui e agora da sessão o pavor que sentia ao supor que estava enlouquecendo, assim como me senti também quando vi o espectro pular a janela.

Na verdade, essa experiência pôde me oferecer o tom emocional do que era sentir-se enlouquecendo, e foi esse o aspecto mais importante que me permitiu ter acesso ao pavor de Nero diante da desconfiança de estar enlouquecendo. Se ele me contasse que às vezes se sentia louco, não poderia ter me oferecido a compreensão emocional que pude ter ao experimentar o que experimentei com o *flash* visual.

O *flash* visual, nesse contexto, pode ser considerado a *ponta* do *iceberg* submerso de toda uma situação psíquica que me parecia conter bem mais do que a imagem do espectro pode comunicar. Com isso quero dizer que os estados de enlouquecimento de Nero apenas estavam entrando na sala de análise pela primeira vez, e que essa experiência serviu de abertura para isso.

Em estado de *regrediência* da dupla e num *modo de escuta regrediente* da analista, emergiu uma experiência emocional de duração *transitória*, *efêmera* e *veloz* (Botella & Botella, 2016) que criou o *afeto compartilhado* – o sentimento de estar louca e/ou enlouquecendo –, não como repetição do passado, mas como uma experiência criada no aqui e agora da situação analisante.

Considerar a identificação projetiva

A identificação projetiva, no contexto da experiência da análise com Nero, pode ser considerada em termos de uma dialética de sujeitos que se criam, negam-se e preservam-se mutuamente; cada um deles subjuga e é subjugado pelo outro, para criar o *terceiro sujeito*: o sujeito da identificação projetiva (Ogden, 1996c, p. 96).

O recipiente-analista participa da negação de si próprio, na condição de sujeito separado, e cria um espaço psicológico em si mesmo que pode ser, na fantasia inconsciente, ocupado pelo projetor-paciente (Ogden, 1996c, p. 95). Com Nero, a analista viveu uma experiência emocional negando (inconscientemente) uma parte de sua sanidade a fim de criar um espaço com o qual pôde acolher a angústia de Nero. O *flash* visual do espectro foi criado (surgiu) nessa condição. Não é algo que se possa fazer porque se quer, ou porque se está consciente disso. É um processo inconsciente de *criação de um espaço analítico* (Ogden, 1996d, p. 124,) sob a forma de um *não-sonho-a-dois* tornando-se um *sonho-a-dois* (Cassorla, 2016) na experiência do terceiro analítico intersubjetivo (Ogden, 1996d, p. 125).

A identificação projetiva, neste caso, é um *processo* pelo qual as subjetividades do *projetor* e do *recipiente* estão sendo negadas: o projetor está renunciando a um aspecto de si próprio que ele imagina sendo evacuado para dentro do recipiente. O recipiente, por sua vez, está negando uma parte de si próprio *a fim de abrir um espaço dentro de si para acolher um aspecto do projetor que está sendo recusado.* É esse tipo de acolhimento que ocorreu para que o espectro pudesse ser criado, recebido e contido.

Outros sentidos a partir da ligação Nero-carbonizado

Em retrospecto (*après-coup*), percebi que naquele agora da sessão – quando foi possível estabelecer a ligação espectro e Nero-carbonizado –, comecei a me separar de Nero, distanciar-me da experiência de enlouquecimento e recuperar minha capacidade para pensar em outro nível, menos invadida pela loucura. Recordo-me de dizer a Nero que o seu desconforto com a avó parecia tocá-lo mais forte e mais fundo do que os sofrimentos de assistir ao desmoronamento dela, e ao consequente sofrimento da mãe. Nero diz sentir-se tomado por muitas coisas, muitas ideias. Das recordações que passou a narrar desde aquele dia, uma em especial me deixou bastante intrigada.

O pai havia desaparecido por dias, retornou abatido e cheio de segredos e tornou-se calado, nunca falaram sobre o ocorrido. Uma sombra caiu sobre a família, e não se lembra de quando as coisas acalmaram. Falou de um *baú de segredos*, "quero abri-lo". Esse baú compareceu algumas vezes às sessões de Nero, permitindo-lhe pensar que ele guardava muita curiosidade pelo que havia acontecido com o pai; apesar de os anos terem passado, ainda era algo que o assombrava.

O que é importante nessa experiência de enlouquecimento da analista é que, tendo ela própria uma experiência de enlouquecimento, foi possível entrar em contato com a dimensão do pavor de Nero frente à desconfiança de que estava enlouquecendo. Embora Nero tenha evacuado seu terror por não suportar contê-lo dentro de si e não ter condições de transformá-lo, ele também comunicou à analista, fazendo-a viver na própria *pele* o que ele experimentava.

O analista apenas pode ter "acesso à sua própria mente" durante a situação analisante. Importa a "forma como percepções, sentimentos e intuições relativas ao campo analítico é representada dentro de si" (Cassorla, 2016, p. 14). As vidas mentais de ambos durante a sessão formam "um campo" no interior do qual é impossível distinguir o que pertence ao analista e o que pertence ao analisando (Baranger & Baranger, 1961-1962/2010; Ferro, 2005b). Não há como "desembaraçar os elementos constitutivos da relação" para saber quais "qualidades pertencem" ao analista e quais pertencem ao analisando. A essência dessa relação está na criação da experiência de intersubjetividade produzida na dialética entre as subjetividades individuais "do analista e do analisando, dentro do *setting* analítico" (Ogden, 1996b, p. 60).

O estado de loucura (estado de mente) experimentado pela analista diante do espectro foi criado nas condições do campo analisante, pela dupla. É uma criação de duas mentes, não como "soma das duas situações internas", mas como uma criação da unidade que ambos constituem no aqui e agora da sessão (Branger & Baranger, 1961-1962/2010).

Referências

Baranger, M., & Baranger, W. (2010). (1961-62). A situação analítica como campo dinâmico. *Livro Anual de Psicanálise, XXIV*. (Trabalho original publicado em 1961-1962)

Bion, W. R. (1994). Uma teoria sobre o pensar. *Estudos Psicanalíticos Revisados* (*Second Thoughts*). Rio de Janeiro: Imago. (Trabalho original publicado em 1962)

Bion, W. R. (2009). *Aprendiendo de la experiência*. Buenos Aires: Paidós Psicologia Profunda. (Trabalho original publicado em 1962)

Bion, W. R. (2007). Continente e contido. *Atenção e interpretação*. Rio de janeiro: Imago. (Trabalho original publicado em 1970)

Botella, C., & Botella, S. (2016). Figurabilidade psíquica e estados não representados. In H. B. Levine, G. S. Reed & D. Sarfone (Orgs.). *Estados não representados e a construção do significado: construções clínicas e teóricas* (pp. 141-174). São Paulo: Blucher/Karnac.

Cassorla, R. M. S. (2016). *O psicanalista, o teatro dos sonhos e a clínica do enactment*. São Paulo: Blucher/Karnac.

Ferro, A. (1998). *Na sala de análise: emoções, relatos, transformações*. Rio de Janeiro: Imago.

Ferro, A. (2005b). O après-coup e a cegonha: campo analítico e pensamento onírico. In *Fatores de Doença e Fatores de Cura*. Rio de Janeiro: Imago.

Ferro, A. (2005a). Cultura da rêverie e cultura da evacuação. In *Fatores de Doença e Fatores de Cura*. Rio de Janeiro: Imago.

Figueiredo, L. C., & Coelho Júnior, N. (2008). *Ética e técnica em psicanálise*. São Paulo: Escuta.

Freud, (1912). Recomendações aos médicos que exercem a psicanálise. *ESB Obras Completas de Sigmund Freud* (Vol. XII), 1969.

Ogden, T. (1996a). Para uma concepção intersubjetiva do sujeito: a contribuição kleiniana. In: *Os sujeitos da psicanalise*. São Paulo: Casa do Psicologo.

Ogden, T. (1996b). O terceiro analítico: trabalhando com fatos clínicos intersubjetivos. In *Os Sujeitos da Psicanálise*. São Paulo: Casa do psicólogo.

Ogden, T. (1996c). Identificação projetiva e o terceiro subjugador. In *Os Sujeitos da Psicanálise*. São Paulo: Casa do psicólogo.

Ogden, T. (1996d). O conceito de ação interpretativa. In: *Os sujeitos da psicanálise*. São Paulo: Casa do Psicólogo.

Ogden, T. (1996e). Analisando a matriz da transferência-contratransferência. In *Os Sujeitos da Psicanálise*. São Paulo: Casa do psicólogo.

Ogden, T. (2010). O que é verdadeiro e de quem foi a ideia?. In: *Esta arte da psicanálise*. Sonhando sonhos não sonhados e gritos interrompidos. Porto Algre: Artmed.

Terceira parte
As ameaças e os ataques ao pensar hoje

11. Fanatismo: reflexões a partir de fenômenos do campo analítico[1]

Roosevelt Cassorla

Quando os times de futebol de minha cidade jogam entre si, levantam-se boatos mentirosos que resultam em enfrentamentos violentos das torcidas. Após a descarga, a normalidade retorna. Até o próximo jogo, quando tudo se repete. Quando os jogadores de ambos os times são convocados para uma seleção, os torcedores se unem contra o "inimigo" comum. Este fanatismo do dia a dia nos faz pensar em uma origem mítica quando os irmãos rivais da horda primitiva se unem para derrotar o pai (Freud, 1911).

A Humanidade sempre conviveu com a Maldade. O investigador deve cuidar-se para que repulsa e indignação não prejudiquem sua capacidade de pensar o tema. Deve considerar que os fatores que contribuem para a Maldade devem ser tão complexos como aqueles que influenciam a Bondade. As ideias de Arendt (1999) sobre a banalidade do mal não surpreendem o psicanalista que conhece a perene luta entre Eros e Tânatos.

---

1 Originalmente publicado como "Fanaticism: Reflections based on phenomena in the analytic field". *The International Journal of Psychoanalysis, 100*(6), 1338-1357, 2019. Republicação em português autorizada.

A complexidade do tema demanda difíceis estudos interdisciplinares que abrem inúmeros caminhos. Existe uma grande quantidade de investigações – principalmente de cientistas sociais – que buscam compreender fenômenos como a violência e a maldade. Há que lembrar que a própria ciência pode ser manipulada para justificar teorias fanáticas sobre superioridade de grupos humanos.

Alguns psicanalistas têm proposto hipóteses teóricas sobre o comportamento fanático a partir principalmente do estudo de fatos sociais (Armengol, 1999; Catz, 2016; Chuster, Soares & Trachtenberg, 2014; Ferrari Filho, 2017; Fonseca, 2018; Goldberg, 2003; Goldstein, 2018; Mazon, 1982; Rozenberg & Boraks, 2016; Rubinstein, 2015; Sor & Senet, 2010; Tizón, 2015; Viñar, 2006). Utilizando diferentes referenciais teóricos, especulam sobre fatores que induzem o fanático a atacar a percepção da realidade, substituindo-a por crenças absolutas. No entanto, a maioria desses trabalhos não parte de situações clínicas, certamente porque fanáticos não buscam psicanalistas.

O objetivo deste texto é aproximar-nos da compreensão de configurações clínicas que se manifestam, no campo analítico, em forma similar a comportamentos sociais considerados fanáticos. Essa similaridade poderá auxiliar-nos a formular hipóteses sobre fatores envolvidos.

A fusão com o objeto idealizado

Em trabalhos anteriores (Cassorla, 2016; 2017a, 2017b), foram estudados fatores que, na adolescência, contribuem para a formação de crenças tomadas como certezas. Eles serão retomados em seguida.

Ameaçado pela violência pulsional e pelo contato com a realidade, o jovem busca proteção em um objeto idealizado. A aderência a esse objeto será proporcional aos sentimentos de desvalimento terrífico que remetem a traumas vividos no início da vida.

Clinicamente, estes jovens se simbiotizam ao objeto. O "outro" é vivenciado como parte do *self*. Por analogia, podemos dizer que o jovem se torna adicto ao objeto, ou "fanático" por ele. Esses aspectos fazem parte das vicissitudes da adolescência "normal". Quando as configurações se tornam rígidas, encontramo-nos com o funcionamento de organizações narcísicas patológicas.

A realidade triangular, no entanto, ameaça a manutenção da relação simbiótica/parasitária. Quando ela se rompe, o jovem é assaltado por terrores de aniquilamento. O termo "fanático" faz mais sentido quando ocorre violência contra o objeto "traidor", que se desprendeu do *self* simbiotizado. Outras vezes, ocorre um ato suicida que, além da vingança, busca uma vida idealizada após a morte. Em situações de ressentimento intenso (desencadeado, por exemplo, por *bullying* crônico), o jovem pode atacar, com armas de fogo, seus colegas de escola e, em seguida, matar-se.

A necessidade da relação dual é um importante fator que contribui para que pessoas se tornem adeptas de grupos religiosos, ideológicos, místicos, criminosos etc. O objeto idealizado tampona o vazio e assume o suposto poder do grupo. Este pode identificar-se com uma Verdade Única, que será sua Causa. Constituem-se agrupamentos fanáticos, tais como a Juventude Nazista e a Juventude Comunista, ponta de lança para a disseminação da suposta Verdade.

Atualmente, jovens de países desenvolvidos se vinculam a grupos fanáticos islâmicos, atacando seus próprios países. Crianças e adolescentes carentes que se envolvem com quadrilhas criminosas sentem que "existem". Em situações sociais críticas, é mais fácil encontrar pessoas fragilizadas que, sentindo-se acolhidas, se fanatizam.[2]

2 Em sociedades fanáticas, crianças e adolescentes podem denunciar seus pais. Em outro texto (Cassorla, 1998), estuda-se o fanatismo de Pavlik Morozov, o "primeiro pioneiro soviético", usado como propaganda pelo regime stalinista.

A adicção a regimes alimentares, exercícios físicos, drogas, jogo, internet, estudo e trabalho etc. podem revelar organizações defensivas similares que persistem na vida adulta. Por vezes a sociedade aceita e estimula esse tipo de "fanatismo".

Portanto, nossas primeiras hipóteses nos levaram em direção a organizações narcísicas que protegem contra a explosão psicótica. Quando as defesas vacilam o objeto frustrante se torna ameaçador e é atacado de forma vingativa e ressentida. Evidentemente, para que essas organizações busquem disseminação fervorosa (como ocorre no fanatismo), devem existir outros fatores. Retomaremos esse assunto adiante.

Conhecimento, crença e fanatismo

O fanático transforma a percepção e o conhecimento da realidade para adaptá-la a suas necessidades e a seus desejos conscientes e inconscientes. Ele tem certeza absoluta de que possui a Verdade, que é única. Fatos que não coincidem com ela são isolados ou pervertidos e absorvidos pela organização fanática. Reforçando a configuração defensiva, o fanático se projeta no mundo, fagocitando adeptos, com os quais se nutre.

Na mente fanática não há lugar para dúvidas, tolerância, alteridade, culpa, lutos, depressão ou reparação. Não existe tristeza nem alegria. Esta é confundida com excitação. Vive-se em um mundo hiper-real, onde as coisas são o que se imagina que são, nada além ou aquém disso.

Quando o funcionamento fanático convive com uma parte não psicótica da mente razoável, mantém-se certo contato com a realidade, como vemos no "fanatismo" do dia a dia, em que o objeto idealizado é um cantor de *rock*, um time de futebol, ou mesmo instituições políticas, ideológicas e científicas que não exigem fidelidade total.

Os aspectos fanáticos da mente têm algumas características que os diferenciam daqueles predominantes na parte psicótica da personalidade. O fanático deforma uma realidade que é consensual para determinados grupos sociais em uma forma convincente para aqueles grupos, ainda que bizarra para outros. A neorrealidade criada pelo psicótico, no entanto, parece bizarra para quase todos. Ao contrário do indivíduo em que predominam os aspectos fanáticos, o psicótico não costuma estar em busca de adeptos.

Aspectos fanáticos e psicóticos coexistem e sofrem influência mútua. Surtos psicóticos, explosões genocidas, suicídios coletivos (por exemplo, os adeptos de Jim Jones) – junção de aspectos perversos e psicóticos – indicam intromissão violenta na organização fanática.

Deter-nos-emos, a partir desse ponto, em alguns termos cuja compreensão nos ajudará na investigação.

Conhecimento provém do latim *cognoscere* que contempla, em seu significado: 1. em comum, com alguém; 2. tornar ou gerar; 3. entender. É algo gerado em forma intersubjetiva (La Puente, 1992). O conhecimento é efêmero e está sempre em transformação. A Verdade última é inacessível.

A *Crença* toma algo como verdadeiro, mas se admite a possibilidade que não seja verdadeira (Britton, 1998). Por exemplo, psicanálise é um conhecimento e acredito (crença) que ajudará meu paciente. Existe a possibilidade de que não ajude. Quando a crença abandona a possibilidade e torna-se certeza, estamos diante das crenças delirantes (por exemplo, curar uma fratura óssea com interpretações psicanalíticas) e/ou fanáticas (somente X possui a Verdadeira Psicanálise).

O termo "fanático" vem do latim *fanus*, que significa "templo". Os romanos associavam a palavra ao verbo *for, fari*, que significa "falar solenemente". O fanático era o porteiro que velava cuidadosamente pelo santuário. Com o tempo, passou a nomear o religioso fervoroso que se dedicava exclusivamente a um único deus. O termo se ampliou para nomear o louco, com entusiasmo delirante, frenético, iluminado, exaltado por sua crença.[3]

O fanático se considera infalível. Certo da superioridade da sua Verdade, luta pela "salvação" do outro. Quando o outro resiste à salvação, o fanático tem certeza de rivalidade invejosa. Dessa forma, precisa atacar todas as evidências que abalariam suas ideias, incluindo as pessoas que duvidam. Qualquer forma de perversidade está justificada, em nome da Verdade ou da Causa.

Portanto, atrás da certeza supostamente inabalável, existem terríveis inseguranças e o psicanalista não se surpreende quando descobre que a mente fanática encobre aspectos frágeis, aterrorizados. Terroristas são, na verdade, pessoas aterrorizadas.[4]

Duas importantes características do pensamento fanático são a generalização deformante e a valorização acrítica das relações causais. Determinada situação, verdadeira ou falsa, é generalizada, e a responsabilidade é atribuída a todos os indivíduos de uma mesma categoria (etnia, religião, por exemplo), que serão considerados inimigos. Caso, em algum momento, as evidências mostrem o contrário, o fanático criará novas crenças para confirmar sua Verdade.

A capacidade contagiosa do fanatismo pode obnubilar a capacidade de pensar do observador que corre o risco de tornar-se adepto da crença. A crença fanática pode disseminar-se da mesma forma que doenças infecciosas que atingem hospedeiros vulneráveis, como estudaremos adiante.

---

3 Para estudo detalhado da etimologia, v. Mazon (1982) e Marimaa (2018).

4 O fundamentalista (fanático ou não) se prende a Escrituras. Vive no passado. Outros fanáticos idealizam o futuro.

Os fatos assinalados até aqui nos levam a supor que o surgimento do fanatismo é facilitado, em uma pessoa, grupo social, ou em uma sociedade, quando estes se sentem fragilizados e ameaçados. Para contrapor-se a esse desespero, busca-se algo salvador, poderoso, que substituirá a insegurança por Certezas.[5] A instância poderosa é atribuída a crenças socioculturais adquiridas dentro de grupos sociais e/ou insufladas por líderes. Esta "inoculação" é um fator importante que determina a transformação das crenças em fanatismo. A transmissão de funcionamentos fanáticos se inicia na infância precoce e, possivelmente, antes.[6]

Existe uma clara relação entre o fanatismo e o ressentimento. O ressentido se sente traumaticamente injustiçado e passa a viver para vingar-se do objeto que supostamente, ou na realidade, o injustiçou. Como vimos, a transmissão transgeracional do ressentimento faz disputas e guerras prosseguirem por gerações (Kancyper,1994; Freud, 1913).

A clínica

Até agora, abordamos fatos sociais bastante conhecidos. O psicanalista clínico, no entanto, deseja aproximar-se de aspectos similares quando estes se manifestam no campo analítico. Seu trabalho busca hipóteses sobre o funcionamento inconsciente. Eventualmente elas poderão contribuir para estudos interdisciplinares.

Como um fanático não se submete à psicanálise, não temos acesso aos fatos clínicos. Nossa investigação estudará situações,

5 Como na Alemanha pós-guerra, que resultou no nazismo.

6 Algumas famílias islâmicas inoculam crenças em suas crianças, desde bebês, para que se tornem terroristas suicidas. Todas as sociedades totalitárias fazem algo similar.

manifestadas no campo analítico, durante o tratamento de pacientes não rotulados como fanáticos. A observação nos estimulou a propor que certos fatos poderiam revelar os pródromos daquilo que será, em algum momento, considerado comportamento social fanático.

1. Transformações fanáticas no início de uma análise[7]

T me procura em desespero, após passar por vários tratamentos médicos, psicológicos e místicos. Vive com terríveis "tonturas" e com o terror de que nunca cessem, o que – segundo T – o tornaria um ser humano imprestável.

A transferência idealizada instalou-se rapidamente. As frustrações inerentes ao trabalho analítico eram projetadas em outros profissionais que, em sua opinião, eram incompetentes.

Sentia-me pressionado por sua demanda de "cura" rápida. T desejava conhecer "fatores psicológicos", mas, ao mesmo tempo, mantinha a crença de que sofria de um distúrbio somático mortal.

As primeiras sessões revelaram defesas narcísicas que haviam sido úteis para a conquista de situações de muito sucesso profissional e social, escondendo suas dificuldades afetivas. T era um cientista respeitado, mas havia sofrido decepções com os colegas de seu laboratório universitário. Contava-me também situações em que tentava "corrigir a ingenuidade" de seus filhos, já adultos, e não se conformava com o fato de eles não o compreenderem. No entanto, mantinha a certeza de que essas situações estavam sob seu controle e que não tinham a menor importância.

---

7 As vinhetas clínicas são ficcionais e condensam experiências vivenciadas pelo autor em sua clínica e em grupos de intercâmbio científico.

A transferência logo se tornou competitiva. T desafiava-me insistentemente a encontrar a "etiologia" de sua doença. Depreciava minhas interações e tentava demonstrar-me a superioridade de suas hipóteses sobre a origem dos sintomas e as vantagens da medicação, mesmo sem ter tido nenhuma melhora com ela. Outras vezes deformava minhas colocações para manter a crença de que eu teria a solução mágica para seus sintomas. Em outros momentos, tentava manter a idealização, agradecendo de forma exagerada minha disponibilidade.

Logo ficou evidente sua crença inconsciente de que sua forma intelectualizada de viver a vida era melhor do que qualquer outra. A possibilidade de dar significado a seu sofrimento parecia distante. Mas seu desespero o fazia vir às sessões.

Descrevo um momento da última sessão de uma semana turbulenta. Ao final da sessão, T me conta de sua surpresa pela morte de uma conhecida atriz, em um acidente. O fato me lembrou da primeira entrevista quando T me relatara, em tom indiferente, a morte de uma irmã, também por acidente. Divido essa lembrança com T. Diz que também se lembrara da irmã quando me contava da morte da atriz. Digo-lhe que talvez esse assunto surgisse em outra sessão.

Na manhã do dia seguinte, feriado, recebo uma mensagem de T em que me avisa que estava interrompendo a análise. Na noite do mesmo dia me escreve que está muito mal e pede-me, por favor, que o ajude.

T inicia a sessão dizendo, magoado, que pensara em parar a análise porque eu não o ajudava. Que não tenho a sensibilidade de perceber sua dor. Que está sofrendo muito e que meu maltrato lhe fez muito mal. Que achou um absurdo eu ter lhe dito, na última sessão, que deveríamos falar sobre a morte de sua irmã. Qual a relação entre a morte da irmã e seu sofrimento atual? Nenhuma! Sua irmã faleceu há quinze anos! Isso está no passado, já foi resolvido. Como um profissional, tão respeitado, comete erros básicos? Para que ficar cutucando em coisas que não são necessárias? Suas considerações são autoritárias, arrogantes.

Surpreso, imagino-me mostrando a T sua necessidade de negar a percepção do sofrimento relacionado a mortes. Penso também na separação provocada pelo feriado. Percebo, rapidamente, que se lhe mostrasse esses fatos, T se sentiria incompreendido e inferiorizado diante de mim. Eu intuía que poderia ocorrer uma disputa estéril. Permaneço calado esperando que algo mais produtivo venha à minha mente.

Como que para confirmar que o problema não seria a morte da irmã, muda a direção de sua bronca. Conta-me de sua zanga comigo em outra sessão. Mostrara seu desespero pela persistência dos sintomas e, ao final da sessão, perguntara-me: "Você acha que vou melhorar, você acha que tenho cura?". Eu teria respondido: "Espero que sim". Percebo que havia deformado minha resposta.

T me acusa, violentamente, por essa suposta frase. Diz que fui frio, desumano. Que ele estava se sentindo destruído, aniquilado. Ensina-me: "Quando alguém está à beira da morte espera que o outro lhe diga 'sim, você vai viver. Tenho certeza. Tenho certeza absoluta'. Mesmo que você tenha dúvidas, é importante dizer isso, para que o outro não desista". Repete a frase, de várias formas, detalhando fervorosamente a forma como devo me comportar.

Quando consigo falar, digo-lhe que sinto muito que tenha passado por esse sofrimento. Que é importante que possamos continuar conversando sobre o que sentimos para percebermos divergências e convergências.

Surpreendo-me com a resposta de T. "Gosto muito da forma como você trabalha".

2. Alguns aspectos teóricos

Esta vinheta ilustra a manifestação de parte do sistema de crenças no campo analítico. As situações mais evidentes são: a certeza de que a morte da irmã não tem nenhuma importância e já está "resolvida"; e a maneira onipotente com que decide como eu devo me comportar e o que devo dizer. Subjacente a essas certezas, existe a crença na origem somática de seus sintomas. E, por fim, a crença de que a vida em sua organização narcísica é superior à vida na realidade triangular.

A rivalidade entre suas crenças e a psicanálise (representada por meu trabalho) se manifesta de forma proporcional à intensidade com que as primeiras se sentem ameaçadas.

Fica evidente também o ressentimento de T porque eu teria me recusado a ajudar da forma que considerava correta. Sou sentido como um analista injusto, avarento, que se recusa a "dar" o que T precisa. Imagina que sadicamente estou fruindo seu sofrimento. Logo, sou culpado por sua doença. Como essa doença é equacionada com a morte, com a não existência, sou considerado como alguém que rouba sua vitalidade.

Por outro lado, T tem certeza de que encontrará a cura se eu me converter à sua causa. Ensina-me, fervorosamente, como devo trabalhar, "salvando-me" de minha incompetência. Minha recusa aumentará o desespero e a violência.

Resumindo, o pensamento fanático de T se apresenta da seguinte forma: "Estou morrendo", mas, ao mesmo tempo: 1. tenho a Verdade; 2. meu analista (a psicanálise) não acredita na Verdade; 3. devo convencê-lo da Verdade; 4. convertendo-o, salvo meu analista para a Verdade; 5. ao salvá-lo, confirmo minha onipotência e a Verdade; 5. logo, não estou morrendo. Acessoriamente: 1. morro por culpa da descrença de meu analista, que não se converte à Verdade; 2. para não morrer, devo matá-lo; 3. eliminada a causa de minha morte, eu continuaria viva; 4. a Verdade triunfaria.

A organização narcísica de T não funciona mais, mas T não pode abandoná-la. A realidade triangular (equacionada com o analista, a psicanálise) é responsabilizada por seu sofrimento, sua morte eventual. T se encontra em um beco sem saída e os métodos repetitivos mortíferos, que imagina que o libertarão (que talvez, em fantasia, funcionaram no passado), fazem-no voltar ao mesmo lugar, que se torna cada vez mais sufocante. Como ocorre nas organizações mafiosas (Rosenfeld, 1987; Steiner, 1993) de onde se escapa somente por meio da morte, assassinato ou suicídio.

O investigador busca modelos que ampliem sua capacidade de "sonhar" o que ocorre no campo analítico. Escolho uma relação mãe/bebê (continente/contido), intuindo que essa escolha busca a revelação de aspectos primitivos do funcionamento mental. O modelo facilita a criação de hipóteses, conjecturas e especulações.

Imaginemos o bebê aterrorizado, não encontrando um continente suficientemente adequado para suas emoções brutas. O desespero é proporcional à insuficiência do continente e à violência do impensável. Especulo com a imagem de um bebê/T prematuro sendo expulso do "útero" (físico/mental), jogado violentamente em um mundo sem significado. O bebê aciona as defesas possíveis, que se manifestarão, em forma transformada e repetitiva, no campo analítico. Tentaremos descrever os fatos mais ou menos na sequência apresentada na vinheta clínica. O leitor poderá transpor a descrição para qualquer dialeto psicanalítico.

1. O primeiro mecanismo é a idealização do analista. T cinde e projeta os terrores para objetos fora do campo analítico. Como sintomas, continuam em seu corpo. Além de alucinar um seio idealizado, T se confunde com seu analista, vivenciado como uma parte de si. A relação dual protege contra a realidade

triangular que seria sentida como traumática porque o bebê/T não adquiriu capacidade suficiente para dar-lhe significado.

Sugiro que estamos diante dos fatores iniciais que contribuem para o desenvolvimento da parte fanática da mente. Como vimos, o vazio simbólico é tamponado por pessoas, drogas, religiões e ideologias. Nesse mundo ideal tudo se pode, tudo se sabe, tudo se controla. Não existem dúvidas. Essas características fazem parte do superego moralístico (Bion, 1965), que ataca o ego e bloqueia o aprender com a experiência.

2. Evidentemente, a simbiose (ou parasitismo) não pode ser permanente. A cada momento, a realidade triangular se faz presente e T terá de perceber que o analista tem vida própria. O continente idealizado se torna insuficiente e perseguidor. O bebê/T se vê como jogado no espaço sideral, rompida a comunicação com a nave-"útero" de onde foi expulso. Novas tentativas de idealização buscam recuperar o paraíso perdido, e o ciclo se repete enquanto não ocorrer desagregação psicótica. O bebê/T atribuirá seu sofrimento à realidade triangular, responsabilizando o analista. Na sociedade, o fanático culpará quem duvidar de sua crença.

3. Acrescentemos que, fazendo parte da insuficiência, o bebê/T vivencia o continente como invejoso, voraz, mentiroso, fraudulento. Um continente que promete continência, mas que sadicamente a recusa e "diverte-se" com o sofrimento causado ao bebê. Este modelo é útil para compreender o ressentimento que se manifesta no campo analítico. T/bebê repete, com seu analista, a crença inconsciente de que o continente é fraudulento. Sedutor, falso e enganador, atrai a vítima para usá-la voraz e invejosamente. T se sente traído e injustiçado.

   Ao mesmo tempo que sente o analista submetendo-o e atacando sua vitalidade, o bebê/T se vê inoculado com ideias errôneas. O fanático atribui ao outro sua capacidade de seduzir, enganar, fraudar, capacidades cuja percepção recusa.

Como o fanático ressentido, o bebê/T sentir-se-á no dever compulsivo de denunciar a farsa, de mostrar as fraudes do analista, de fazê-lo confessar sua maldade e incompetência. Estamos em área de vingança, uma característica importante na criação da mente fanática.

4. Podemos ampliar a reflexão em relação às vicissitudes da relação continente/contido em possíveis áreas adjacentes às que se manifestaram no campo analítico, mas de difícil identificação. Áreas que seriam evidentes em pacientes mais comprometidos. O mesmo bebê descrito anteriormente continua em busca de continente para o não significado. Ao não encontrá-lo, a projeção se intensifica, cada vez mais. O que não tem significado cresce exponencialmente, propagando-se, de forma incontrolada, por um espaço infinito. Vive-se em um mundo autogerado, alucinado, dominado pelo superego moralístico. As certezas, de cunho maníaco, são imutáveis, pois não se conectam à rede simbólica do pensamento. O paciente, onipotente e onisciente, se sente a Verdade.

5. Propomos, como hipótese, que esses aspectos projetados podem aglomerar-se em conteúdos fanáticos inoculados durante o desenvolvimento do indivíduo. Dessa forma, criam-se narrativas fanáticas bizarras, delirantes. Imaginamos essa situação no caso Schreber (Freud, 1911), que estudaremos adiante, em que a propagação se faz para espaços incomensuráveis. Na próxima vinheta, Paulo, a propagação é mais limitada. Façamos um resumo de nossas hipóteses e especulações, retomando a vinheta clínica. Para fugir dos terrores sem significado e ameaças de não existência, T se protege mediante configurações narcísicas, acreditando na

> onipotência do continente idealizado com o qual se fundiu, uma crença que o faz acreditar que tem a Verdade. Quando a idealização falha, revive desconfiança e ressentimento. Haverá que denunciar os traumas injustos causados por sedução mentirosa. Ao mesmo tempo que anula e deprecia o analista, busca "salvá-lo", convencendo-o da pureza e superioridade de suas crenças. Inoculações fanáticas são ativadas. Concomitantemente, elementos sem significado são projetados, configurando-se, por vezes, objetos bizarros que, por sua vez, carregam aspectos fanáticos. A projeção pode abranger espaços infinitos. O analista tenta manter sua função analítica ainda que se sinta seduzido, confuso, depreciado, imobilizado etc. Se sua função analítica estivesse perturbada, ele poderia, eventualmente, tornar-se adepto da Causa.[8]

A vinheta nos mostra os aspectos fanáticos como integrantes das configurações psicóticas. A descrição se aproxima do que se tem denominado "transformações em alucinose" (Bion, 1965), em que ocorrem alucinações invisíveis e negativas (principalmente no fanatismo) e manifestas (principalmente na psicose). Talvez a especificidade da parte fanática pudesse ficar mais clara se nosso material proviesse de pacientes assim considerados.

Outras contribuições de Bion (1958/1967a) nos permitem identificar, nas configurações descritas, a tríade arrogância, estupidez e curiosidade, indicativas de catástrofe psicótica. A arrogância, orgulho desmedido, de sentir-se onipotente e onisciente. A estupidez, que impede a percepção da inadequação das defesas. A curiosidade intrusiva (ligada a Tânatos), voraz e invejosa. Essa mesma curiosidade, quando ligada a Eros, faz o paciente buscar tratamento.

---

8 Freud (1905) nos lembra do chiste em que um padre tentava converter um corretor de seguros ateu de que estava morrendo. Após horas de conversa, o padre foi convencido a comprar apólices de seguro. O ateu continuou ateu...

A discriminação entre aspectos psicóticos, perversos e fanáticos não é fácil quando constituem um conglomerado. Uma diferenciação possível, de cunho descritivo, sugere que as partes psicótica e perversa visam paralisar o processo analítico, impedindo e/ou deformando as possíveis transformações criativas. Ambas atacam a capacidade intuitiva do analista. A parte fanática visa, ao mesmo tempo, convencer o analista do que o paciente considera Verdade.

O fanático não suporta a psicanálise porque ela faz entrar em contato com as limitações impostas pela realidade, desenvolve a capacidade de pensar (que depende da percepção da alteridade e, portanto, da consideração e do respeito pelo outro), permite a dúvida e abre para a criatividade e para o conhecimento de si mesmo. A psicanálise é uma arma contra a disseminação cancerosa da falta de sentido preenchida por Verdades alucinadas. Haverá, portanto, que desvitalizá-la, atacá-la, destruí-la. Queimar livros não será suficiente. Haverá que queimar os psicanalistas.

Quando o ressentimento constitui parte importante da configuração fanática, o ideal é manter a vítima viva para que a vingança seja permanente. Reparações maníacas e obsessivas têm essa função, como vimos no material apresentado.

Sor e Senet (2010) efetuaram um abrangente estudo sobre o fanatismo. Assinalam que, na parte psicótica, ocorre transformação, e a parte fanática é uma área de não transformação. Propõem que, no fanatismo, a cisão profunda entre os elementos mentais os tornam isolados, configurando situações autistas. Não há conexão entre os aspectos fanáticos e o restante da mente.

Na disseminação do fanatismo, os autores valorizam o receptor indefeso. Enfatizam que deve ser criativo (suponho que também ingênuo). Trata-se de pessoas dependentes, que tendem a uniões simbióticas. Os autores propõem como formas de contágio: a contaminação dentro do útero materno, a transmissão entre pessoas, a exposição reiterada a enunciados fanáticos principalmente na infância, além de fatores desconhecidos. Sor e Senet descrevem a Ideia Máxima como uma ideia alienada, causalista, que não se articula com outras ideias, não admite transformações e é extremamente coerente e estúpida.[9]

As ideias desses autores se aproximam, em vários pontos, do que estamos propondo. Podemos imaginar, dentro da mente fanática, uma narrativa lógica altamente complexa (simulando elementos-alfa), mas estanque e imutável, como a parafernália de regras da Inquisição ou do nazismo. Esse conglomerado, que parece alfa, se comporta como elemento beta e aglomera-se em transformações alucinadas.

Podemos supor que a Verdade fanática não provocaria dano se ela se mantivesse isolada, como ocorreria com eremitas e grupos fechados. No entanto, a experiência nos mostra que o fanático precisa disseminar a Verdade. Ela busca, desesperadamente, novos continentes. No entanto, eles serão sentidos como insuficientes e fraudulentos. Por isso, são absorvidos, em forma vingativa e voraz, pela organização fanática.

A Verdade será considerada coerente e verdadeira pelos adeptos contagiados. Os não adeptos podem captar sua bizarrice, já que a configuração projetada contém o superego moralístico, partes arrogantes e obstinadas do ego, e outras partes cindidas da mente. O observador isento vivencia o *Unheimlich* (inquietante) (Freud, 1919).

Falta ainda diferenciar o fanático fanatizante, criador da Verdade, dos fanáticos adeptos. Possivelmente, os primeiros adquiriram e desenvolveram a estrutura fanática desde o berço. Os outros são vulneráveis à identificação com o líder, em formas variadas, a partir

9 Amós Oz (2005) propõe, metaforicamente, a existência de um gene fanático em todos os seres humanos.

de sua necessidade de serem "salvos" da realidade, plena de dúvidas e frustrações.

O processo analítico posterior, com T, revelou que dirigia seu departamento universitário de modo sedutor/autoritário, arregimentando adeptos e utilizando qualquer meio para eliminar oposição. O mesmo fazia com sua família e filhos. Sua capacidade sedutora fervorosa estava fracassando. O enfrentamento por parte de colegas mais jovens e a possibilidade de aposentadoria (equivalente à morte) o obrigaram a entrar em contato com sua fragilidade e com seus traumas primitivos.

3. Transformações fanáticas no interior de um momento psicótico

Não é raro encontrarmos aspectos fanáticos em pacientes que se apresentam em momentos evidentemente psicóticos.

Paulo vivia desde sempre num mundo aterrorizante. Algo terrível, indefinido, estava para acontecer. Não sabia que vivia assim porque imaginava que todas as pessoas sentiam o mesmo. Hoje já consegue observar-se fora desse terror.

Começa uma sessão, sentado à minha frente, contando que recebeu uma caneta de brinde, junto com uma carta solicitando auxílio para uma entidade religiosa. Como não era de sua religião, jogou fora a carta.

Sentia que tinha de livrar-se da caneta, que continha algo ameaçador. Fez uma lista de pessoas a quem poderia dar a caneta: vizinho, empregada, primo, pessoas que têm inveja dele. Não consegue decidir para quem a dar, ou mesmo se a dará. Sua cabeça parecia que explodiria e imaginou seu crânio se abrindo e seu cérebro escorrendo, como viu num filme, em que um criminoso levou um tiro no olho.

Essa imagem me faz sentir horror e satisfação. A inveja de Paulo me incomoda. Penso que a caneta seria um presente carregado de inveja. Sei que se lhe disser isso, eu o estaria retaliando, mais que ajudando.

Pergunto-lhe se havia pensado em deixar a caneta comigo. Responde que não o faria porque eu poderia deixar a caneta sobre minha mesa. Interrompe a fala e olha fixamente para outra caneta, na mesa, de forma desconfiada. Pergunto-lhe o que está vendo. Responde que a caneta está ficando áspera e está crescendo, crescendo rapidamente. Assustado, afasta-se da mesa e pede-me que tire a caneta da mesa. Guardo-a em uma gaveta.

Digo-lhe que a caneta ficou igual à que recebeu como brinde. Ambas as canetas estavam contaminados por emoções ruins e que, por isso, se tornaram perigosas. Pelo clima persecutório, falo devagar, prestando atenção em suas reações. Paulo diz que foi bom ouvir isso, que compreendeu. Mas por que isso acontece?

As intervenções que vêm à minha mente me parecem intelectualizadas. Permaneço em silêncio. *Paulo continua: quando criança, os colegas de escola tinham inveja dele porque sua família era melhor e morava em uma casa bonita.*

Digo-lhe que talvez tenha jogado fora a carta porque o lembrou da inveja das pessoas mais pobres.

Paulo diz que tem medo de morrer. Digo-lhe que se sentiu assustado pelo que falei sobre sentimentos ruins. Responde "todos vamos morrer um dia". Respondo: "sim, eu também".

Paulo sorri, triunfante, e diz que vou morrer primeiro porque sou mais velho. Sinto um arrepio...

Paulo diz que a sessão terminou e levanta-se. Digo-lhe que faltam cinco minutos. Paulo responde que as pessoas se aproveitam dele e estava indo antes de ser mandado embora. Digo-lhe que se ele ficar os cinco minutos, ambos poderemos aproveitar e ninguém sairá perdendo. Paulo, surpreso, diz que não havia pensado nisso.

Como vimos, Paulo vivia em um mundo aterrorizante povoado de objetos bizarros. Defendia-se, em parte, por meio de crenças religiosas. No entanto, não podia disseminar sua Verdade porque se sentia paranoicamente ameaçado pela suposta Verdade dos outros, que invejava. Queria matar os infiéis, mas corria risco de vida. A manifestação de seu desejo invejoso de me matar indicava, paradoxalmente, confiança em minha capacidade de proporcionar algum significado para seus terrores.

Quando o paciente, em um momento psicótico, revela seu desejo de eliminar quem questiona sua organização onisciente, não podemos deixar de considerar o termo "fanatismo". Imagino que, nessas situações, nos defrontamos com configurações mentais propícias para se deixarem inocular por outros aspectos fanáticos do ambiente. Penso que os aspectos paranoides de Paulo o protegeram, naquele momento, de envolver-se mais profundamente com atraentes grupos fanáticos.

Contagiosidade

O contágio emocional foi estudado por Freud (1921) ao referir-se às multidões "hipnotizadas" que são facilmente manipuladas por líderes fanáticos. Bion (1967b) descreveu os supostos básicos que atacam a capacidade de pensar do grupo e alertou-nos para o entorpecimento da mente, que pode tomar como realidade o produto de identificações projetivas massivas. Esse entorpecimento torna as massas eufóricas, submissas ou violentas, respondendo às influências emocionais do líder.

Sabemos que vivências emocionais são transmitidas pelas variações da intensidade vocal, timbre, pausas, tons, como atos da fala, linguagem performativa (Austin, 1990; Franco Filho, 2000). E por intermédio de movimentos corporais. O fanático sabe usar a música que acompanha as palavras e os gestos – melíflua, sedutora, indignada ou/e ameaçadora – para induzir seu interlocutor a acreditar no que diz. A propaganda se sofistica para mobilizar as emoções. Multidões rugindo, marchas militares (cujo ritmo hipnotizador lembra os batimentos cardíacos – possivelmente da mãe), palavras de ordem, orações compungidas, repetição constante de chavões, iluminação hipnótica etc. substituem a capacidade de pensar pela descarga emocional.[10]

A deturpação do significado das palavras é outra arma indutora. Klemperer (2009) estudou como o uso emotivo da linguagem deformada, pelo nazismo, transformava a mentira em suposta verdade.[11] Orwell (1949/2009), no clássico *1984*, descreve a "novilíngua" com a mesma função. O *Dicionário Oxford* escolheu, em 2016, "pós-verdade" – a mentira induzida emocionalmente – como a palavra do ano. As redes sociais têm se transformado em instrumentos para deformar a verdade, já que seus membros, protegidos pelo anonimato, se sentem livres para propagar seus preconceitos e violência.

Como vivenciaram terror, desamparo e injustiça, fanáticos têm facilidade para intuir quais pessoas ou grupos têm potencial para serem fanatizados por sua Causa. Bebês, crianças pequenas, adolescentes, indivíduos ressentidos e desamparados são vítimas fáceis. Outras vezes, o fanático fanatizante se liga a grupos já instituídos, mas rapidamente adquire a liderança rivalizando com os antigos líderes, por vezes acusando-os de heresia, traição ou deturpação da Causa.

---

10 Em um suposto experimento científico, pessoas "normais" aplicavam choques elétricos em outras pessoas, com mais força do que o solicitado por um "professor". Isto é, "qualquer um" poderia, "obedecendo ordens", tornar-se um torturador (Bassols, 1999; Sor & Senet, 2010).

11 A frase "O trabalho liberta", na entrada dos campos de concentração, envolvia uma mentira irônica.

A contagiosidade e o medo facilitam a conquista de seguidores. Transgressões, mentiras, racionalizações fazem com que tudo seja permitido. Pela Causa, sacrifica-se qualquer resquício de humanidade, justificando-se torturas, morticínios e genocídios. O fanático se sente um justiceiro. A transmissão transgeracional, como vimos, faz povos ou grupos humanos ressentidos tomarem outros grupos como inimigos por gerações, recrutados por sentimentos, relatos e mitos transmitidos consciente e inconscientemente.[12]

O contágio no campo analítico

A contaminação e o eventual recrutamento do analista por aspectos do paciente influenciaram os estudos contemporâneos sobre *enactment* (Cassorla, 2008, 2018), já antevisto por vários autores (Racker, 1953/1977; Grinberg, 1957; Baranger & Baranger, 1961-1962/2008; Joseph, 1989). O *enactment* crônico é descrito como um conluio dual em que o analista se comporta como se fosse a parte projetada do paciente. Costuma apresentar-se na forma de idealização mútua ou de conluio sadomasoquista, mantendo o campo analítico paralisado na área em que ocorre. Os dois membros não se dão conta do conluio. Seu estudo minucioso revela formações de compromisso entre bloqueio/manifestação de situações traumáticas primitivas.

O paciente tem facilidade para intuir formas de penetrar dentro da mente do analista, seduzindo-o ou ameaçando-o. O analista, obnubilado, se torna estúpido e não percebe o que está ocorrendo (Cassorla, 2013, 2016).

Descreveremos situações em que o analista se torna adepto de Verdades (e Mentiras) do paciente, lembrando a contagiosidade fanática.

12 O negacionismo foi estudado em Cassorla (2021), após a escrita deste texto.

Lord Longsford defendeu, por 15 anos, uma sabida assassina de crianças, convicto de sua inocência. O envolvimento emocional com a assassina era evidente (Welldon, 2012). Temos notado que não são raras as situações em que terapeutas de apaixonam por criminosos que atendem profissionalmente, certas de sua inocência.

Herbert Rosenfeld (1987) conta situações vividas na análise com Caroline, uma psiquiatra que terminou sendo nomeada diretora de uma clínica especializada em tratamento de viciados em drogas.

Rosenfeld se percebeu preocupado quando Caroline foi interrogada pela polícia em relação à prescrição criminosa de drogas. Estava convencido de sua inocência, certo que ela fora vítima de difamação invejosa.

Pouco tempo depois, Caroline foi presa por vender receitas para viciados. Seu advogado queria que Rosenfeld a ajudasse, considerando-a esquizofrênica. Ao mesmo tempo, "Caroline escrevia da prisão afirmando ser sadia e inocente" (no original também não está claro mas possivelmente escrevia ao advogado que reenviava a Rosenfeld).

Na prisão, ela tentou contratar alguém que matasse seu substituto na direção da clínica, acusado de ser responsável por sua prisão. Caroline foi condenada. Rosenfeld descreve a cisão entre a parte sadia ("médica especialmente desvelada e bem-sucedida") e a parte criminosa, em que a mentira patológica era "tão completa que o analista se deixa levar e não sabe que o paciente está mentindo para ele. Com Caroline, nunca se tinha a impressão que ela estava mentindo" (1987, p. 170).

Em outro texto (Cassorla, 2013), mostro o poder contagioso da mentira como observado em um grupo de supervisão, quando uma analista contou sobre uma paciente que se vitimizava. A analista e o grupo acreditavam piamente nas injustiças terríveis que a paciente relatava. O grupo, obnubilado, não foi capaz de perceber que o relato era mentiroso. Após bastante tempo, graças a um incômodo emocional, foi possível perceber as sutis pistas sobre as mentiras, que eram alucinadas negativamente pelo grupo.[13]

As situações descritas não são raras nos processos analíticos e podem redundar em impasses. Quando o psicanalista acredita que sua mente "analisada" nunca se deixará recrutar por aspectos do paciente, estamos frente à idealização estúpida, por vezes fanática.

Considerações finais

Atualmente vivemos, em todo o mundo, um recrudescimento de preconceitos de cor, origem, nacionalidade, hábitos, ideias. O "politicamente correto", que pretensamente combatia o preconceito, torna-se também fanatismo, condenando-se todos aqueles que – muitas vezes, com humor – são capazes de lidar com a diversidade.

O fanático pode ser muito agradável, enquanto tenta converter-nos a suas ideias. Um amigo vegano não desiste de tentar "salvar-me" de minha alimentação carnívora. Seu fervor religioso vacilou quando argumentei que a proliferação de veganos poderia diminuir o preço da carne elevando a quantidade animais inocentes abatidos. Não podemos nos esquecer de colegas psicanalistas que tentam levar-nos carinhosamente para sua "escola" psicanalítica para "livrar-nos do mal".

Existem, portanto, fanatismos sutis, menos graves. Alguns terminam em difamações e depreciações invejosas, com consequências maiores ou menores. Mais grave é quando o outro é maltratado, excluído ou "excomungado" de grupos, por vezes sem nem sequer compreender o que está ocorrendo. Os estudos de Bion (1970)

---

13 Esse incômodo emocional se chama *enactment agudo* e decorre da ruptura do conluio crônico (Cassorla, 2018).

sobre o místico e o grupo nos ajudam a compreender algumas dessas situações.

Algumas vezes, podemos questionar possíveis aspectos fanáticos por meio de brechas abertas pela parte não psicótica da personalidade. Reconto, com minhas palavras, um relato de Amós Oz (2005). Um escritor estava em um táxi, em Israel, e o chofer comentava o conflito entre árabes e judeus. Dizia ele que a única solução possível seria matar todos os árabes. O escritor lhe pergunta: "E como os árabes seriam mortos?". O motorista afirma que todo judeu deveria matar um árabe. O escritor insiste: "E como seriam mortos?". O motorista: "De qualquer forma, tiros, facadas, bombas". O escritor: "Imaginemos, então, que no prédio em que você mora exista uma família árabe, você entra lá e mata todos". O motorista concorda vacilante. O escritor continua: "Imaginemos então que você matou toda a família e, quando você já está se afastando, ouve um choro de bebê, que sobreviveu porque você não viu. O que você faz?". O motorista retruca: "Como o senhor é cruel!".

Nosso estudo nos mostrou as dificuldades de diferenciar, com clareza, aspectos fanáticos de outros fenômenos próximos e coexistentes. Estamos diante de uma complexidade defensiva contra a percepção da realidade. Pudemos identificar alguns fatores: traumas e frustrações, organizações narcísicas, relação continente/contido insuficiente e/ou fraudulenta, voracidade e inveja, identificação projetiva massiva, ataques aos vínculos, impossibilidade de elaboração de lutos, déficit na simbolização, descargas, objetos bizarros, ressentimento, inoculação fanática, alucinoses. As formas de conexão (ou desconexão) entre esses fatos (e outros) influenciarão as manifestações clínicas e sociais. Evidentemente, corremos o risco de reducionismo se não levarmos em conta aspectos culturais.

Para concluir, valer-nos-emos do caso Schreber (1903/1984). Inspirado em Freud (1911) e Canetti (1960/1983), proponho um exercício analógico em que tomamos o funcionamento mental de Schreber em sua parecença com o fanatismo e a barbárie, como se manifestam na sociedade. O leitor poderá encontrar outras analogias.

Lembremos que Schreber fazia parte da quarta geração de respeitados profissionais cujo trabalho buscava desenvolver uma moralidade severa. Em particular, o pai de Schreber havia criado uma doutrina médico-pedagógica, plena de certezas, que se tornou famosa. Schreber era um homem inteligente, dedicado e com princípios muito rígidos, possivelmente próximos do fanatismo. Impõe-se a hipótese de transmissão transgeracional. O estudo das três descompensações psicóticas, relatadas em sua autobiografia, permite entrever os aspectos fanáticos que são aproveitados para compor as crenças paranoicas. Assinalaremos sua similaridade com o fanatismo nas sociedades.

Schreber vive em estreita ligação com a Divindade. Deus (representante da religião, da ideologia, da raça) é escolhido pelo Iluminado para dirigi-lo – se for necessário, Deus será substituído, pois o Iluminado é mais poderoso do que Deus. Schreber e os Iluminados se veem donos do espaço e do tempo infinitos, das mentes, dos planetas e do universo e seu destino é expandir esse poder. Essa expansão é também uma forma de combater os Inimigos, aqueles que não aceitam o poder e a Iluminação dos Justos. Os Inimigos desejam tomar o poder e por isso há que lutar e ampliar as conquistas. O Fanático sofre de uma voracidade e ambição incomensuráveis e racionaliza-as como formas de combater o Inimigo.[14]

Para Schreber, a alma humana está contida nos nervos. Deus é constituído por nervos, mas infinitamente mais poderoso do que as almas porque seus nervos são ilimitados e eternos. Os nervos (alma) dos vivos atraem Deus e este corre o risco de não poder

---

14 Este trecho e outros ilustram a distância infinita para onde explode a projeção, fato descrito como "hipérbole" (BION, 1965).

desprender-se daqueles, ameaçado em sua existência. Por isso Deus está sempre em guarda contra os vivos, paranoicamente atado a eles. Na verdade Deus somente tem acesso aos mortos, almas e nervos. Retirando os nervos do corpo, desperta-os para uma vida celestial após um complicado processo de purificação. Todas as almas se fundem entre si e passam a fazer parte de Deus. Quando as almas o atacam, Schreber as devora. O poder de Schreber, assim como o poder político dos líderes, se nutre da massa e é composta por ela.

A conspiração contra Schreber tinha como objetivo a destruição do seu intelecto. Queriam transformá-lo num imbecil, enlouquecê-lo. Era atingido por inúmeros raios, provindos de seu inimigo Flechsig, e pelas "almas provadas", aquelas que ainda não haviam completado seu processo de purificação. Schreber ouvia milhões de vozes, de nomes, de almas, que impunham sua fala, independentes uma da outra e, ao mesmo tempo, fazendo um barulho desesperador. Cada vez mais almas o atacavam, algumas vezes aparecendo como "homenzinhos" milimétricos que caíam sobre sua cabeça. Vinham de milhares de estrelas e constelações. Seus nervos atraíam cada vez mais almas com uma força incomensurável. Schreber reage, não se deixa dominar. Como resultado de uma luta terrível, assume o controle das almas, tornando-se o centro do universo, a maior massa imaginável. Torna-se um Líder, o próprio Deus, cercado de massas monumentais, que ele atraiu e agitam-se em torno dele. Schreber as devora e elas passam a fazer parte de seu próprio corpo. Schreber, como os ditadores, agora se orgulha de seu poder, incomensurável, infinito, e utilizá-lo-á sem cessar. O barulho ensurdecedor lembra as multidões fanatizadas e os ataques destrutivos à mente se assemelham a guerras, bombardeios, barbarismo.

Os poderosos Schreber, Stalin, Hitler e outros que se consideram Justos e Bons vivem ameaçados pelos Maus. Quanto mais poderosos, maior a quantidade e o poder dos Maus. Para defender-se, são necessários imensos sistemas de espionagem e contraespionagem.

Seu objetivo é identificar os Maus e eliminá-los. Um dos maiores perigos é o desejo dos Maus se infiltrarem entre os Iluminados, corrompendo-os. Os companheiros devem ser espionados, pois são traidores em potencial. A barbárie atinge o próprio grupo. Ao mesmo tempo, as Massas devem ser seduzidas ou, se isso falhar, amedrontadas, mantidas sob o risco de tortura e morte. Se não cederem, a vingança atingirá seus familiares. É necessário se aproveitar da pieguice do amor individual, produto de fraqueza. O amor do Justo e Bom é a Causa, e não as pessoas.

Como vimos, por mais poderoso que Deus seja, não é conveniente que Ele se misture aos vivos. Os fanáticos podem proibir o contato com o estranho ameaçador, que será o diferente em aparência, cor, religião, costumes, ideias.

Há que matar a capacidade de pensar dos possíveis inimigos e incluí-los em um amálgama de seguidores estupidificados que estarão no Céu (a Causa). Todas as ideologias totalitárias (e muitas religiões) lutam por estender-se, manter domínio sobre tudo. No delírio de Schreber, após a purificação, as mentes e os corpos serão absorvidos por Deus, tornando-se parte dEle. O fanático nazista ou qualquer outro se sente um Deus, superior a tudo, buscando ampliar infinitamente seu poder. Não tem mais necessidades – se as tivesse, elas seriam supridas pela massa divina da qual faz parte. Mas há que ficar sempre alerta, buscando inimigos. Estes devem ser conquistados para a bem-aventurança, purificados. Se forem ingratos, será necessário reeducá-los, torturá-los, num inferno que pode ser eterno, na vida e no pós-morte.

Poder-se-ia combater os fanáticos, fazendo-os também sentirem o medo da morte. Mas isso não ocorre quando o terrorista (ou o adepto de uma seita suicida) não só não teme morrer, como deseja a morte. Essa mudança de referencial torna suas vítimas impotentes. O fanático é Todo-Poderoso para além da própria morte – não somente em fantasia, mas também na realidade. Fundidos a Deus, viverão eternamente como heróis.

A purificação envolve rituais. Preferem-se o fogo, as fogueiras inquisitoriais, as câmaras de gás, as armas de fogo, os incêndios, as bombas, as destruições de cidades e de colheitas, que implicam um aniquilamento do inimigo (e liberação de sua alma, segundo Schreber). Há que cuidar para que essa alma não persista na lembrança. O fogo é ideal, melhor que as valas comuns que, se descobertas, podem transformar-se em local de peregrinação. Há que eliminar corpos e lembranças sem deixar rastro. A tecnologia avança e podemos, rapidamente, fazer desaparecer milhões de pessoas, arquivos, a própria História. Ou melhor, "purificá-la".

Mas um paradoxo: é necessária a eliminação de Maus para aterrorizá-los. O terror deve atingir também a Massa indiferente porque não existem inocentes. Portanto, a eliminação secreta não é sempre indicada. O terror deve ser televisionado, como a queda do World Trade Center, as explosões no metrô, as bombas iluminadas devastando cidades, as decapitações. A "purificação" se faz por intermédio do exemplo. Portanto, o dilema é como eliminar o inimigo sem deixar rastro e, ao mesmo tempo, como mostrar sua eliminação para que ela sirva de exemplo. Essa situação é complicada – por isso há que matar testemunhas e, ao mesmo tempo, manter a propaganda que estupidifica as massas ou as mantém aterrorizadas. Errar por excesso é melhor do que errar por falta, e a Causa é superior à vida de uma, algumas ou muitas pessoas, mesmo injustiçadas. Muitos fuzilados por Stalin, impregnados pela Causa, o homenageavam antes de morrer, justificando seu erro "involuntário".

Podemos pensar que o fanático luta desesperadamente contra a realidade da Finitude. É necessário criar um sistema no qual o fanático controla a morte, projetando-a no suposto inimigo. Criam-se sistemas racionais que justifiquem sua violência mortífera, que ele crê ser sempre defensiva. A Finitude será substituída pela conquista do poder Infinito. Como o Inimigo é bárbaro, há que ser mais bárbaro do que ele. Por isso, tudo se justifica.

O fanatismo intuído nos delírios de Schreber faz parte de um complexo conglomerado, a Maldade. Green (2010) ilustra a desumanização em seu mais alto grau quando descreve aspectos da função desobjetalizante:

> *Você não existe. [...] Eu não preciso nem mesmo fechar minhas narinas para me proteger dos cheiros fétidos que de você emanam porque não sinto mais nada que vem de você. Cheirar o que você emite, ver o que você me dá ver, ou escutar o que você deixa ouvir seria admitir implicitamente a tua existência. Ora, você não a tem. Você não chega a ser nem uma merda. Você é um monte de cinzas, poeira. E tua morte é retroativa. Você existiu somente por acidente, uma falha na humanidade que deve ser reabsorvida. Você não pode tampouco se tornar objeto de memória, culto ou lembrança. O luto do qual você tornar-se-ia objeto te daria uma existência retroativa. Portanto, este luto não pode realizar-se. Você é um não-lugar. (p.118)*

Nossa compreensão do desumano deixa a desejar. Diante dele, sentimo-nos perplexos, horrorizados e impotentes. Podemos ignorá-lo ou nos conformar. Também corremos o impressionante risco de, ingenuamente, imaginarmos que podemos combater o desumano por intermédio de mais desumanidade. Devemos "indagar a maldade com sua própria lógica, para que, a partir da denúncia de suas falsas premissas, ela possa vir a se desfazer ou… ser colocada em evidência quando tenta se camuflar" (Chuster, Soares & Trachtenberg, 2014, p. 119).

Referências

Arendt, H. (1999). *Eichmann em Jerusalém: um estudo da banalidade do mal.* São Paulo: Cia. das Letras.

Armengol, R. M. (1999). El fanatismo, una perversión del narcisismo: sobre el origen y la acción del superyó, reflexiones morales. *Temas de Psicoanálisis (Barcelona), 4*,131-66.

Austin, J. L. (1990). *Quando dizer é fazer*. Porto Alegre: Artes Médicas.

Baranger, W., & Baranger, M. (2008). The analytic situation as a dynamics fiels. *International Journal of Psychoanalysis, 89*, 795-826. (Trabalho original publicado em 1961-1962)

Bassols, R. (1999). Sobre fanatismo y violencia: ensayo desde una perspectiva psicoanalítica. *Temas de Psicoanálisis*, Barcelona, *4*, 167-179.

Bion, W. R. (1967a). On arrogance. In *Second Thoughts – Selected Papers on Psycho-Analysis* (pp. 110-119). London: Heinemann. (Trabalho original publicado em 1958)

Bion, W. R. (1967b). *Experiences in groups*. London: Routledge. (Trabalho original publicado em 1961)

Bion, W. R. (1965*). Transformations: change from learning to growth.* London: Heinemann.

Bion, W. R. (1970). *Attention and unterpretation*. London: Tavistock.

Britton, R. (1998) *Belief and Imagination: explorations in psychoanalysis*. London: Routledge.

Canetti, E. (1983). *Massa e poder*. São Paulo: Melhoramentos-Editora UNB. (Trabalho original publicado em 1960)

Cassorla, R. M. S. (1998). Refletindo sobre Pavlik Morozov. In D. L. Levisky, (org.). *Adolescência: os caminhos da violência* (pp. 13-19). São Paulo: Casa do Psicólogo.

Cassorla, R. M. S. (2008). The analyst's implicit alpha-function, trauma and enactment in the analysis of borderline patients. *Int. J. Psychoanal, 89*(1),161-180.

Cassorla, R. M. S. (2013). When the analyst becomes stupid. An attempt to understand enactment using Bion's theory of thinking. *Psychoanalytic Quarterly, 82*,323-360.

Cassorla, R. M. S. (2016). Stupidity in the analytic field: vicissitudes of the detachment process in adolescence. *International Journal of Psychoanalysis, 98*,371-391.

Cassorla, R. M. S. (2017a). Jovens que tentam suicídio, homicídio precipitado pela vítima e totalitarismo: três reflexões sobre autodestruição. *Reverie: Revista de Psicanálise* (Fortaleza), *10*, 78-97.

Cassorla, R. M. S. (2017b). Jovenes con intento de suicídio. *Revista Controversias de la Asociacion Psicoanalitica de Buenos Aires (on line)*, *21*(121), 21-27.

Cassorla, R. M. S. (2018). *The Psychoanalyst, the Theater of Dreams and the Clinic of Enactment*. London: Rouledge

Cassorla, R. M. S. (2021). Arrancando os olhos: reflexões sobre negacionismo. *Jornal de Psicanálise* (no prelo).

Catz, H. (2016). Il fanatismo come presenza de un' assenza imbanderiata della certezza: una relazione possibile tra Bion e Lacan. *La Psicoanalisi, 59*,101-106.

Chuster, A., Soares, G., & Trachtenberg, R. (2014). Aspectos detalhados de uma grade negativa: a maldade e a complexidade do mal. In *W.R. Bion: a obra complexa* (pp. 115-133). Porto Alegre: Sulina.

Ferrari Filho, C. A. (2017). Odeio, então existo! Fanatismo, uma linguagem (possível) ao narcicismo de morte. *Revista da Sociedade Brasileira de Psicanálise de Porto Alegre, 24*,571-585.

Fonseca, V. R. J. R. M. (2018). O ódio como excitação e o massacre vertical do outro. Trabalho apresentado na Sociedade Brasileira de Psicanálise de São Paulo.

Franco Filho, O. M. (2000). Quando o analista é alvo da magia de seu paciente: considerações sobre a comunicação inconsciente de estado mental do paciente ao analista. *Revista Brasileira de Psicanálise*, *34*,687-709.

Freud, S. (1905). Jokes and their relation to the unconscious. In *Standard Edition* (vol. 8).

Freud, S. (1911). Psychoanalytic notes on na autobiographical account of a case os paranoia (dementia paranoides). In *Standard Edition* (vol 12).

Freud, S. (1913). Totem and taboo. In *Standard Edition* (vol 13).

Freud, S. (1919). The "uncanny". In *Standard Edition* (vol. 17).

Freud, S. (1921). Group psychology and the analysis of the ego. In *Standard Edition (*vol 18).

Goldberg, C. (2003). Fanatic hatred and violence in contemporary America. *J. Appl. Psychoanal. Stud.*, *5*(1),9-19.

Goldstein, M. (2018). Metapsicología de los fanatismos y los fundamentalismos: la desmentida en segundo grado o forclusión focalizada en las melancolías persecutórias. In F. Gómez & J. M. Tauszik, *Psicoanalisis Latinoamericano Contemporaneo* (vol. 2, in press).

Green A. (2010). *El pensamiento clinico*. Buenos Aires: Amorrortu.

Grinberg, L. (1957). Perturbaciones en la interpretación por la contraidentificación proyectiva. *Revista de Psicoanálisis*, *14*,23.

Joseph, B. (1989). *Psychic equilibrium and psychic change: selected papers of Betty Joseph*. In M. Feldman & E. B. Spillius (eds.). London: Routledge.

Kancyper, L. (1994). *Ressentimento e remorso. Estudo psicanalítico.* São Paulo: Casa do psicólogo.

Klemperer, V. (2009). *LTI: a linguagem do terceiro reich.* São Paulo: Contraponto.

La Puente, M. (1992). Sobre a palavra-conceito "conhecimento" para uso clínico. *Revista Brasileira de Psicanálise, 26*(3), 341-344.

Marimaa, K. (2018). *The many faces of fanatism* Disponível em https://www.ksk.edu.ee/wp-content/uploads/2012/12/KVUOA_Toimetised_14_2_kalmer_marimaa.pdf.

Mazon, F. J. (1982). *Psicologia del fanatismo.* [Tesis Doctoral, Universisad de Barcelona].

Orwell, G. (1949). *1984*. São Paulo: Cia das Letras, 2009.

Oz, A. (2005). *How to cure a fanatic.* London: Vintage Books.

Racker, H. (1977). Los significados y usos de la contratransferencia. In H. Racker, *Estudios sobre Técnica Analítica* (pp. 222-295). Buenos Aires: Paidós. (Trabalho original publicado em 1953)

Rosenfeld, H.(1987). *Impasse and interpretation.* New York: Tavistock.

Rozenberg, M., & Boraks, R. (2016). Esperança e fanatismo na clínica psicanalítica. *Trieb*, Rio de Janeiro, *15*(1/2), 83-97.

Rubinstein, R. A. (2015). Fanatismo. *Revista de Psicoanálisis, 72*(2/3), 363-373. (Trabalho original publicado em 1903)

Schreber, D. P. (1984). *Memórias de um doente dos nervos.* Rio de Janeiro: Graal.

Sor, D., & Senet, M. R. (2010). *Fanatismo.* Buenos Aires: Biebel.

Steiner, J. (1993). *Psychic retreats: pathological organizations in psychotic, neurotic and borderline patients.* London: Routledge.

Tizón, J. L. (2015). *Psicopatologia del poder: un ensayo sobre la perversión y la corrupción*. Barcelona: Herder.

Vinãr, M. (2006). Alegato por la humanidad del enemigo. *Psicoanálisis*, Buenos Aires, *28*(2), 399-419.

Welldon, E. (2012). A transferência perversa e a vinculação maligna. *Bergasse 19*, Ribeirão Preto, *3*, 19-36.

12. Um ensaio psicanalítico sobre modalidades do ódio

Arnaldo Chuster

Considerações sobre os vínculos H e –H em W. R. Bion

No presente trabalho, abordarei algumas possibilidades de expressão do ódio fazendo descrições, para as quais não reivindico nenhum *status* histórico, sociológico ou antropológico. Meu objetivo é salientar preferencialmente um tipo de *transformação* do ódio em *crueldade* causada *pela parte psicótica da personalidade* (Bion, 1957/1967b; Chuster, 2014, 2018). Para tanto, as descrições devem ser consideradas apenas imagens que têm uma qualidade mítico-poético-onírica.

Essas imagens podem ser usadas como hipóteses caso surjam livremente no decorrer do trabalho analítico. Elas são da ordem das *memórias-sonho*, metonímicas, ou seja, tema com a possibilidade de condensar uma série de teorias analíticas. Elas permitem observações e interpretações de vértices dos movimentos do vínculo analítico. O vértice que utilizo segue preferencialmente a *teoria das transformações* (Bion, 1965).

Como observação geral, a perda de limites produzida pelo ódio, ao ser transformado em crueldade pela *parte psicótica da personalidade* (Bion, 1957/1967b), não distingue lados, não tem partidos, não tem religião, nem tem cultura específica. Ódio e crueldade podem se manifestar em tudo e em todos, vir acompanhados das mais diversas justificativas e titulações, mas são sempre tóxicos e destrutivos para a mente humana. A presença deles produz estados confusionais de diversas gradações, com graus equivalentes de dor psíquica causada a si próprio e aos outros. Entendo que a ênfase do trabalho analítico deve ser colocada nesses processos confusionais e na dor psíquica intensa que produzem.

No dia a dia do consultório, o psicanalista escuta todo tipo de narrativas provenientes do *corpo social*. Certamente que elas são trazidas por um desejo inconsciente, que move uma escolha, que é publicada para o analista. O psicanalista pode tomar como ponto de partida que o paciente está falando de um aspecto de si mesmo que desconhece em algum grau. Todavia, o importante é o vínculo analista/analisando, no qual se pode trabalhar nas perspectivas de dentro para fora e de fora para dentro do "objeto" apresentado. Pode ser do público para o privado ou vice-versa.

Uma narrativa frequente na atualidade é a panfletagem nas redes sociais incitando o ódio, desvirtuando o objetivo inicial de trocas entre as pessoas. Os analisandos, por meio de suas associações, publicam para o analista essas narrativas, nas quais, de algum modo, se envolveram. Muitos esperam que o analista também desvirtue sua função e envolva-se, tomando partido. Alguns querem acordos, muitos deles cruéis, pois implicam o analista deixar de ser quem ele é para atender as demandas que sempre envolvem julgamentos, avaliações, diagnósticos.

Nessas publicações, as narrativas parecem subscrever militâncias tendenciosas de seus operadores. Se tomamos como modelo o social, como as publicações veiculadas pelas mídias oficiais, podemos observar identificações com os poderes que *excedem* seu papel, a serviço do desvirtuamento do pensar. Essa exceção se desdobra em facetas do *autoritarismo* e da *megalomania, expressões malignas do narcisismo humano* operando com crueldade.

Como psicanalista, meu alcance é limitado, mas entendo que a existência de *sentimentos inconscientes de culpa* precipita a proliferação da capacidade para mentir e enganar, qualidade que está, de algum modo, sempre contida nas narrativas. Existe sempre muito espaço aberto pelo ódio para a corrupção, a desonestidade e a fraude no *corpo social*. Penso que ao analista sempre cabe propor que se resgate o pensamento, ao destacar que no ódio não há o pensar, e dali deriva a dor da confusão.

Quando o ódio se manifesta como uma crítica depreciativa, posso observar como a crueldade tenta se passar por pensamento crítico. Podemos descrevê-lo como uma usurpação invejosa e onisciente do pensamento, que inibe o pensar como *objeto bom* produtor de crescimento.

Esse movimento pode ser visualizado pela inveja que funciona como inibidora desse objeto bom, dificultando realizações na vida externa e as restaurações necessárias ao crescimento da vida emocional.

Um exemplo macroscópico do ódio, funcionando como inveja maligna, pode ser encontrado no *nazismo*. A inevitável associação do nacional-socialismo com o *autoritarismo* e a *megalomania* criou um regime *totalitarista*, em que seu líder, movido por ódio mortal, operava com flagrante distorção e manipulação de conceitos sobre o ser humano. Longe de saber o que é um ser humano, o ódio presente nos seus discursos acumulava saliva em seus lábios trêmulos, deixando entrever a mistura do prazer alucinatório da euforia com a grandiosidade que derrota e despreza os inimigos. A derrota de suas premissas não lhe era admissível, desse modo, como a monstruosa

Esfinge no mito de Édipo, ele se mata quando ruiu o que construíra para ser eterno. Não ocorre de forma diferente com outros líderes totalitários. Eles sempre discursam da mesma forma.

O que a *Esfinge* coloca, como imagem, é a relação que um sujeito mantém com seu *inconsciente*. A primeira hipótese é que podemos ser totalmente "devorados" pelo inconsciente. Mas temos a opção de estabelecer outra relação com ele. Isso não significa que o eliminamos, que temos respostas certeiras que farão a *Esfinge* se suicidar, mas podemos perceber o perigo que se encontra no inconsciente, uma vez que a *Esfinge* que se mata retorna para Édipo por intermédio de Jocasta, produzindo um casamento sem amor, por obrigação e dever, e não por desejo. Posso escolher não fazer isso e ter autonomia. Mas antes é necessário conhecer a mim mesmo, libertar a imaginação.

O que a análise permite do *conhecer a si mesmo* vem por intermédio de outra voz, do buscar outra resposta, que transcende o drama edípico do ódio e instala-se na tragédia amorosa dos vínculos de criação em que outro saber emerge: o *saber sobre si mesmo*.

O *saber trágico* é limitado porque está preso a imagens. Essas são expressões de intuições originais a respeito de uma "perfeição de verdade" que a poesia, os mitos, a arte, a religião e a ciência tentam dar conta, mas, cada uma à sua maneira, denunciando uma incompletude. Essas intuições dão à verdade uma presença específica, uma tentativa de compreender algo inacessível.

Em outras palavras, não existe um ser humano que tenha, digamos, um inconsciente isento de todos os elementos que o mito de Édipo descreve. Mas por meio da psicanálise alguém pode se tornar capaz de impedir que esse inconsciente passe ao *ato*. Trata-se de adquirir uma subjetividade reflexiva e deliberativa, uma autonomia social, um estado que nunca para de se desenvolver, sob pena de morte psíquica.

No pós-guerra imediato, os vencedores se encontraram numa espécie de beco sem saída diante de um país moral e eticamente arruinado pelo ódio promovido pelo nacional-socialismo, levado ao poder político antes da guerra, diga-se, por eleições democráticas.

A Alemanha havia sido dominada por políticas que culminaram em ações deliberadamente genocidas, até então apenas vistas na História durante a Inquisição. Os direitos humanos simplesmente passaram a inexistir por decretos triviais, chancelados por juízes. Pode-se, então, notar como esses direitos são mínimos e não são suficientes para deter a crueldade e o ódio de indivíduos.

Foi, então, sugerido um processo de *desnazificação*. Uma estratégia para lidar com o ódio arraigado nos corações e mentes de uma nação que havia abolido os *direitos humanos*. Esse processo deveria levar em conta uma das mais fundamentais descobertas da psicanálise, que são os *estados mentais arcaicos*, muito primitivos, detectáveis nas pessoas mais civilizadas e cultas, e que podem se proliferar de forma benéfica, mas podem se proliferar também de forma cancerosa.

O processo foi conduzido pelo filósofo e psicanalista Roger Money-Kyrle, que servira durante a guerra no MI-5. Tratava-se de escolher, na nova realidade do pós-guerra, pessoas que pudessem ocupar cargos públicos de forma desintoxicada do ódio nazista.

Como toda a população esteve comprometida com o nazismo, era muito difícil encontrar um não nazista puro, pois os cidadãos da Alemanha, quando não haviam aderido entusiasticamente ao nazismo, de algum modo foram todos conformes ao regime. Como saber que os postulantes não estavam apenas mentindo sobre seu passado recente pleno de ódio e crueldade?

O grupo de trabalho liderado pelo psicanalista criou, então, um teste para diferenciar *personalidades autoritárias* das *não autoritárias*.

A ideia era que o autoritarismo, por impedir o pensar, consistia em uma das principais fontes geradoras do nazismo. Tentava-se, assim, atacar a fonte.

O teste consistia em reunir, numa sala de projeção, postulantes a um determinado cargo, onde eram exibidos filmes das atrocidades dos campos de concentração. As reações observadas foram de três tipos. Havia os que assistiam impassíveis, sem nenhum sinal de emoções; havia os que se retiravam "protestando", alegando ser aquilo uma mentira; e havia os que choravam e sentiam-se mal com o "revelado". Deste último grupo foram escolhidos os postulantes.

Na concepção do autor do teste, eles eram capazes de atingir uma *posição depressiva*, conceito de Melanie Klein, de quem era discípulo. A ousadia era grande, transformava-se um conceito psíquico em algo de aplicação política em larga escala. Havia um reducionismo equivocado que rompia com as relações entre ontologia e epistemologia?

Certamente que, no plano individual, podemos traduzir um aspecto do conceito de *posição depressiva* por uma passagem de Tomás de Aquino, quando ele diz que *nenhum ser é tão finito que não possua nada de infinito*. Ou seja, devemos dar um crédito humanista supondo que existem incontáveis pessoas que podem enxergar seus erros e que tentam abrir-se para uma reparação ao perceber o envolvimento com estados mentais que produzem *estreiteza mental*.

Entretanto, já que a *estreiteza mental* é indissociável da crueldade, como explicar que indivíduos que certamente não tinham *estreiteza mental*, como Martin Heidegger, aderiram ao nazismo, não como ideologia, mas com um estado mental conforme? O que dizer de Werner Heisenberg, o físico brilhante, autor do princípio da incerteza, interlocutor de Einstein e Niels Bohr, que continuou trabalhando para o regime nazista? E Carl Jung, que aceitou ser presidente da Sociedade de Psicoterapia do III Reich?

O problema deste tipo de teste se assemelha a uma rede de pescadores, cuja trama tem buracos com certo diâmetro e, assim, nunca pode reter peixes senão os que são maiores do que esse diâmetro. Os peixes pequenos escaparão da rede. Será que podemos dizer que o fato de termos essa rede e que pescamos esses peixes significa que no mar há apenas peixes do tamanho pescado?

Pela primeira vez na História essas situações foram levadas a julgamento, o famoso julgamento de Nuremberg, em que se estabeleceu o conceito de *eticamente intolerável*. Tal conceito colocava às claras que, do ponto de vista do humano, existem atos que não podem ser reparados ou perdoados. Isto é, existem no mar peixes que têm o diâmetro maior do que nossa rede e que isso não depende da nossa rede. Esses peixes tornam a rede obsoleta. Isso é válido para todos os argumentos que foram utilizados. A complexidade torna-se a única saída para pensar se quisermos ter um futuro.

O escritor Primo Levi fala disso no livro *A Trégua*.[1] Ele descreve que, após ser liberado do campo de concentração de Auschwitz, voltando para sua casa em Turim, seu trem parou na estação de Frankfurt. Levi desce e vê um ex-soldado nazista, reconhecido pelo uniforme descaracterizado (eram chamados de fantasmas), trabalhando nos trilhos. Ao olhar para o escritor que o observava, o soldado, diante da visão do número de prisioneiro tatuado em seu braço, chorando se ajoelha e faz um sinal com as mãos constritas, como se tivesse pedindo perdão. Aí a *desnazificação* foi espontânea pela simples revelação da inegável crueldade que sobrepujara o humano, pelas provas inegáveis do Mal fornecidas a uma testemunha. Entretanto, essa espontaneidade de um indivíduo não eliminava o que havia sido feito. O que restava para a vítima era continuar vivendo e tentar se expressar como testemunha da barbárie.

1 Levi, P. (2010). *A Trégua*. São Paulo: Companhia de Bolso.

No fundo, tratava-se de reconhecer que a desfiguração causada pelo ódio veiculado pelo nazismo não foi um acaso, nem se tratou de um processo que poderia ter sido sustado. Foi um processo histórico, em que a violência do ódio levou ao esquecimento do Ser e da Verdade, ou seja, foi a negação autoritária das diferenças e o brutal equívoco de esquecer que o pensamento constitui o mais alto legado que nos pode oferecer a vida.

Em outras palavras, não devemos nos esquecer de socraticamente admitir o nosso não saber, sob pena de nos tornarmos mais nazistas do que os próprios. Se há que continuar preservando os direitos humanos, este deve continuar como um trabalho incessante de denúncia e alerta, pois mesmos os mais sábios dos homens podem exibir aspectos de ignorância associados com *aspectos arcaicos da mente* que se manifestam de forma paranoide, ou que necessitam colocar o Mal em alguém que lhes é diferente.

Em continuidade, adotarei o modelo da guerra, enfatizando mais uma vez que não reivindico para o modelo nenhum *status* de narrativa histórica, sociológica ou antropológica. Trata-se de usar imagens e mitos para pensar, fazer um confronto entre *conjecturas imaginativas* e *conjecturas racionais*, que possam ser úteis para uma descrição clínica.

A guerra é um confronto derivado de interesses em disputa por dois ou mais grupos distintos de indivíduos, historicamente organizados, utilizando-se de armas para aniquilar fisicamente o inimigo. Sem ódio (**H**) e sem hipocrisia (**-H**) a guerra não ocorre, sobretudo quando os indivíduos se veem restritos a lidar com seu ódio apenas por intermédio da hipocrisia. Na maioria das vezes, a *hipocrisia* significa o uso de uma premissa falsa regendo uma lógica moral. Agrego o cinismo vulgar tão ao gosto de certos indivíduos que apenas se locupletam quando estão em cargos institucionais. A hipocrisia e o cinismo são instrumentos da diplomacia e da política

Uso o modelo da situação de guerra para dialogar sobre diversas situações clínicas nas quais as pessoas travam "guerras" particulares consigo mesmas ou com terceiros, guerras morais, com intuito de provar quem é superior e quem é inferior. Nessas batalhas, elementos de risco de não sobrevivência e de risco de aniquilamento iminente estão presentes. São elementos que se relacionam com a *parte psicótica da personalidade* (Bion, 1956/1967a).

A *personalidade psicótica* deriva de uma *intolerância acentuada à frustação*, que gera dor *psíquica*; a dor gera ódio que ataca o aparelho de ligação entre a realidade interna e a externa, isto é, a *capacidade para pensar*, produzindo um estado mental em que existe uma impossibilidade de se diferenciar a realidade interna da externa. O ódio ataca também os vínculos amorosos, transformando-os em *sadismo*.

Essa indiferenciação de realidades, por sua vez, causa um sentimento de intensa vulnerabilidade, que se exterioriza por um medo profundo – o medo de aniquilamento iminente – um medo sem representação, o *terror sem nome*.

A defesa para esse ódio é uma espécie de falência da sensibilidade, em que o indivíduo é capaz de sentir a dor, mas não de sofrê-la; deste modo, perde a capacidade para sofrer prazer nas relações (Bion, 1970). Sem dor com significado e sem prazer com significado, ou seja, sem sensibilidade ética e estética, o indivíduo deixa de se importar com o humano, não diferencia o que é animado do inanimado, e as relações se tornam líquidas, precipitadas, porém evaporando facilmente sem deixar rastro.

O indivíduo que vai à guerra necessita voltar para a vida em sociedade após as escaramuças e batalhas. Para conseguir isso, ele precisa lidar com uma significativa e impressionante cesura que ocorre no seu dia a dia da guerra. Seu psiquismo deve estar apto para digerir (*função-alfa*) as experiências recheadas de terrores primitivos, ou seja, necessita ter um continente psíquico no qual confie saudavelmente para poder entregar o exercício dessa tarefa.

Em outras palavras, soldados que vão à guerra lidam o tempo todo com a morte e o ódio. Eles são treinados para tirar a vida de outros seres humanos. Esse é normalmente o papel que se atribui aos deuses. Pedir aos soldados jovens que exerçam esse papel "divino" leva a consequências gravíssimas, pois sempre ocorre um momento em que eles precisam cruzar a cesura entre o mundo onde atuam como deuses para o mundo onde tem que voltar a agir num papel societário comum. Passam da *onipotência* do guerreiro para o *desamparo* do cidadão de uma sociedade que os mandou para morrer, e se morrem, não foi por causa da sociedade, que em tese deveria protegê-los, mas por causa da incompetência em não terem sido deuses. A sociedade os torna um continente suspeito e não confiável; o que gera ódio à sociedade. Podemos situar o relato naquele trecho do mito de Édipo em que há o confronto de gerações, a encruzilhada de Daulios e Delfos.

Matar alguém constitui um ato que está fora do escopo humano. Todavia, está presente em homicidas criminosos e alguns notórios políticos. Não vejo diferença entre um *serial killer*, um político que rouba recursos para a saúde e os juízes que emitem *habeas corpus* para essas pessoas.

Matar é algo que os soldados fazem pela sociedade e, para isso, expõem-se também a serem mortos. São colocados para se sacrificar de algum modo. Mas quando voltam para casa, entram em contato com o *splitting* profundo que ocorreu em suas mentes, pois voltam para um meio em que isso não é admissível. Eles carregam esse peso pela vida a fora, lutando para integrar as experiências de ter matado alguém, tentando juntar as partes de sua personalidade que estavam dissociadas quando mataram seres humanos. A maioria dos soldados fica entregue à própria sorte para fazer isso. Eles não têm na volta os instrumentos apropriados e, por isso, todos os tipos de conflito de sua história passada emergem. Não é diferente do que ocorre com crianças abusadas, nos atos de estupro, no abandono de menores.

A guerra como vínculo de ódio (H) e vínculo de hipocrisia (-H) é a antítese da mais fundamental regra ética que aprendemos – *não faça aos outros aquilo que não quer que se faça a ti*. Quando são convocados para a guerra, os soldados são chamados a violar códigos de comportamento civilizado. Para sobreviver psiquicamente na área do deus Marte, é necessário dar um jeito de deixar de lado as regras convencionais da conduta moral. Isso exige suspender a culpa em matar e mutilar pessoas. Exige ser cruel. Reconciliar a conduta moral que nos ensinam desde crianças às ações brutais de guerra tem sido um problema para os soldados de boa índole desde os primórdios da humanidade (Marlantes, 2011).

Bion, ao participar da I Guerra Mundial e enfrentar batalhas cruentas por quatro anos, referiu-se a essa experiência dolorosa citando o *Mahabharata*, a epopeia hindu. Uma experiência sobre a qual levou muitos anos para falar. Em sua obra, temos em diversos trechos a aplicação da metáfora da guerra (1979).

Na epopeia hindu, temos no seu núcleo o *Baghavad Gita*, o confronto entre Arjuna, o guerreiro, e Krishna, o Deus encarnado na forma humana, como o condutor da carruagem de Arjuna. Note-se que, quando nos referimos a um indivíduo muito cruel e violento, costumamos dizer que ele só tem a forma humana, como se tivesse disfarçado de ser humano. Na mitologia, muitos deuses fazem isso para se relacionar com os humanos. Os resultados desses encontros são, na maioria das vezes, odes à crueldade.

Arjuna é levado por Krishna até as hostes inimigas. A batalha é iminente. No lado dos inimigos, ele vê muitos de seus parentes e amigos. Ninguém deseja lutar contra amigos e parentes. Ele lança o olhar no campo de batalha. Percebe os heróis prontos para a luta e vê que todos são pessoas queridas. Eles são avós, professores, tios, irmãos, filhos, amigos próximos, camaradas. Ele é tomado de compaixão por todos eles. Sua voz soa com profunda tristeza ao dizer:

> *Krishna, eu sinto uma fraqueza terrível tomando o meu ser... minha cabeça está rodando e acho que vou desmaiar... Vejo todos esses companheiros e sinto que não posso lutar com eles... pelo prazer passageiro deste mundo por que devo eu matar os filhos de Dhritarashtra? Eles têm sido vorazes, maus, avarentos e gananciosos. Tenho certeza que sim. Mas eles continuam sendo meus parentes e é um pecado matar os parentes. Prefiro desistir da Guerra. Seria até melhor ser morto por Duryodhana. Eu não vou guerrear. (BION, The Long Week-end Oxford: Fleet wood Press, pg.175)*

Arjuna afunda-se no banco de sua carruagem e atira fora seu arco e suas flechas tomado pelo luto.

Krishna, após várias argumentações para tentar convencê-lo a lutar, finalmente diz a Arjuna que existem dois caminhos de realização: o caminho do conhecimento pela meditação e o caminho dos homens pela ação. Os mesmos caminhos são retratados na mitologia ocidental, como na história do rei Parsifal, na lenda do Santo Graal, na qual temos o irmão pescador do rei que representa o caminho do conhecimento. Ele é um monge que Parsifal encontra antes de entrar no castelo do Graal. Parsifal nos mostra a escolha que faz do caminho da ação, o mesmo caminho pregado por Krishna para Arjuna.

A conversa entre Édipo e Tirésias é da mesma natureza, bem como a conversa entre Édipo e a Esfinge, entre Édipo e Laio na encruzilhada, entre Édipo e o Oráculo de Delfos. O caminho da ação proposta pelos personagens vai em direção oposta à de um olhar amoroso e reforça a falta de consideração pessoal que os personagens – Laio, Oráculo, Tirésias e a Esfinge – têm para consigo mesmos e para com a verdade. Bion nos falou da arrogância desses personagens e, em *Cogitações* (p. 136), fala da falta de compaixão e do amor. A arrogância se traduz pela escolha dos personagens em falar meias-verdades, que no fundo significa falar boas mentiras (Chuster, 2014).

Krishna diz a Arjuna:

> Lembre-se de que nenhum homem pode ficar quieto, nem mesmo por um minuto. Um homem tem que fazer seu trabalho. É uma lei da natureza que o homem deve trabalhar... Se você não trabalha não pode viver. Até as funções fisiológicas necessitam trabalhar para se manter... Então como podemos escapar dos laços do trabalho? Fazendo algo de sacrifício pelo Bem geral. Este é o segredo do trabalho bem-feito. O trabalho deve ser feito para que outros possam se beneficiar e não você. *Dedique todo o trabalho a mim e lute*. (Marlantes, p. 52).

Assim, a fala de Krishna tenta convencer os guerreiros a lidar com a culpa, para tal não devem pensar nunca que estão cometendo um grande equívoco. Precisam acreditar que a razão pela qual estão lutando deve empregar diversas meias-verdades (ou boas mentiras). Isso não é diferente do que fazem os partidos extremistas, bem como os religiosos fundamentalistas.

Voltarei agora às situações clínicas, já mencionadas, nas quais as pessoas estão em guerra com os outros e consigo mesmas. Durante esse estado mental, podem usar meias verdades e mentiras para se convencerem da correção moral de suas ações.

Em primeiro lugar, como mostrou Bion (1979), podemos tentar lidar com o problema considerando o quão estranho é o pensamento. Podemos obter uma pista imaginando em qual estado mental ou em quais condições esse pensamento surgiu e misturou-se com nossa forma de pensar. Pode ser que tenha ocorrido quando estávamos dormindo.

Mais ainda, podemos usar um tipo de modelo imaginativo para desenvolver mais hipóteses de trabalho sobre as situações que emergem destes estados. Em resumo, respeitamos a complexidade do funcionamento mental (Chuster, 2014) permitindo o trabalho da imaginação.

Sugiro que podemos usar como modelo para a situação de guerra *Humano versus Onipotência,* o trecho da *Eneida* citado por Bion (1977): *a morte de Palinurus.*

Imaginemos a situação na qual Palinurus se encontra com o deus *Somnus* (em latim *Hypnos*) e ambos travam um diálogo.

O deus, disfarçado de humano, Phorbas, fala mansamente: "Palinurus, filho de Iasus, os mares por si só podem conduzir a frota, pois os ventos sopram calmamente, esta hora é garantida para o descanso. Repouse sua cabeça e tire seus olhos atentos do trabalho. Por algum tempo, eu ficarei de serviço para ti".

Palinurus, mal erguendo seu olhar, fala de forma rude e contestadora: "Você me diz para acreditar na face plácida do mar, nas ondas calmas? Devo eu colocar minha fé neste monstro? Por que devo trair Enéas com a brisa decepcionante, sobretudo eu, que fui tantas vezes decepcionado pelo céu claro?".

Palinurus amarra-se ao timão e mantém seu olhar fixo nas estrelas. Mas apesar de toda a cautela, o deus balança seu ramo molhado com as gotas do rio Lethes, soporíficas com o poder de Styx,[2] e joga-as nas pálpebras do timoneiro, que cai adormecido e

2 Styx personifica na mitologia o ódio, a fronteira entre o céu e o inferno. Regia no centro do submundo, o *inferns*, as regiões inferiores, um grande pântano

desamparado. Em seguida, Phorbas o atira ao mar, quebrando o timão e parte da proa. Palinurus acorda se afogando nas águas e tenta chamar em vão seus companheiros, enquanto isso o deus se revela, ergue as asas e voa.

Pouco tempo depois, Enéas acorda e dá-se conta de que seu navio estava à deriva, seu timoneiro sumido no mar. Ele toma o timão nas mãos suspirando profundamente e seu coração dói por causa do destino do amigo: "Oh, Palinurus, porque acreditastes tanto no mar e no ar calmo, agora repousas nu e morto, em lugar desconhecido, nas areias brancas do fundo do Mediterrâneo".

A breve troca de palavras entre Somnus e Palinurus é cuidadosamente composta por Virgílio. O Latim é deslumbrante e musical. Cada uma das falas tem quatro linhas, mas seu tom é profundo e intensamente poético. *Somnus* começa de forma delicada, como numa canção, chamando Palinurus pelo nome e pelo patronímico, como prova de respeito. Em seguida reforça sua mensagem com efeitos sonoros e rítmicos: *aequera... aequaetate... Aurae... hora quieti... O mar está calmo. Não há brisas.*

A primeira fala ordena Palinurus a tirar seus olhos cansados do timão e o deus se oferece para tomar o seu lugar. Palinurus responde num tom bem diferente com três questões retóricas e indignadas. Sua indignação provém do pensamento de que poderia ser negligente no dever delegado por seu capitão Enéas. A devoção ao seu cargo é que permitiria Enéas prosseguir em sua tarefa sagrada. Mas não pede ajuda, mesmo percebendo a "pressão".

---

como um local triste e sombrio para onde convergiam os demais rios; entre eles o Lethes, do esquecimento; o Aqueronte, o rio do infortúnio; o Cócito, o rio das lamentações; o Flegelonte, onde eram imersos os violentos; e o rio Estige, para onde eram levados os coléricos e mal-humorados, afim de que se afogassem e brigassem eternamente.

Num determinando vértice, Palinurus é a vítima sacrificial, o bode expiatório: "a vítima (o cordeiro) que irá salvar muitos", e que constitui a mais terrível fantasia entre todas, como mostrou Leclaire (1977) no ensaio *Mata-se uma Criança*.[3] Para ele, a prática psicanalítica consiste em tornar manifesto o trabalho constante da pulsão de morte:

> *"[...] que consiste em matar a criança maravilhosa (ou aterrorizante) que, de geração em geração, testemunha acerca dos sonhos e desejos dos pais; só há vida a esse preço, pela morte da imagem primeira, estranha, na qual se inscreve o nascimento de cada um. Morte irrealizável, mas necessária, pois não há vida possível, vida de desejo, de criação, se cessarmos de matar a criança maravilhosa (a representação narcísica primária) que renasce sempre. (p. 10)*

Palinurus é a "criança" sacrificada para que a jornada de Enéas possa prosseguir e ter êxito. Num sentido sutil, existe aqui uma mensagem da civilização grega para os romanos: *nós somos melhores do que vocês*. Foi nosso trabalho e sacrifício que permitiram que vocês, romanos, fossem aquilo que são. Tudo que vocês possuem devem a nós: a nossa bem-sucedida civilização.

---

3 A representação usada por Leclaire é muito útil para situar de forma mítico-onírica, a modo de uma construção psicanalítica, que as pulsões nunca aparecem de forma pura, mas estão misturadas ou fusionadas em graus variados. Muito mais sentido faz nesse ponto a analogia com o trabalho de Freud, *Uma Criança é Espancada* (1924, p. 10), se considerarmos a questão do masoquismo moral descrito por ele da seguinte forma: "Assim o masoquismo moral se torna uma peça clássica da indicação da fusão pulsional: seu perigo reside em sua origem na pulsão de morte e representa parte desta que escapou da deflexão sobre o mundo externo sob a forma de uma pulsão de destruição".

Note-se na mensagem que alguém é melhor e alguém é pior. A lógica nega a diferença para que volte a existir de forma moral. O inferior é condenado.

Este vértice de *rivalidade* pode ser colocado no plano individual e faz parte do domínio que Bion (1965) chama de *transformação em alucinose*. A teoria das transformações tem a vantagem de mostrar um modelo espectral em que se pode trabalhar simultaneamente uma série de elementos como a rivalidade, a crueldade do superego, o sofrimento na tarefa, as mentiras, o sentimento de superioridade *versus* o sentimento de inferioridade, a lógica moral e as falsas premissas que geram ciclos de argumentos defensivos em que onipotência e desamparo podem ser confrontados. A hipótese de um conteúdo esmagado pelo impulso moral e com grande perda de sintonia com o continente é outra perspectiva que pode ser mencionada. O espaço de dissintonia entre continente e conteúdo é preenchido por mentiras.

A *morte de Palinurus* como equivalente à morte sacrificial da criança, movida pelo ódio ao crescimento ou ao que pode crescer e ser bom, é uma fonte de terrores profundos.

Por outro lado, o trecho da *Eneida* pode gerar diversas questões:

Somnus, a onipotência, foi narcisisticamente ferido pela contestação de Palinurus. Seu ódio se espalha e indaga quem é este arrogante humano que desafia um deus com uma lógica diferente. Não é isso que faz o fundamentalismo? Ter fúria contra quem pensa?

Um analista que está "amarrado" a uma teoria pode ser uma representação do *Palinurus* desamparado. Pode fazer intervenções da natureza de uma *transformação em alucinose* (Bion, 1965); o que pode representar o ódio que simbolicamente mata o analisando por meio de uma não escuta.

Drogado pelo deus do sono, Palinurus é atirado ao mar com fúria e ruído. Enéas, o capitão da frota, acorda e coloca em si mesmo o capacete de timoneiro, assumindo a tarefa. Inconsciente da influência do deus Somnus, ele acusa Palinurus de complacência e negligência. O mesmo pode ocorrer com o analista que usa memória, desejo e necessidade de compreensão. O quão drogados podemos ficar com esses elementos quando são expressões de diversos tipos de ódio?

Referências

Bion, W. R. (1967a). Differentiation of the psychotic and non-psychotic personalities. In *Second Thoughts* (p. 43-64). London: Heinemann. (Trabalho original publicado em 1956)

Bion, W. R. (1967b). On arrogance. In *Second Thoughts*. Northvale: Jason Aronson Inc., 1967.

Bion, W. R. (1967c). A theory of thinking. In *Second Thoughts*. Northvale: Jason Aronson. (Trabalho original publicado em 1962)

Bion, W. R. (1962). *O aprender da experiência*. Zahar: Rio de Janeiro.

Bion, W. R. (1963). *Elements of psychoanalysis*. London: Heinemann.

Bion, W. R. (1965). *Transformations*. London: Heinemann.

Bion, W. R. (1966). Catastrophic change. *Bull. Brit. Psychoanal. Soc.*, (5).

Bion, W. R. (1970). *Atenção e Interpretação*. Rio de Janeiro: Imago.

Bion, W. R. (1977). *Two papers: the grid and caesura*. Rio de Janeiro: Imago.

Bion, W. R. (1979). Making the best of a bad jog. In: *Bion: clinical seminars and the other works*. London: Karnac, 1994.

Bion, W. R. *The long weekend 1987-1919: part of a life*. Karnac Books, 1982.

Bion, W. R. (Ed.). (1997). *Taming wild thoughts*. London: Karnac.

Chuster, A. (2014). *A lonesome road: essays on the complexity of W. R. Bion's work*. Rio de Janeiro: Trio Studios.

Chuster, A. (2017). *Simetria e objeto psicanalítico: desafiando paradigmas com W. R. Bion*. Rio de Janeiro: Trio Studio.

Chuster, A. (2018). *Capacidade negativa; um caminho em busca da luz*. São Paulo: Zagodoni Editora.

Chuster, A. (2020). *Psychoanalytical intuition in dream and waking life*. Trabalho apresentado no Congresso Internacional sobre a obra de Bion. Barcelona, Espanha, fevereiro de 2020.

Chuster, A. (2021). O enigma de Ulysses em Homero e James Joyce. *Revista Ide*, 43(71), 126-146.

Freud, S. (1924). Uma criança é espancada. In: *Obras completas Vol XVII*. Rio de Janeiro: Imago, 1996.

Leclaire, S. *Mata-se uma criança*. Rio de Janeiro: Zahar, 1977.

Marlantes, K. (2011). *What is like to go to war*. New York: Grove Press.

13. A pandemia e o eterno retorno

Julio Frochtengarten

> *Tem misericórdia de mim, ó Deus, por teu amor; por tua grande compaixão, apaga as minhas transgressões.*
>
> Bíblia Sagrada, Salmo 51:1

De início, é preciso avisar que as primeiras notas deste texto se impuseram a mim a partir do exercício clínico da psicanálise e como cidadão brasileiro, em 2021, depois de já termos ultrapassado há muito um primeiro ano de pandemia, desde março daquele ano. Foi reescrito algumas vezes – como desabafo em meio à raiva e ao medo, tendo cumprido, ao mesmo tempo, o papel de elaboração do que estava sendo vivido –, sendo esta a última versão de minhas notas, e nunca, neste período, deixei de pensar que nada de novo tem acontecido neste mundo.

Antes que o leitor abandone este pequeno texto por considerá-lo fruto de mais uma mente negacionista,[1] dessas que proliferaram por aí e das quais tivemos notícia todos os dias por intermédio da

---

1 Negacionismo não só como ignorância, mas como ódio ao pensamento, sem distinção entre verdadeiro e falso.

imprensa, rogo-lhe que me dê uma chance de explicar o que quero dizer com "nada de novo" no mundo.

A vida física continuava para a maior parte da população – por enquanto. Mas, certamente, em outro ritmo. Estando invictos até aqui, e enquanto os cuidados pessoais e uma boa dose de intervenção do acaso têm-nos favorecido a sobrevivência, talvez já seja possível, e mesmo necessário, nos aventurarmos a algumas notas do que vamos observando a partir de um vértice psicanalítico. "Diante da morte do Brasil só nos resta, paradoxalmente, a vida. Viver é a nossa mais subversiva tarefa" (Simas, 2021).

O mencionado acaso já seria um primeiro elemento a considerar que conhecemos muitos casos de infectados pelo (ainda?) novo coronavírus, sabemos que muitos, apesar dos cuidados, são também acometidos pela covid-19, e muitos desses terminaram esse penoso processo sem vida. É, então, possível que houvesse aí uma intervenção do acaso, não propriamente uma escolha divina ou do próprio vírus, como a mente messiânica tende a acreditar e fazer-nos crer, para se manter, mesmo que à custa de uma precária organização, frente ao mundo.

Nesse sentido, a ameaça de desmoronamento e um vigor limitado nos obrigaram a conviver, diuturnamente, com limites da nossa potência em relação ao todo do que se nos apresentava no mundo e em nós mesmos. E se essa ameaça não era tão reconhecida como agora – afinal, ela habita o homem desde que o mundo é mundo – é porque andava travestida como uma irmã gêmea, a pretensa onipotência. Assim, ultimamente ambas têm mostrado as caras nessa Guerra dos Contrários.[2]

Mas a impotência não se mostrou a partir do nada. Ela veio sendo anunciada por milhares de mortos só no país, e no mundo

2 Referência à Guerra Original na qual Satã é confrontado com a beleza do mundo que ele ousou penetrar (Milton, 2015/1967).

por milhões que tiveram destino igual; pelo colapso do sistema hospitalar; pela falta de cuidados médicos com os agonizantes; pela crise do desemprego e da economia. Esse é o quadro vigente agora, pois alguns anunciam para dentro de pouco tempo mais outras tragédias subsequentes ao atual momento. Essa situação nos lembra de que somos mortais, que não sabemos tudo sobre o que existe na Terra – quantos de nós aceitávamos reconhecer tais incompletudes em vez de acreditar saber e dominar, com inteligência e astúcia, tudo de novo que pudesse aparecer? Então aparece um bichinho "burro", que não tem nossas riquezas nem nossa inteligência e que, apenas para sobreviver e multiplicar-se, nos mata aos milhões. Quem podia, ou queria, ou tinha disposição para suportar a ideia de que poderiam existir recursos para sobreviver que não se nos mostram disponíveis? Quem queria lembrar que a enorme capacidade de se multiplicar ou mutar pode ser uma forma de riqueza quando o foco da questão é a sobrevivência? Quanta arrogância do ser humano em não abrir mão da onipotência e onisciência nas quais assentamos nosso modo de vida! E quão doloroso é nos darmos conta de tudo isso tardiamente. Enfim, pode-se dizer que, com a pandemia, pela sua importância para os humanos, adentramos de vez o século XXI.

Habitamos este mundo e, à custa de uma enorme recusa sustentada por alucinações seculares, acreditávamos que éramos únicos, o supremo *Homo sapiens*. Diante da tormenta da atual pandemia, estamos, como nunca, tendo de nos lembrar que podemos ser estúpidos, *Homo stultus*. É curioso e ao mesmo tempo assombroso constatar que esse recorrente fenômeno de apagamento e de retorno da consciência, atravessado pela dor, não ocorre pela primeira vez – se não exatamente igual, de forma muito similar; afinal, a humanidade já conheceu peste negra, varíola, cólera, gripe espanhola e gripe suína, para ficar entre as mais marcantes em número de mortes. Entre as mencionadas, embora a gripe suína tenha sido a que atingiu fatalmente o menor número de pessoas (16 mil), ela é bastante recente numa escala de tempo (2009); já a gripe espanhola, causada pelo vírus influenza, apesar de ser mais antiga – entre 1918 e 1920 –, atingiu fatalmente 40 a 50 milhões de pessoas. Esses dois exemplos mostram que nem o poder devastador nem a antiguidade na linha do tempo nos fizeram aprender muito sobre o funcionamento psíquico do homem e para o homem, vencido agora pela explosão da tragédia – apesar da aquisição de significativos conhecimentos científicos, como o uso de máscaras, dados sobre imunidade "de rebanho", medidas sanitárias eficazes. Possível ou provavelmente, outras pandemias virão até o dia em que talvez sejamos extintos como espécie. Esse é um pensamento que parece pouco nos ocorrer, mas seria de se indagar por que crer que, enquanto espécie, viveremos para sempre? Ainda é razoável sustentar que tal extinção dos humanos nunca irá acontecer?

O que procuro assinalar, mediante as comparações entre as pandemias, é que nem a passagem do tempo nem o poder devastador tiveram eficiência para nos proporcionar aprendizado com as experiências, sustentando um eterno retorno ao domínio da mente alucinatória, que não indaga e confronta a realidade do mundo com a realidade do "pensamento". Desse modo, apesar do precipitado de fatos, vai se postergando, indefinidamente, um dar-nos conta consequente e responsável de nossa condição humana, em todos os sentidos, limitada e precária. Não há nenhum mérito em sentir-se frágil, fraco, vulnerável ou ignorante; mas, se mérito houvesse, seria pela abertura para eventuais ganhos em evolução, crescimento e sabedoria – enfim, verdade – que o pensamento pode trazer, individualmente e para toda a humanidade, quando nos permitimos reconhecer e aceitar os reais tamanho e lugar que ocupamos no universo. O historiador Samuel Johnson escreveu, em carta ao escritor Bennet Langton, em 1758 (citado por Bion, 1991/2000): "Não sei se ver a vida tal como ela é irá nos trazer um grande consolo; mas o consolo que é extraído da verdade, caso haja algum, é sólido e durável; aquele consolo que deriva do erro deve ser, como o seu original, falacioso e fugidio" (p. 126).

Afinal, mal ou bem, aprendemos a reconhecer os sintomas específicos da covid-19, parte do patrimônio genético do Sars-CoV-2 já foi mapeado, surgiram novos conhecimentos sobre sua disseminação, tratamentos médicos foram descobertos quase empiricamente e, por fim, estão aí diversas vacinas desenvolvidas em tempo recorde na história; isso é ciência, não simplesmente tecnologia. E sobre nós mesmos, seres humanos, o que aprendemos?

Há amplas gradações que observamos na clínica, em nós, ao nosso redor, da impotência à onipotência, da absoluta ignorância à onisciência, das incertezas às certezas, do colapso do funcionamento mental à sua estruturação rígida, da catástrofe mental à fé, do determinismo ao acaso, do pensar ao alucinar. Percorremos esses amplos espectros através de trânsitos e cesuras (Bion, 1981) ou, então, recorrendo a cisões radicais. É importante lembrar que cesura é um conceito teórico que aparece em vários momentos da obra de Bion e que, parece-me, é essencial para o trabalho clínico – ao lado do conceito de multidimensionalidade da mente. Em *Inibição, Sintomas e Ansiedade* (Freud, 1926), Freud escreveu: "Existe mais continuidade entre a vida intrauterina e a primeira infância que a impressionante cesura do nascimento nos permite crer". Essa noção de continuidade pode se referir à passagem que une/separa diferentes dimensões e diferenças. Se, por um lado, cesuras e trânsito entre polos extremos podem trazer amplitude de experiências emocionais e mentais; por outro, cisões nos fazem pensar em empobrecimento: num dos polos, o desmoronamento da capacidade para pensar; no outro, o tropeçar incessante em falsas controvérsias, que só contribuem para o retrocesso do pensamento. Sabemos que a luta entre o que denominamos pulsões de vida e de morte, ou que podemos vislumbrar como luz e trevas, é permanente; mas em nome de qual dessas forças cada um de nós se move?

Como psicanalistas, sabemos quanto o novo que se impõe a nós como experiência e não é identificado não é nomeado e desencadeia desamparo e terror. Ser reconhecido como novo, ser nomeado, pode ser parte do caminho que se abre para o pensamento e a sabedoria (Bion, 1962); ou, então, apenas um modo de absorver a experiência nova e de evitar mudanças, esquecendo-as e não permitindo que se acumulem e integrem-se ao trabalho do conhecer. Mais um par dos espectros possíveis: o nome-coisa e o nome-representação da experiência.

Se não somos senhores da criação, será que nunca vamos nos dar conta, de forma consistente e duradoura, de que também não somos senhores da nossa Terra? Nós apenas a habitamos e não podemos nos comportar como predadores que vão alterando seu habitat para atender apenas às suas próprias necessidades. A realidade nos mostra que alguns povos têm sido mais favorecidos pela natureza; ou que têm tido maior talento e sorte no trabalho em suas terras; ou maior sagacidade para escolhas responsáveis de seus dirigentes. Há tempos não tínhamos um choque tão profundo e duradouro quanto este da pandemia para pensarmos o individualismo que prevalece em detrimento da solidariedade e do respeito para com as diferenças sociais e culturais entre os povos.

A partir do vértice psicanalítico que venho levando em conta aqui, nada de novo está acontecendo em nosso mundo. Mentiras, crueldade, inveja, rivalidades; desejos de onisciência e onipotência, assim como seus simétricos: a impotência; a arrogância diante do que não sabemos, da fragilidade e da mortalidade; o descuido com as desigualdades sociais, culturais, econômicas. Todos esses fatos são velhos conhecidos nossos. Afinal, como afirmou Hannah Arendt (1951/1989), em tempos sombrios, as piores pessoas acabam por perder o medo, e as melhores perdem as esperanças. Em nosso cotidiano e clínica, podemos observar como o coronavírus e a pandemia são "particulares", cada um de nós com sua própria noção da periculosidade e consequente proteção necessária de acordo com o perigo que sente correr; e que o final desse perigo está mais ou menos próximo.

O atual momento parece que nos trouxe "apenas" um recrudescimento desses caracteres e sentimentos; "apenas", pois uma vez que o preço a pagar tem sido altíssimo – as perdas são para sempre – e também porque estamos no olho do furacão, no centro de experiências emocionais poderosíssimas, e não lendo notícias sobre um furacão que passou e sobre a devastação que deixou. É interessante o que parece ter ocorrido com Freud ao viver, ele mesmo, em 1920, "na carne", como experiência, a perda de sua filha Sophie, acometida pela gripe espanhola. Em carta ao amigo Ludwig Binswanger, ele escreveu, reformulando as ideias de elaboração e superação do luto que havia publicado apenas três anos antes:

> *Eu trabalho o máximo que posso e sou grato pelo que tenho. Mas a perda de um filho parece ser uma lesão grave. O que é conhecido como luto provavelmente durará muito tempo... Sabemos que a dor aguda que sentimos após uma perda continuará e também permanecerá inconsolável e nunca encontraremos um substituto. Não importa o que aconteça, não importa o que façamos, a dor está sempre lá. E é assim que deve ser. É a única maneira de perpetuar um amor que não queremos abandonar. (Freud, 1929, conforme citado em Muscillo, 2020, p. 12, trad. M. T. Verde)*

Pergunto-me se essa dor será, quando possível sofrê-la – não apenas senti-la –, uma força para combater as cisões e para que a luz possa vencer a treva nessa batalha recorrente em nós. Mas ainda é cedo para nos aventurarmos numa resposta.

Se o leitor chegou até aqui, talvez tenha se visto retratado na descrição que fiz do que vi em meu próprio espelho e em torno de mim nestes últimos tempos. Apesar disso, devo dizer que tenho esperanças na humanidade. Aplico para mim a definição de *si mesmo* que ouvi da boca de Ariano Suassuna (comunicação em evento, 2012): "[...] os otimistas são ingênuos; os pessimistas são amargos; então tenho que dizer que sou um realista esperançoso". Não acredito que vamos, desta vez, sofrer uma virada e aprender tudo que a catástrofe deste momento poderia nos trazer; e também não acredito que aquilo que pudermos aprender será uma conquista permanente. No século XVII, Thomas Hobbes (1951), presenciando os problemas bélicos que envolviam a Coroa, popularizou a expressão do dramaturgo romano Plautus de que *o homem é o lobo do homem*. Essa afirmação foi mais tarde utilizada por Freud (1929) como ilustração da proposição da existência de um instinto de morte e de destrutividade no coração do homem; e também no exame de seus desdobramentos no mal-estar e no descontentamento no âmbito da cultura e da civilização. Também temos encontrado na clínica cotidiana, nos relatos e nos livros, muitas constatações e formulações sobre os ataques que o funcionamento mental desfere contra si ao negar sua própria realidade, não aprender com as experiências, alucinar. São recursos para evitar dor e sofrimento que poderiam advir do próprio pensar, tanto em si como em seu redor, mas o apelo recorrente a tais recursos acarreta também o isolamento e a incapacidade de sentir prazer. São ataques que ultrapassam, e muito, aqueles ligados às necessidades da própria sobrevivência; apontam para a busca de um jorro de gozo alucinado. Essa é uma luta permanente, e dela não vamos nos libertar; mas ganhando algumas batalhas, aqui e ali, poderemos sobreviver e viver mais amadurecidos para enfrentar os ataques perturbadores vindos de fora e de dentro de nós.

Em *Uma Memória do Futuro*, Bion (1974) escreveu o seguinte, por meio da personagem psicanalista: "P. A. – 'Camisa de força', 'louco', 'psicótico' – tudo isso se associa para confinar a Mente Perturbadora de tal forma que não perturbe a paz de nossas Belas Adormecidas ou nosso 'belo sono'" (p. 74).

Vamos dar apenas mais um nome ao que estamos vivendo – "pandemia", "falta de organização mundial", "China", "desmatamento", "genocídio" – nos confortando com explicações ou jargões que cumprem uma função de certo modo apaziguadora? Será isso imunidade? Ou vamos ler e sentir os fatos disponíveis, dentro e fora de nós, como sementes que nos revelam e permitem seguir pensando como seres humanos? Se não agora, quando?

> *A vida nada mais é do que uma sombra que passa, um pobre histrião que se pavoneia e se agita uma hora em cena e, depois, não mais se ouve dele. É uma história contada por um idiota, cheia de fúria e tumulto, nada significando. (Shakespeare, 1607/1969, p. 523)*

Referências

Arendt, H. (1962). *As origens do totalitarismo*. São Paulo: Companhia das Letras. (Trabalho original publicado em 1951)

Bion, W. R. (1962). *O aprender com a experiência*. Rio de Janeiro: Imago.

Bion, W. R. (1974). *Uma memória do futuro* (vol. 2): O passado apresentado. Rio de Janeiro: Imago.

Bion, W. R. (1981). Cesura. *Revista Brasileira de Psicanálise*, *15*(2), 123-136. (Trabalho original publicado em 1942)

Bion, W. R. (1991). *Cogitações*. Rio de Janeiro: Imago, 2000.

Freud, S. (1929). O mal-estar na civilização. In *Edição Standard Brasileira das Obras Psicológicas Completas de Sigmund Freud:*

Vol. 21: O futuro de uma ilusão, O mal-estar na civilização e outros trabalhos (1927-1931) (pp. 66-149). Rio de Janeiro: Imago, 1996.

Freud, S. (1926). Inibição, sintoma e angústia. In: *Edição Standard Brasileira das Obras Psicológicas Completas de Sigmund Freud, Vol. 20: Um estudo autobiográfico, inibições, sintomas e ansiedade, a questão da análise leiga e outros trabalhos (1925-1926)* (pp. 95-201). Rio de Janeiro: Imago, 1996.

Hobbes, T. (2020). *Leviatã*. São Paulo: Editora Vozes. (Trabalho original publicado em 1951)

Milton, J. (2015). *Paraíso perdido*. São Paulo: Editora 34. (Trabalho original publicado em 1967)

Muscillo, A. (2020, 21 de abril). La tragedia de Freud en una pandemia, que le cambió su teoría. *Clarín*. Recuperado de https://bit.ly/3zvXlnz.

Shakespeare, W. (1969). Macbeth (c. 1603-1607). In *Obra Completa* (Vol. 1). Companhia José Aguilar. (Trabalho original publicado em c. 1603-1607)

Simas, L. A. [@simas_luiz]. (2021, 28 de março). *Diante da morte do Brasil só nos resta, paradoxalmente, a vida. Viver é a nossa mais subversiva tarefa* [Tweet]. Twitter. https://bit.ly/3fSeSys

14. Os dias têm uma diferença que ainda busca palavra: uma experiência de cesura[1]

Marina F. R. Ribeiro

> *Somos animais extremamente perigosos; de todos os animais ferozes que habitam esta terra, o ser humano conseguiu matar todos os seus rivais – exceto o vírus. No fim da Primeira Guerra, a gripe espanhola matou um número maior de pessoas do que a própria guerra. Mesmo levando em conta a nossa maravilhosa destrutividade, não somos tão eficientes quanto o vírus.*
>
> Bion, 1977/2014a, p. 273

Para início de conversa, existem um espaço e um tempo consideráveis entre a experiência e a nossa capacidade de elaborar o que foi vivido e dar sentido a ele. Precisamos de tempo para os processos de elaboração, aquilo que é significado e ressignificado constantemente. Além disso, é importante considerar a necessidade do trabalho de elaboração de muitas pessoas, várias mentes tentando metabolizar a brutalidade dos fatos: a contagem infinita dos nossos mortos,

---

1 Texto originalmente publicado na revista *Ide: Psicanálise e Cultura*, São Paulo, *42*(69), 95-101, 2020.

sem história e sem sonho, apenas a impessoalidade dos números e do vírus. A construção de uma narrativa endereçada a um possível leitor no futuro é testemunho e partilha de experiências que buscam sentido e palavra. Escrever é uma das formas de transformar as fantasias aterradoras, despertadas pela pandemia, em algo passível de alguma metabolização psíquica.

O mito de Édipo, compreendido como um sonho da humanidade (Chuster, 2003), é uma boa metáfora para o que está sendo vivido na pandemia. No início da tragédia, o bebê amaldiçoado é deixado no alto de uma montanha, indefeso, acorrentado, abandonado à própria sorte para morrer em completa solidão e desamparo. A pandemia é a morte acorrentada aos nossos pés, nos melancolizando silenciosamente. Cena edípica que se aproxima de forma impactante ao que está sendo vivido na crise da covid-19: um vírus invisível que pode nos contaminar sem percebermos, condenando-nos a uma morte solitária, por asfixia, no alto da montanha, onde falta ar, no mais completo desamparo e abandono.

A cena na qual Édipo é deixado à própria sorte no alto da montanha com os pés amarrados é a primeira cesura (Bion, 1976/2014a) na tragédia, uma ruptura com a origem. Será que nos encontramos justamente nesse momento? Um mundo antes do coronavírus (AC) e um depois (DC)? Estamos como Édipo com os pés amarrados, no alto da montanha, entre a morte e um possível resgate pela capacidade de vínculos dos seres humanos, pela nossa aptidão empática e solidária. Precisamos da salvaguarda do que nos caracteriza como humanos: seres que nascem, crescem, pensam e permanecem sempre em uma rede de vínculos.

Quantos anos serão necessários para que a humanidade consiga sonhar esse pesadelo distópico? A distopia se transformou em realidade, não é possível acordar desse pesadelo, ele é um fato indigesto, incontornável que precisa ser sonhado, imaginado, narrado. Penso que apenas a potencialidade dos vínculos humanos, condutores da função psicanalítica da personalidade, tem como favorecer a metabolização da realidade da pandemia, tanto no vértice narcísico (individual) como na sua extremidade social.

Somos seres constituídos por vínculos, mas, no momento, isolados. Temos diante de nós ainda mais este desafio: o vírus transforma os vínculos promovedores de vida em possíveis transmissores da morte. Uma colega relatou-me o medo e a apreensão de que, ao levar mantimentos para a sua mãe, poderia contaminá-la. Coloquei em evidência que ela estava levando alimentos e não a morte, ciente de que esse é o paradoxo em que estamos submersos e que favorece um retraimento melancólico dentro da situação de isolamento social.

Um desafio inigualável, estamos no exato momento da cesura; qual será a ruptura? Qual será a continuidade entre essas duas eras? A experiência do tempo foi transformada: fomos lançados e subjugados a um presente angustiante, excessivo, que extravasa nossa capacidade de continência. O futuro está abreviado à semana seguinte, conduzindo escassas esperanças e expondo-nos à intensidade do desconhecido.

Para nós, psicanalistas, o desafio é sustentar o campo analítico *online*, com suas possibilidades e limites, lugar atual do exercício da função psicanalítica da personalidade (Ribeiro, 2019): a capacidade de construir imagens e narrativas diante da desumanidade dos fatos.

O que apresento a seguir é uma construção narrativa de uma experiência pessoal que podemos denominar como uma cesura, ruptura e continuidade (AC e DC). Poderíamos nomear essa narrativa de "uma crônica psicanalítica".

De repente a luz apagou e fez-se noite em pleno dia.

Pense rápido, pense rápido! O que fazer? Você ficará presa no apartamento! É melhor correr e ir para o interior, ao menos lá tem espaço, tem o verde, a montanha, o lago. Pense em tudo que você precisa levar, pode ser que você não volte nunca mais; morrer é não voltar mais? E os livros? São tantos e tão importantes, como escolher o que levar?

Em um estado de quase transe e com uma rapidez alucinante, coloco todos à minha volta em função do objetivo de organizarmos tudo e ir para o interior, interior de mim? Levar todos os próximos? Ninguém entendia nada, mas seguiram a minha "alucinação" de que estávamos, e permanecemos, em um tipo de guerra contra um eficiente vírus e sua força: *urge to exist* (Bion, 1977/2014b).

Avisei aos pacientes que não sabia ao certo como me organizaria, provavelmente entraria em contato com eles na semana seguinte para uma sessão *online*, estava saindo de São Paulo, fugindo para um lugar hipoteticamente seguro. A cabeça girava em um turbilhão de pensamentos, a única coisa que eu sabia naquele momento era que precisava tomar decisões rápidas que teriam consequências ainda inimagináveis. Sentia-me como nos filmes de guerra, imersa em cenas nas quais as pessoas separam rapidamente alguns objetos pessoais importantes, colocam em uma pequena mala para não voltar; nunca mais encontrar a si mesmo nos pequenos objetos que nos identificam e que são identificados como nossos pertences, como se, em parte, existíssemos nas coisas.

Nunca mais encontrar a si mesmo naquele cotidiano que se desmanchava subitamente, nunca mais... é tempo demais.

As mensagens no WhatsApp eram infinitas, desisti de conseguir responder ou ver tudo que era enviado. Queria saber apenas se as pessoas próximas estavam bem guardadas em casa, se havia conforto na casa psíquica, se continuavam a existir naquele estranho modo de ser. A casa, repouso e refúgio, tornou-se também restrição e perda. É terrível não poder voltar para casa, é assustador não poder sair. Pensar é estar em movimento.

Uma semana após essa correria desenfreada, percebi que estava o dia inteiro sentada em uma mesma cadeira na qual desempenho as funções de professora, analista, supervisora e paciente. Sentada no mesmo lugar, por muitas horas: estudava, escrevia, olhava para a árvore em frente à janela em súbitos momentos de devaneio, tentando entender um mundo que se apresentava em notícias alarmantes.

Enfim, desempenhava minhas várias atividades em um lugar apenas. A sensação era estranha, mas tinha um aspecto sutilmente agradável, jamais imaginei que diferentes facetas da vida pudessem estar no mesmo espaço físico e, do outro lado da porta, a vida familiar. Aos poucos, percebi que conseguia alterar estados mentais diferentes no mesmo espaço físico. O movimento psíquico necessário para situações e funções distintas continuava acontecendo, no entanto sem a presença facilitadora da diversidade de espaços, da locomoção; aquilo era novo. Lembrei-me que, para recordar de um sonho ao acordar pela manhã, a imobilidade física é um facilitador, se o movimento ocorre, o sonho se perde como fumaça levada pelo vento da consciência. A imobilidade parecia favorecer o pensamento onírico da noite e da vigília, a mente trabalhava incessantemente tentando dar conta do excesso pandêmico.

O reencontro *online* com os pacientes aos poucos deu a dimensão de que os espaços analíticos já construídos permaneciam e poderiam continuar de forma remota. Todos estavam muito angustiados, como em uma lente de aumento, tudo se acirrou e intensificou-se. O fato de ser inicialmente uma situação provisória ajudou na adaptação a uma vida que não foi imaginada. O provisório alimenta esperanças vãs.

As ruas vazias davam a sensação de que algo grave ocorria, o silêncio não acalmava, pelo contrário, era sinistro. Após quatro meses de pandemia, as ruas cheias também assustam, não há sossego. Qualquer possibilidade de conforto psíquico, de que poderíamos descansar e entregar-nos a alguma atividade prazerosa, despareceu sem aviso prévio. A sensação é de uma espera angustiante, de que não se pode relaxar, a tensão é contínua, o vírus está sempre nos espreitando na sua cega urgência de viver. A ameaça da doença e da morte, a ameaça da falta de recursos financeiros, o caos político, as crises emocionais das pessoas próximas, os idosos da família tentado beijar a tela do celular em uma vã esperança de tocar em alguém melancolizam.

Um estranho e contínuo cansaço se estabeleceu, deve ser o trabalho *online*, mas não apenas... como metabolizar tantas angústias, tudo em um lugar apenas, tudo em uma só pessoa, em uma pessoa só. A solidão existencial se evidenciou, para aquilo que realmente é importante, somos sozinhos.

A noite se fez dia, mas os dias são incomodamente diferentes.

Os dias têm uma diferença que ainda busca palavra. O sol continua nascendo lindamente nas montanhas, mas ilumina uma vida diversa, na qual ainda não temos a dimensão da cesura (Bion, 1976/2014c), do antes e do depois, AC (antes do coronavírus) e DC (depois do coronavírus), qual a ruptura, qual a continuidade? O tempo não volta, o passado sofre de intensa nostalgia e o futuro é esmagadoramente incerto.

Novas análises se iniciam *online*. De repente, percebo que nunca encontrei fulano presencialmente, que não tinha imaginado que uma relação analítica poderia se iniciar e fazer história de modo exclusivamente *online*. Com o passar dos meses, sinto certo conforto nos atendimentos remotos, mas algo continua a intrigar, algo não se realiza no modo *online*, ocorrem encontros, as sessões acontecem, mas... algo não ocorre, e isso é difícil de captar e nomear. A expectativa de um encontro no futuro fica sempre presente. Ao assistir um show musical, tenho o estranho pensamento: como era possível tantas pessoas no mesmo lugar? Será que ainda irei a uma festa? O isolamento tornou-se padrão, mas *online* somos sem máscaras, é possível rir, ficar à vontade, um paradoxo.

Um mês antes da pandemia, fui a um congresso em Barcelona, Bion 2020. Um sentimento de gratidão comigo mesma sobressai: ainda bem que fui! Talvez não seja possível mais viajar, talvez inviável sanitária e financeiramente. Em Barcelona, comentei com os colegas o quão difícil ficou. E, agora, ficou tão difícil, talvez impossível. Será que tem algum sentido um congresso *online*? Há a tentativa de sustentar essa ideia, mas... e aquele jantar com os colegas de outros lugares, aquela pessoa que conhecemos no congresso anos atrás e reencontramos a cada novo congresso em um país diferente que, também, queremos conhecer? Bion e Barcelona combinaram muito bem, como dizem em espanhol nas ruas: "Vale!". Será que o encontro sobre Bion no México 2022[2] ocorrerá? A vida sempre foi incerta, mas se tornou ainda mais provisória e ameaçada, angústia de aniquilamento, diria a Sra. Klein após tantas e dolorosas perdas em sua vida. Penso que o fato de ela escrever com propriedade inigualável sobre os processos de luto é ressonância de uma vida vivida na densidade das emoções, uma metáfora encarnada, como escreveu Júlia Kristeva (2002).

O tempo não para. Começa segunda-feira e já é sexta, como posso me atrasar no congestionamento entre a cozinha e o escritório? No início da pandemia, a sensação era que eu teria todo o tempo do mundo para escrever e, agora, a sensação é de que não tenho tempo, a agenda está lotada de compromissos *online*; estou trabalhando mais do que antes, mesmo sem trânsito ou deslocamentos. O trânsito agora é outro: o trânsito do excesso *online*; um pouco de defesa maníaca para nos proteger da inevitável areia movediça da melancolia em tempos de pandemia.

O futuro sofreu um achatamento, não é possível sonhar com 2022, tão próximo, tão distante, a interrogação logo se impõe com todo

---

2 Em outubro de 2021, fomos informados de que o encontro Bion 2022 será *online*, ou seja, a cesura da pandemia nos lançou em outro mundo, ruptura e continuidade.

o peso da incerteza, ainda mais difícil de sustentar. A experiência do tempo está alterada, não é possível sonhar com o amanhã, e o hoje é tão extenso. A expectativa e a oposta improbabilidade de encontros presenciais no futuro breve habitam incomodamente um presente estendido.

Aquele cafezinho fácil com um amigo, encontro que alivia as tensões cotidianas, transformou-se em vamos fazer um Zoom? Zoom aproxima, mas sempre permeado por uma lente, por uma tela, na qual tentamos arduamente encontrar algo que não temos a sensação que se realiza. Por mais que procure, não encontro na tela aquele calor suave da amizade e rendo-me ao intocável, com olhos exauridos e secos.

Será possível entrar na virtualidade da água e ter a sensação de que estamos nadando agradavelmente em uma morna tarde de sábado? Preciso sentir a textura envolvente da água, algo semelhante ao encontro humano? Sigamos... tentando encontrar palavra.

Referências

Bion, R. W. (2014a). Four papers. In *The Complete Woks of W. R. Bion*. London: Karnac Books. (Trabalho original publicado em 1976)

Bion, R. W. (2014b). Bion in New York and São Paulo. In *The Complete Woks of W. R. Bion* (Vol. VIII). London: Karnac Books. (Trabalho original publicado em 1977)

Bion, R. W. (2014d). Clinical Seminars. São Paulo. In *The Complete Woks of W. R. Bion* (Vol. VIII). London: Karnac Books. (Trabalho original publicado em 1977)

Chuster, A., & cols. (2003). *A psicanálise: dos princípios ético-estéticos à clínica*. Rio de Janeiro: Ed. Companhia de Freud.

Kristeva, J. (2002). *O gênio feminino – a vida, a loucura, as palavras* (Vol. II, Trad. José L. de Melo). Rio de Janeiro: Rocco.

Ribeiro, M. F. R. (2019). Alguns apontamentos sobre a função psicanalítica da personalidade. A narrativa do escritor e a do analista. In A. Rocha Barros, E. Rocha Barros, E. M. de Ulhôa Cintra, M. F. R. Ribeiro, T. S. Candi (Orgs.), *Diálogos psicanalíticos contemporâneos: Bion e Laplanche, do afeto ao pensamento* (v. 1, pp. 255-276). São Paulo: Escuta.

GRÁFICA PAYM
Tel. [11] 4392-3344
paym@graficapaym.com.br